Dirección estratégica de Recursos Humanos

Volumen 2

CASOS

Coordinación
de la serie Martha Alles
Gabriela Scalamandré

Diseño de tapa
Juan Pablo Olivieri

MARTHA ALICIA ALLES

Dirección estratégica de Recursos Humanos
Volumen 2

CASOS

GRANICA

ARGENTINA - ESPAÑA - MÉXICO - CHILE - URUGUAY

© Martha Alicia Alles
© 2016 *by* Ediciones Granica S.A.

ARGENTINA
Ediciones Granica S.A.
Lavalle 1634 - 3° G / C1048AAN Buenos Aires, Argentina
Tel.: +54(11) 4374-1456 Fax: +54(11) 4373-0669
granica.ar@granicaeditor.com
atencionaempresas@granicaeditor.com

MÉXICO
Ediciones Granica México S.A. de C.V.
Valle de Bravo Nº 21 El Mirador Naucalpan Edo. de Méx.
53050 Estado de México - México
Tel.: +5255-5360-1010 Fax: +5255-5360-1100
granica.mx@granicaeditor.com

URUGUAY
Ediciones Granica S.A.
Scoseria 2639 Bis
11300 Montevideo, Uruguay
Tel: +59 (82) 712 4857 / +59 (82) 712 4858
granica.uy@granicaeditor.com

CHILE
granica.cl@granicaeditor.com
Tel.: +56 2 8107455

ESPAÑA
granica.es@granicaeditor.com
Tel.: +34 (93) 635 4120

www.granicaeditor.com

ISBN 978-950-641-886-1

Hecho el depósito que marca la ley 11.723

Impreso en Argentina. *Printed in Argentina*

Alles, Martha Alicia
    Dirección estratégica de recursos humanos: casos / Martha Alicia Alles. -
4ª ed. - Ciudad Autónoma de Buenos Aires: Granica, 2016.
    256 p.; 23 x 17 cm.

    ISBN 978-950-641-886-1

    1. Administración de Recursos Humanos. I. Título.
    CDD 658.3

Índice

Presentación
Nueva edición 2016

Esta obra, al igual que *Dirección estratégica de Recursos Humanos. Volumen 1* (2015), había tenido –hasta ahora– dos ediciones. La primera en el año 2000 y la segunda en 2006. De ambas ediciones se han realizado numerosas reimpresiones.

En todos estos años he publicado nuevos libros, tanto de la serie Recursos Humanos como de la serie Liderazgo, que de un modo u otro se relacionan con esta obra.

Adicionalmente, la implantación de modelos y otras experiencias en el campo profesional llevadas a cabo durante este tiempo, nos han expuesto a una permanente revisión de conceptos por la necesidad de buscar nuevas soluciones a nuevos problemas y, por otro lado, nuevas soluciones a problemas que, no siendo tan nuevos, deben ser considerados desde una óptica diferente a la de otros momentos. Los Recursos Humanos implican problemáticas vivas y cambiantes.

Dirección estratégica de Recursos Humanos. Volumen 2. Casos es una obra que, con su larga trayectoria y sus miles de ejemplares vendidos, nos ha confirmado su público lector. Por un lado, profesores y alumnos, de niveles tanto iniciales como superiores, y, al mismo tiempo, profesionales y directivos que lo usan en su tarea diaria para resolver problemas diversos en relación con las personas. A todos les estoy profundamente agradecida.

Para los profesores y alumnos, al igual que en las ediciones anteriores, se ofrece material actualizado para la impartición de clases, con nuevas ideas y sugerencias. Mi preocupación constante es que la disciplina sea transmitida a jóvenes –y no tanto– interesados en ella, sobre la base de las últimas tendencias. De allí mi determinación de ofrecer conceptos, herramientas e instrumentos permanentemente remozados.

Todos los temas en relación con esta disciplina, Recursos Humanos, requieren por un lado un sustento conceptual relevante y, por otro, plantean la necesidad de que estos aspectos conceptuales puedan ser llevados a la práctica de manera sencilla, eficaz, eficiente y efectiva. De allí la importancia de presentar al lector *Casos*, donde ciertos temas, que pueden parecer en una primera mirada complejos, se transforman en simples una vez instrumentados mediante herramientas de uso cotidiano, por los especialistas de Recursos Humanos y, muy especialmente, por los directivos y jefes de todas las áreas que en el día a día trabajan liderando sus equipos.

La nueva edición 2016

Las novedades que presenta esta obra son múltiples y están directamente relacionadas con la nueva edición del libro *Dirección estratégica de Recursos Humanos. Volumen 1* (2015), al que podríamos identificar como el libro principal, siendo este *Volumen 2* un complemento primordial. Mi sugerencia es que tanto el especialista en Recursos Humanos como cualquier directivo de otra área o especialidad, profesores y alumnos, cuenten con ambos.

Sin embargo esta es una obra independiente, y puede ser consultada por separado de la principal. Mi preocupación ha sido presentarle al lector una obra susceptible de ser comprendida y utilizada por sí sola.

Veamos el contenido de la nueva edición 2016. Una de las principales novedades incorporadas es el *Capítulo 0. Gestión por competencias. En la práctica,* donde se exponen al lector las aplicaciones prácticas de Gestión por competencias: cómo armar el modelo de competencias y diseñar sus principales módulos.

Luego, el libro cuenta con otros ocho capítulos, numerados del 1° al 8°, donde se exponen casos prácticos, todos relacionados con un único caso central alrededor del cual se van presentando los distintos temas que componen la obra. Algunos capítulos son totalmente nuevos en relación con ediciones anteriores y otros han sido adaptados a los cambios que la Metodología Martha Alles ha incorporado en los últimos años. Por lo tanto, hemos incluido las últimas novedades en la materia a lo largo de todos los temas aquí tratados.

Entre las novedades de esta nueva edición, también creo importante mencionar que cada capítulo se complementa con anexos donde se exponen las principales herramientas relacionadas con cada tema, y glosarios de términos con las definiciones más importantes.

Contenido de la nueva edición 2016

La obra cuenta con los capítulos que se detallan a continuación:

- Capítulo 0. Gestión por competencias. En la práctica
- Capítulo 1. Dirección estratégica de Recursos Humanos

- Capítulo 2. Gestión por competencias

- Capítulo 3. Análisis y descripción de puestos

- Capítulo 4. Atracción, selección e incorporación de los mejores candidatos

- Capítulo 5. Formación

- Capítulo 6. Evaluación de desempeño

- Capítulo 7. Desarrollo y planes de sucesión. La función de Desarrollo en el área de Recursos Humanos

- Capítulo 8. Remuneraciones y beneficios

Como es tradición en mis libros de texto, los profesores que utilicen esta obra para la impartición de sus respectivas asignaturas tendrán a su disposición el material necesario para el dictado de clases y otros recursos complementarios en Internet, en el sitio **www.marthaalles.com**, sección Sala de Profesores.

PARA TODOS LOS LECTORES

Se encuentra disponible en formato digital un Anexo donde se ha realizado un análisis detallado de libros y subsistemas que complementa las temáticas abordadas en esta obra.

Capítulo **0**

Gestión
por competencias.
En la práctica

Atracción
selección
e incorporación

Análisis
y descripción
de puestos

Desarrollo
y planes
de sucesión

**DIRECCIÓN
ESTRATÉGICA
DE RECURSOS
HUMANOS**

Remuneraciones
y
beneficios

Formación

Evaluación
de
desempeño

En este capítulo usted verá los siguientes temas:

- Los diccionarios en Gestión por competencias. Introducción

- La Trilogía: los tres diccionarios en Gestión por competencias. Su aplicación práctica

- Diccionario de competencias

- Diccionario de comportamientos

- Diccionario de preguntas

- Asignación de competencias a puestos

- Selección por competencias

- Mediciones específicas de competencias

- Desempeño por competencias

- Desarrollo de personas

- Las herramientas en Gestión por competencias

Los diccionarios en Gestión por competencias. Introducción

En la metodología que se expone en el Capítulo 2 de la obra *Dirección estratégica de Recursos Humanos. Volumen 1* tienen suma relevancia los documentos resultantes de la implantación de un *Modelo de competencias*. Dichos documentos serán parte de los métodos y procedimientos organizacionales y la base de la mayoría de los subsistemas que involucran el accionar de todos los colaboradores de una organización, desde el número 1 hasta el más bajo de los niveles que la conforman.

Ese modelo se plasmará, por lo tanto, en el *Diccionario de competencias*, documento interno organizacional en el cual se presentan las competencias definidas en función de la estrategia.

El *Diccionario de competencias* se diseña a medida de la estrategia de cada organización y está conformado por:

- Competencias cardinales.

- Competencias específicas gerenciales.

- Competencias específicas por área.

Veamos un ejemplo de cómo se define una competencia[1]; se trata de la definición de la competencia *Colaboración*.

> Capacidad para brindar apoyo a los otros (pares, superiores y colaboradores), responder a sus necesidades y requerimientos, y solucionar sus problemas o dudas, aunque las mismas no hayan sido manifestadas expresamente. Implica actuar como facilitador para el logro de los objetivos, a fin de crear relaciones basadas en la confianza.

Cada competencia se abre en grados. En nuestra metodología de trabajo dicha apertura se realiza en cuatro grados o niveles (A, B, C, D). Tanto la definición de la competencia como la de cada uno de los grados, se expresan mediante una frase explicativa. A modo de ejemplo se expone a continuación la definición del Grado A de la competencia consignada más arriba, *Colaboración*.

---

1 Fuente: *Diccionario de competencias. La trilogía. Tomo 1.* Ediciones Granica, Buenos Aires, 2015.

Capacidad para brindar apoyo y ayuda a los otros (pares, superiores y colaboradores), responder a sus necesidades y requerimientos, mediante iniciativas anticipadoras y espontáneas, a fin de facilitar la resolución de problemas o dudas aunque las mismas no hayan sido manifestadas expresamente. Capacidad para apoyar decididamente a otras personas y para difundir formas de relación basadas en la confianza. Capacidad para promover el espíritu de colaboración en toda la organización y constituirse en un facilitador para el logro de los objetivos planteados. Capacidad para implementar mecanismos organizacionales tendientes a fomentar la cooperación interdepartamental como instrumento para la consecución de los objetivos comunes.

Más adelante y continuando con el mismo ejemplo, se expondrá el esquema completo de una competenia junto con su apertura en grados.

El *Diccionario de competencias* organizacional es la base para la asignación de competencias a puestos. Una vez que la asignación ha sido realizada, integrará el *Descriptivo de puestos.*

La siguiente figura muestra la relación del *Diccionario de competencias* con los subsistemas de Recursos Humanos, ejemplificada en uno de ellos: *Análisis y descripción de puestos.* La asignación de competencias a puestos se explicará más adelante, en este mismo capítulo.

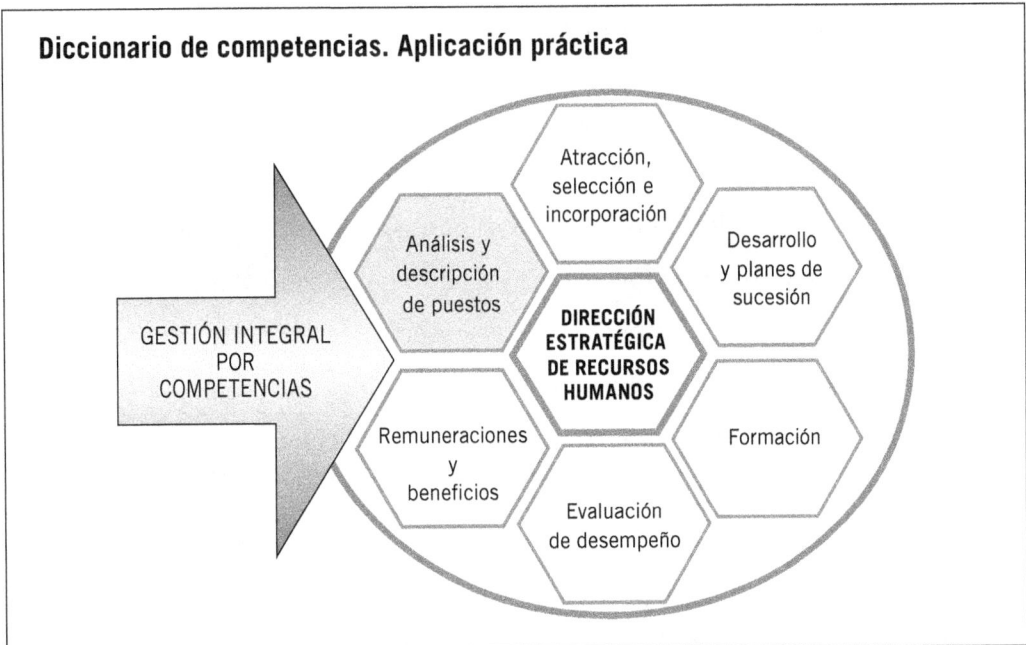

Diccionario de competencias. Aplicación práctica

El *Diccionario de comportamientos* es un documento interno en el cual se consignan ejemplos de los comportamientos observables asociados o relacionados con las competencias del modelo organizacional.

El *Diccionario de comportamientos* organizacional se diseña en función del *Diccionario de competencias,* que, en todos los casos, se confecciona a medida de cada organización.

¿Cómo se definen los comportamientos? Para una mejor comprensión se exponen a continuación cinco ejemplos de comportamientos[2] correspondientes al Grado A de la competencia *Colaboración,* que ya hemos definido en párrafos previos.

- *Brinda apoyo y ayuda a otros (pares, superiores y colaboradores), y responde así a las necesidades y requerimientos que presentan.*

- *Facilita la resolución de problemas o dudas, mediante iniciativas anticipadoras y espontáneas.*

- *Apoya decididamente a otras personas y difunde formas de relacionamiento basadas en la confianza.*

- *Promueve el espíritu de colaboración en toda la organización, y logra constituirse en un facilitador para el logro de los objetivos.*

- *Implementa mecanismos organizacionales tendientes a fomentar la cooperación interdepartamental como instrumento para el logro de los objetivos comunes.*

El *Diccionario de comportamientos* quedará estructurado de la siguiente manera:

- Cinco ejemplos de comportamientos observables para el grado A.

- Cinco ejemplos de comportamientos observables para el grado B.

- Cinco ejemplos de comportamientos observables para el grado C.

- Cinco ejemplos de comportamientos observables para el grado D.

- Cinco ejemplos de comportamientos observables que permitan identificar cuándo la competencia se encuentra ausente o "no desarrollada".

---

2 Fuente: *Diccionario de comportamientos. La trilogía. Tomo 2.* Ediciones Granica, Buenos Aires, 2015.

En total, serán 25 comportamientos observables por cada una de las competencias del modelo: cardinales, específicas gerenciales y específicas por área.

Más adelante y continuando con el mismo ejemplo, se expondrá un esquema completo de una competencia y sus comportamientos asociados.

Con respecto al *Diccionario de competencias* se indicó que este solo se relaciona con uno de los subsistemas, *Análisis y descripción de puestos.* Por el contrario, el *Diccionario de comportamientos* es utilizado en casi todos los subsistemas de Recursos Humanos, como se expone en la figura al pie. Por esta razón, este es el diccionario que será objeto de la mayor difusión posible en el ámbito de toda la organización.

El *Diccionario de preguntas* es un documento interno de la organización en el cual se consignan ejemplos de preguntas que permiten evaluar las competencias del modelo en una entrevista.

El *Diccionario de preguntas* organizacional se diseña en función del *Diccionario de competencias,* que, en todos los casos, se confecciona a medida de cada organización. Las preguntas no se abren en grados, como las competencias y los comportamientos. En este caso, usualmente, las preguntas se relacionan con el nivel de los entrevistados –por ejemplo, altos ejecutivos, niveles intermedios o niveles iniciales–.

Diccionario de comportamientos. Aplicación práctica

A continuación se expondrán dos grupos de preguntas[3] indicados para explorar la competencia *Colaboración*, las cuales serían de aplicación para niveles intermedios –entrevistados con experiencia y gente a cargo.

1. *Cuénteme sobre algún proyecto o asignación especial donde haya tenido que trabajar con personas de otro sector o área, asesores externos, etc. ¿Se logró la cooperación entre los distintos integrantes? ¿Cuál fue su rol? ¿Cómo calificaría la experiencia? ¿Cómo se sintió?*

2. *¿Cómo demuestra su apoyo a sus pares y/o colaboradores, y cómo logra desarrollar relaciones basadas en la confianza mutua? ¿De qué manera logró construir dicha relación? ¿Qué hizo para conseguirlo? Por favor, bríndeme ejemplos.*

Más adelante y continuando con el mismo ejemplo, se expondrá un esquema completo de una competencia y las preguntas sugeridas para explorar comportamientos relacionados, en el marco de una entrevista por competencias.

Un *Diccionario de preguntas*, usualmente, se confecciona con la siguiente estructura:

- Cuatro preguntas para indagar sobre el grado de desarrollo de cada una de las competencias cardinales.

- Cuatro preguntas para indagar sobre el grado de desarrollo de cada una de las competencias específicas gerenciales.

- Cuatro preguntas para indagar sobre el grado de desarrollo de cada una de las competencias específicas por área.

La principal aplicación práctica del *Diccionario de preguntas* es en los procesos de selección de personas, tanto internos como externos.

Cuando se diseña un *Modelo de conocimientos y/o valores*, también es posible elaborar un *Diccionario de preguntas* relacionado.

Las ideas expuestas se muestran en la figura de la página siguiente.

En el proceso de definición del modelo se confecciona un documento complementario al *Diccionario de competencias* que se denomina *Esquema*.

---

3 Fuente: *Diccionario de preguntas. La trilogía. Tomo 3*. Ediciones Granica, Buenos Aires, 2015

Diccionario de preguntas. Aplicación práctica

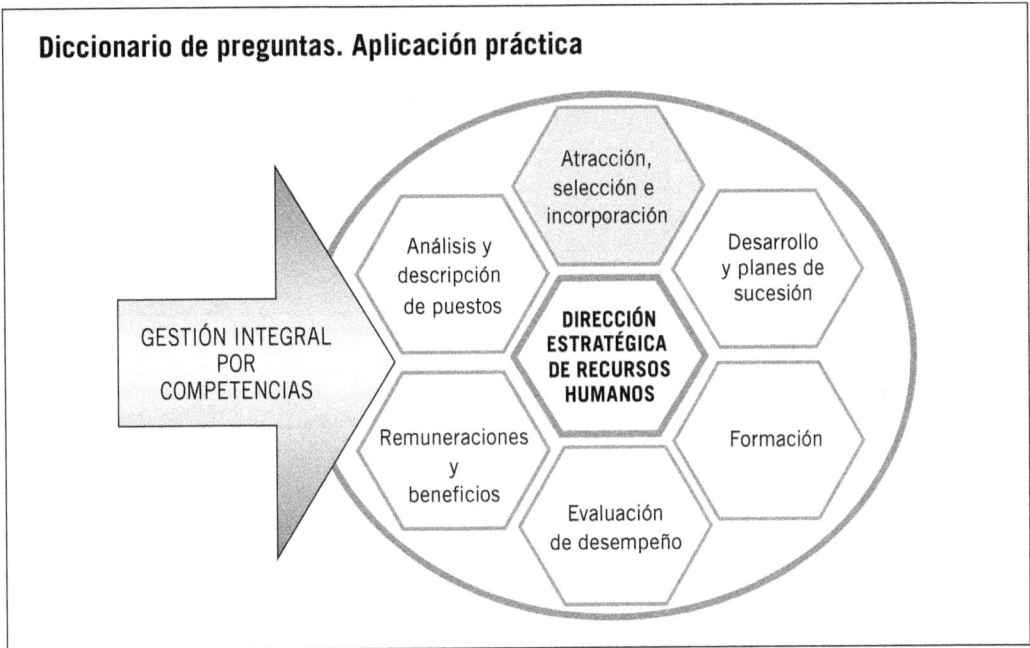

Esquema del Modelo de competencias

El *Esquema* es un documento interno organizacional en el cual se refleja la totalidad de las competencias que integran el *Modelo de competencias* y su relación con las distintas áreas y funciones de la organización.

Este documento es la base para la *asignación de competencias a puestos*.

Para la confección de este *Esquema* se han considerado las competencias definidas en las obras que integran *La Trilogía* (ver gráfico superior de la página siguiente).

La Trilogía: los tres diccionarios en Gestión por competencias. Su aplicación práctica

En la Metodología de Martha Alles International (MAI) se recomienda que en la definición del modelo de competencias y para su posterior aplicación práctica se elaboren los tres diccionarios: de competencias, de comportamientos y de preguntas que hemos denominado *Trilogía*.

Como se desprende del gráfico inferior de la página siguiente, cada uno de estos diccionarios cumple un propósito diferente y todos ellos se construyen para todas las competencias del modelo adoptado.

Modelo de competencias. Esquema. Ejemplo

12 competencias por puesto

COMPETENCIAS CARDINALES		
Compromiso		
Ética		
Perseverancia en la consecución de objetivos		
Prudencia		
COMPETENCIAS ESPECÍFICAS GERENCIALES		
Dirección de equipos de trabajo		
Visión estratégica		
COMPETENCIAS ESPECÍFICAS POR ÁREA		
Producción - Logística Operaciones	Servicios (Administración y finanzas, Sistemas, Recursos Humanos)	Mercadeo y Ventas
Calidad y mejora continua	Calidad y mejora continua	Comunicación eficaz
Calidad de planificación y organización	Comunicación eficaz	Influencia y negociación
Colaboración	Credibilidad técnica	Iniciativa - Autonomía
Pensamiento analítico	Influencia y negociación	Manejo de crisis
Tolerancia a la presión de trabajo	Productividad	Orientación al cliente
Toma de decisiones	Tolerancia a la presión de trabajo	Toma de decisiones

---

DICCIONARIO DE COMPETENCIAS	DICCIONARIO DE COMPORTAMIENTOS	DICCIONARIO DE PREGUNTAS
A partir del **Diccionario de competencias** se define el modelo de éxito para cada organización	El **Diccionario de comportamientos** brinda ejemplos de comportamientos que permiten la correcta aplicación de todos los subsistemas de Recursos Humanos	El **Diccionario de preguntas** facilita la implementación de los procesos de selección y evaluación de las personas

La organización define, en primera instancia, su *Diccionario de competencias* sobre la base de su misión, visión, valores y planes estratégicos. La utilización de un diccionario estándar de competencias ayuda a acortar los tiempos de armado del modelo.

Las competencias son de diferente tipo. Como puede apreciarse en el gráfico se pueden distinguir competencias cardinales, específicas gerenciales y específicas por área.

Todas las competencias se abren en cuatro grados o niveles.

Como ya se ha expresado, las competencias pueden ser cardinales o específicas.

- Competencias cardinales son aquellas que deben poseer todos los integrantes de la organización. Usualmente reflejan valores o conceptos ligados a la estrategia, que todos los colaboradores deberán evidenciar en algún grado.

- Las competencias específicas gerenciales son aplicables a ciertos grupos de personas o colectivos, en este caso con relación a un rol, el de jefe o superior de colaboradores. En organizaciones con dotaciones numerosas los niveles gerenciales pueden segmentarse, a su vez, en dos categorías: altos ejecutivos y restantes niveles de conducción o dirección de personas.

- Competencias específicas por área, aplicables a ciertos grupos de personas o colectivos, en este caso, en función de las necesidades de los diferentes sectores en que se divide la organización. Por ejemplo: Ventas, Producción, Administración –solo por mencionar tres–.

Por último, es muy importante destacar que los modelos se diseñan a medida de cada organización; así, una competencia que en una empresa es cardinal, en otra podrá ser específica de un área en particular, y viceversa. Por ello no pueden existir modelos estándar de competencias. La autora ha escrito una obra[4] donde se incluyen los conceptos más frecuentemente utilizados, pero la combinación estandarizada de los mismos, como si fuese una fórmula matemática, no es viable, sino que su elaboración dependerá de cada organización, de su estrategia, valores, cultura, etcétera.

---

4 Martha Alles, *Diccionario de competencias. La trilogía. Tomo 1.* Ediciones Granica, Buenos Aires, 2015.

© GRANICA

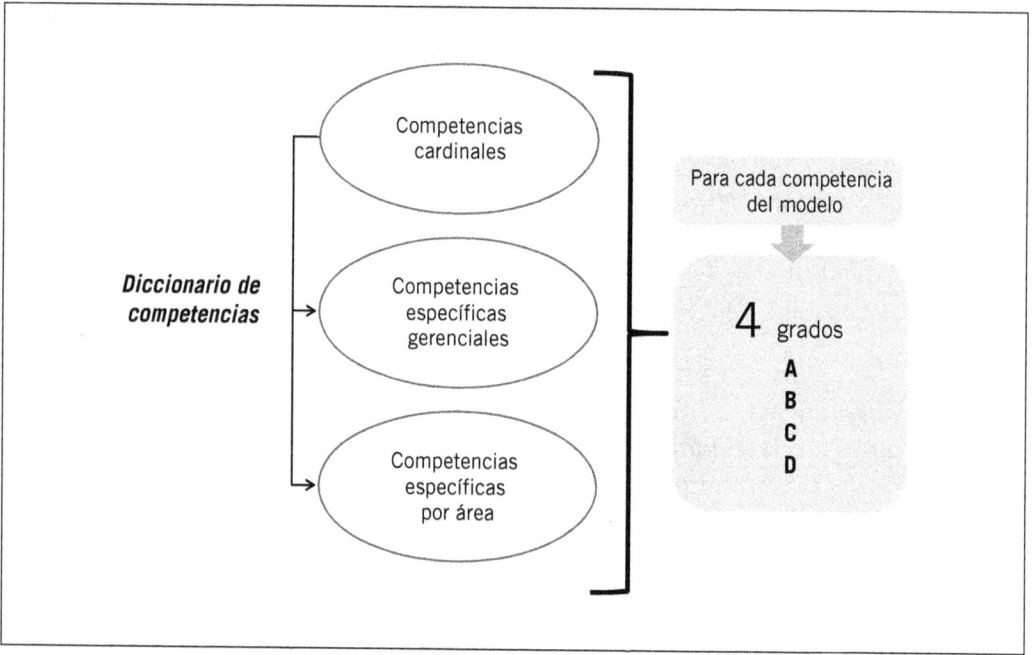

Diccionario de competencias

A continuación se presenta un ejemplo de competencia, con su definición y apertura en cuatro grados. En este ejemplo, como en todos los casos, el Grado D (el más bajo) no indica ausencia de la competencia, sino que la misma está desarrollada en su nivel mínimo.

Es importante destacar, respecto de esto, que en muchas ocasiones este "nivel mínimo" es bastante alto y retador.

En el *Diccionario de competencias* se definen las competencias como la "capacidad para...", tal como se podrá apreciar en los 60 ejemplos expuestos en la obra *Diccionario de competencias. La trilogía. Tomo 1.*

El *Diccionario de competencias* de la organización será el documento que se utilizará para la asignación de competencias a puestos, de manera directa o por niveles de asignación.

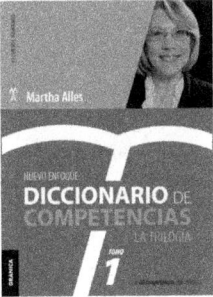

Fuente: *Diccionario de competencias. La trilogía. Tomo 1.*

COLABORACIÓN

Capacidad para brindar apoyo a los otros (pares, superiores y colaboradores), responder a sus necesidades y requerimientos y solucionar sus problemas o dudas, aunque las mismas no hayan sido manifestadas expresamente. Implica actuar como facilitador en el logro de los objetivos, a fin de crear relaciones basadas en la confianza.

A Capacidad para brindar apoyo y ayuda a los otros (pares, superiores y colaboradores), responder a sus necesidades y requerimientos, mediante iniciativas anticipadoras y espontáneas a fin de facilitar la resolución de problemas o dudas aunque las mismas no hayan sido manifestadas expresamente. Capacidad para apoyar decididamente a otras personas y para difundir formas de relación basadas en la confianza. Capacidad para promover el espíritu de colaboración en toda la organización y constituirse en un facilitador del logro de los objetivos planteados. Capacidad para implementar mecanismos organizacionales tendientes a fomentar la cooperación interdepartamental como instrumento para el logro de los objetivos comunes.

B Capacidad para brindar ayuda y colaboración a las personas de su área y de otros sectores de la organización relacionados, mostrando interés por sus necesidades aunque las mismas no hayan sido manifestadas expresamente y apoyándolas en el cumplimiento de sus objetivos. Capacidad para crear relaciones de confianza. Habilidad para utilizar los mecanismos organizacionales que promueven la cooperación interdepartamental, y para proponer mejoras a los mismos.

C Capacidad para apoyar y colaborar activamente con los integrantes de su propia área mediante una clara predisposición a ayudar a otros, antes que lo hayan manifestado expresamente. Capacidad para escuchar los requerimientos de los demás y para ayudarlos en el cumplimiento de sus objetivos, sin descuidar los propios.

D Capacidad para cooperar y brindar soporte a las personas de su entorno cuando se lo soliciten, y tener en cuenta las necesidades de los demás.

Nota: El grado D indica que la competencia está desarrollada en un nivel mínimo.

Diccionario de comportamientos

La Trilogía incluye el *Diccionario de comportamientos,* donde por cada grado de cada competencia se presentan ejemplos de comportamientos o conductas que lo representan. Tiene como principal objetivo brindar ejemplos, ya que sería dificultoso describir todos los comportamientos posibles con relación a las distintas competencias y sus grados.

En una organización, se construyen del mismo modo que se han preparado los libros de *La Trilogía* elaborados por la autora[5], es decir, definiendo y redactando los comportamientos y las preguntas en relación directa con el *Diccionario de competencias* –en este caso, el específico de la organización en cuestión–.

---

5 Martha Alles, *Diccionario de competencias. La trilogía. Tomo 1.* Ediciones Granica, Buenos Aires, 2015. *Diccionario de comportamientos. La trilogía. Tomo 2.* Ediciones Granica, Buenos Aires, 2015. *Diccionario de preguntas. La trilogía. Tomo 3.* Ediciones Granica, Buenos Aires, 2015.

Diccionario de comportamientos

Competencias cardinales

Competencias específicas gerenciales

Competencias específicas por área

Para cada competencia del modelo

5 ejemplos de comportamientos por cada grado

+

5 ejemplos que reflejen ausencia de la competencia

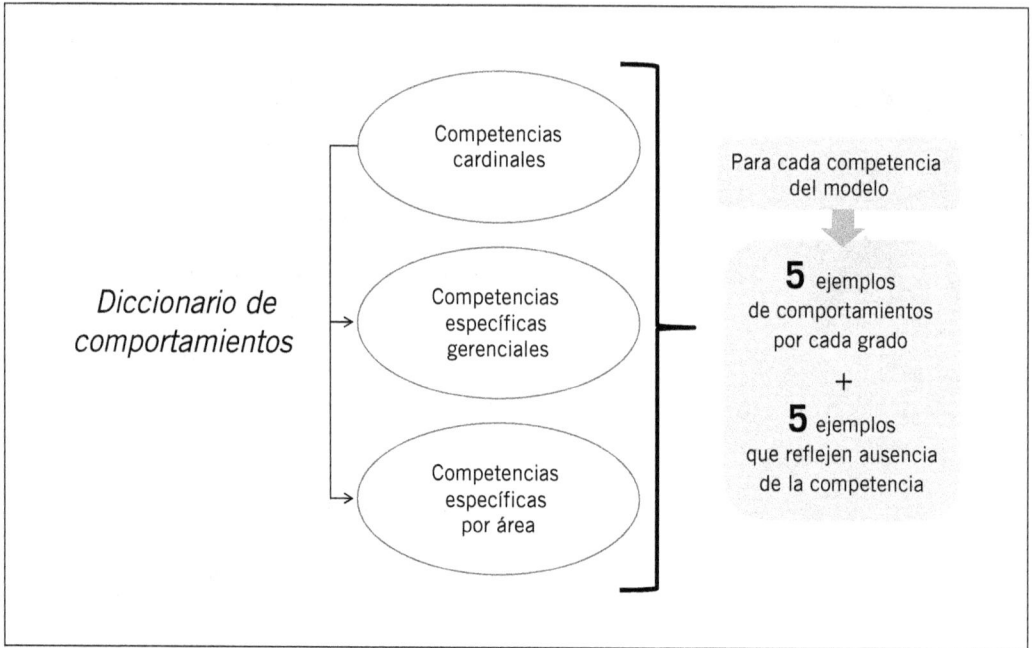

Comportamientos como unidad de medida

Diccionario de comportamientos

Colaboración
Capacidad para brindar apoyo a los otros (pares, superiores y colaboradores), responder a sus necesidades y requerimientos y solucionar sus problemas o dudas, aunque las mismas no hayan sido manifestadas expresamente. Implica actuar como facilitador para el logro de los objetivos, a fin de crear relaciones basadas en la confianza.

Comportamientos cotidianos relativos a la vinculación con otras personas, de su área, de otras áreas, clientes, proveedores u otras relacionadas con su puesto de trabajo

Los comportamientos se ubican en: Grado

A
- Brinda apoyo y ayuda a otros (pares, superiores y colaboradores), y responde así a las necesidades y requerimientos que presentan.
- Facilita la resolución de problemas o dudas, mediante iniciativas anticipadoras y espontáneas.
- Apoya decididamente a otras personas y difunde formas de relacionamiento basadas en la confianza.
- Promueve el espíritu de colaboración en toda la organización, y logra constituirse en un facilitador para el logro de los objetivos.
- Implementa mecanismos organizacionales tendientes a fomentar la cooperación interdepartamental como instrumento para el logro de los objetivos comunes.

B
- Brinda ayuda y colaboración a las personas de su área y de otras relacionadas.
- Muestra interés por las necesidades de sus colaboradores y los apoya en el cumplimiento de sus objetivos.
- Crea relaciones de confianza.
- Promueve activamente la cooperación en el interior de su área y con otras relacionadas.
- Utiliza los mecanismos organizacionales que promueven la cooperación interdepartamental y propone mejoras relativas a ellos.

C
- Apoya y colabora activamente con los integrantes de su propia área.
- Posee buena predisposición para ayudar a otros.
- Coopera activamente con los integrantes de su área en el cumplimiento de los objetivos comunes.
- Es considerado una persona de confianza dentro de su sector de trabajo.
- Escucha los requerimientos de los demás para ayudarlos en el cumplimiento de sus objetivos, sin descuidar los propios.

D
- Coopera y brinda soporte a las personas de su entorno cuando se lo solicitan.
- Tiene en cuenta las necesidades de los demás.
- Mantiene una buena relación con sus compañeros y establece buenos vínculos.
- Presta colaboración a su grupo de trabajo en temas de su especialidad.
- Está atento y bien dispuesto ante los requerimientos de su grupo de trabajo.

Competencia en su grado mínimo

- No demuestra interés por las necesidades de otros sectores y mantiene una actitud poco colaborativa hacia ellos en la consecución de sus objetivos.
- Es individualista en su trabajo, no tiene en cuenta las necesidades de los demás.
- Muestra poca inclinación para contribuir con otros si eso no es parte de sus responsabilidades.
- Colabora con los integrantes de su equipo sólo si resulta estrictamente necesario.
- No logra crear relaciones sólidas con las personas con las que interactúa, dado que no logra generar en ellas la suficiente confianza en su desempeño profesional y/o personal.

Competencia NO desarrollada

En la página anterior se presenta un ejemplo de competencia y sus comportamientos relacionados. Como se explicara al inicio del capítulo, los ejemplos de comportamientos por cada grado son cinco, a los que se suman otros cinco que reflejan la *ausencia* de la competencia. A estos últimos los hemos identificado como nivel "No desarrollado", y son necesarios al momento de medir el nivel de desarrollo –o la ausencia– de la competencia respectiva.

Si no está familiarizado con la utilización de ejemplos de comportamientos dentro de un modelo de competencias le sugiero considerar la metáfora del gráfico al pie.

El *Diccionario de comportamientos* representa un patrón de comportamientos a alcanzar para lograr la estrategia organizacional o el cambio deseado, o ambos, según corresponda en cada caso. Para medir el desempeño de las personas, para medir competencias en particular, se utilizan ejemplos de comportamientos a modo de referencia o escala de medida.

COLABORACIÓN: Capacidad para brindar apoyo a los otros (pares, superiores y colaboradores), responder a sus necesidades y requerimientos y solucionar sus problemas o dudas, aunque las mismas no hayan sido manifestadas expresamente. Implica actuar como facilitador en el logro de los objetivos, a fin de crear relaciones basadas en la confianza.

Comportamientos orientados a contribuir al logro de los objetivos comunes dentro de los diferentes grupos

Los comportamientos se ubican en: Grado

Grado A

- Brinda apoyo y ayuda a los demás, respondiendo a sus necesidades y requerimientos.
- Facilita la resolución de problemas o dudas, mediante iniciativas anticipadoras y espontáneas.
- Apoya decididamente a otras personas y difunde formas de relacionamiento basadas en la confianza.
- Promueve el espíritu de colaboración en toda la organización, y logra constituirse en un facilitador para el logro de los objetivos.
- Implementa mecanismos organizacionales tendientes a fomentar la cooperación interdepartamental como instrumento para el logro de los objetivos comunes.

Grado B

- Brinda ayuda y colaboración a las personas de su área y de otras relacionadas.
- Muestra interés por las necesidades de sus colaboradores y los apoya en el cumplimiento de sus objetivos.
- Crea relaciones de confianza.
- Promueve activamente la cooperación en el interior de su área y con otras relacionadas.
- Utiliza los mecanismos organizacionales que promueven la cooperación interdepartamental y propone mejoras a los mismos.

Grado C

- Apoya y colabora activamente con los integrantes de su propia área.
- Posee buena predisposición para ayudar a otros.
- Coopera activamente con los integrantes de su área en el cumplimiento de los objetivos comunes.
- Es considerado una persona de confianza dentro de su sector de trabajo.
- Escucha los requerimientos de los demás para ayudarlos en el cumplimiento de sus objetivos, sin descuidar los propios.

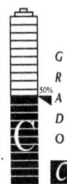

Grado D

- Coopera y brinda soporte a las personas de su entorno cuando se lo solicitan.
- Tiene en cuenta las necesidades de los demás.
- Mantiene una buena relación con sus compañeros y establece buenos vínculos.
- Presta colaboración a su grupo de trabajo en temas de su especialidad.
- Está atento y bien dispuesto ante los requerimientos de su grupo de trabajo.

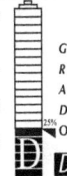

Competencia en su grado mínimo

No desarrollada

- Muestra escaso interés por las necesidades de otros sectores y mantiene una actitud poco colaborativa hacia ellos en el cumplimiento de sus objetivos.
- Es individualista en su trabajo, no tiene en cuenta las necesidades de los demás.
- Muestra poca inclinación para contribuir con otros si eso no es parte de sus responsabilidades.
- Colabora con los integrantes de su equipo sólo si resulta estrictamente necesario.
- No logra crear relaciones sólidas con las personas con las que interactúa, dado que no genera en ellas la suficiente confianza en su desempeño profesional y/o personal.

Competencia NO desarrollada

Fuente: *Diccionario de comportamientos.
La trilogía. Tomo 2.*

Por esta razón, es necesario contar con ejemplos de todos los grados e, igualmente, los que permitan identificar la ausencia de la competencia.

El *Diccionario de comportamientos* será el que utilizará el cliente interno en los distintos subsistemas de Recursos Humanos.

Más adelante se mencionarán los principales subsistemas de Recursos Humanos y la utilización de los distintos diccionarios en cada uno de ellos.

Diccionario de preguntas

Para seleccionar personal se deben evaluar las competencias de los postulantes; con ese fin la metodología propone diferentes preguntas referidas a las competencias sobre las cuales se desea investigar. El *Diccionario de preguntas* presenta cuatro preguntas por cada competencia del modelo, formuladas considerando los niveles de la posición (ejecutivos, intermedios, etcétera).

A continuación se presenta un ejemplo de competencia y cuatro preguntas relacionadas. Las preguntas pueden ser adaptadas al lenguaje del entrevistador y a las circunstancias en las que se formulen.

Fuente: *Diccionario de preguntas. La trilogía. Tomo 3.*

Definición de la competencia	Preguntas sugeridas
COLABORACIÓN Capacidad para brindar apoyo a los otros (pares, superiores y colaboradores), responder a sus necesidades y requerimientos y solucionar sus problemas o dudas, aunque las mismas no hayan sido manifestadas expresamente. Implica actuar como facilitador en el logro de los objetivos, a fin de crear relaciones basadas en la confianza	1. Cuénteme sobre algún proyecto o asignación especial donde haya tenido que trabajar con personas de otro sector o área, asesores externos, etc. ¿Se logró la cooperación entre los distintos integrantes? ¿Cuál fue su rol? ¿Cómo calificaría la experiencia? ¿Cómo se sintió? 2. ¿Cómo demuestra usted su apoyo a sus pares y/o colaboradores, y cómo logra desarrollar relaciones basadas en la confianza mutua? ¿De qué manera logró construir dicha relación? ¿Qué hizo para conseguirlo? Por favor, bríndeme ejemplos. 3. Cuénteme una situación en la que un colaborador o compañero suyo haya recurrido a usted para solicitarle ayuda. ¿Puede comentarme cómo se comportó en dicha situación? ¿Cómo se sintió? 4. ¿Con qué frecuencia interactúa con personas de otros sectores o áreas? Descríbame su relación con ellas. ¿Recuerda algún caso en que haya colaborado voluntariamente con otra área, a fin de lograr alcanzar un determinado objetivo, que si bien no estaba directamente vinculado con su sector, era de gran importancia para el conjunto de la organización? ¿Qué lo motivó a hacerlo?

Asignación de competencias a puestos

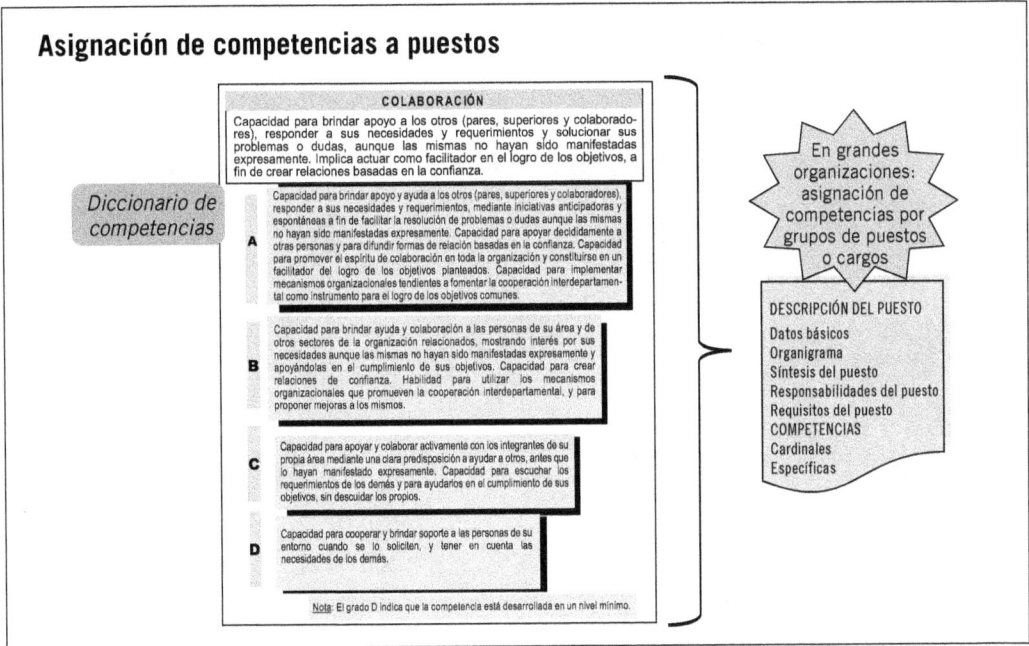

COLABORACIÓN

Capacidad para brindar apoyo a los otros (pares, superiores y colaboradores), responder a sus necesidades y requerimientos y solucionar sus problemas o dudas, aunque las mismas no hayan sido manifestadas expresamente. Implica actuar como facilitador en el logro de los objetivos, a fin de crear relaciones basadas en la confianza.

Diccionario de competencias

A Capacidad para brindar apoyo y ayuda a los otros (pares, superiores y colaboradores), responder a sus necesidades y requerimientos, mediante iniciativas anticipadoras y espontáneas a fin de facilitar la resolución de problemas o dudas aunque las mismas no hayan sido manifestadas expresamente. Capacidad para apoyar decididamente a otras personas y para difundir formas de relación basadas en la confianza. Capacidad para promover el espíritu de colaboración en toda la organización y constituirse en un facilitador del logro de los objetivos planteados. Capacidad para implementar mecanismos organizacionales tendientes a fomentar la cooperación interdepartamental como instrumento para el logro de los objetivos comunes.

B Capacidad para brindar ayuda y colaboración a las personas de su área y de otros sectores de la organización relacionados, mostrando interés por sus necesidades aunque las mismas no hayan sido manifestadas expresamente y apoyándolas en el cumplimiento de sus objetivos. Capacidad para crear relaciones de confianza. Habilidad para utilizar los mecanismos organizacionales que promueven la cooperación interdepartamental, y para proponer mejoras a los mismos.

C Capacidad para apoyar y colaborar activamente con los integrantes de su propia área mediante una clara predisposición a ayudar a otros, antes que lo hayan manifestado expresamente. Capacidad para escuchar los requerimientos de los demás y para ayudarlos en el cumplimiento de sus objetivos, sin descuidar los propios.

D Capacidad para cooperar y brindar soporte a las personas de su entorno cuando se lo soliciten, y tener en cuenta las necesidades de los demás.

Nota: El grado D indica que la competencia está desarrollada en un nivel mínimo.

En grandes organizaciones: asignación de competencias por grupos de puestos o cargos

DESCRIPCIÓN DEL PUESTO
Datos básicos
Organigrama
Síntesis del puesto
Responsabilidades del puesto
Requisitos del puesto
COMPETENCIAS
Cardinales
Específicas

Asignación de competencias a puestos

Se denomina "armado" o "arquitectura" a los primeros pasos o etapas de la construcción del modelo. El armado culmina con la asignación de competencias a puestos, para lo cual se utilizará el *Diccionario de competencias*.

En grandes organizaciones la asignación de competencias se puede realizar por grupos de puestos o cargos y, con frecuencia, se utiliza la herramienta *estructura de puestos* (ver gráfico superior).

La Trilogía y cómo utilizarla en cada uno de los subsistemas

Los tres diccionarios que conforman *La Trilogía* poseen una serie de aplicaciones muy variadas en los distintos subsistemas de Recursos Humanos. En esta sección solo nos referiremos a las más habituales.

Una vez que se ha implantado un modelo, su aplicación se basará en tres pilares: Selección, Desempeño y Desarrollo.

Después de la implantación: *tres pilares*

SELECCIÓN	DESEMPEÑO	DESARROLLO
Entrevistas	Evaluación de desempeño	Autodesarrollo
Assessment Center Method (ACM)	Evaluación de 360° y 180°, Diagnósticos circulares	Entrenamiento experto
		Codesarrollo

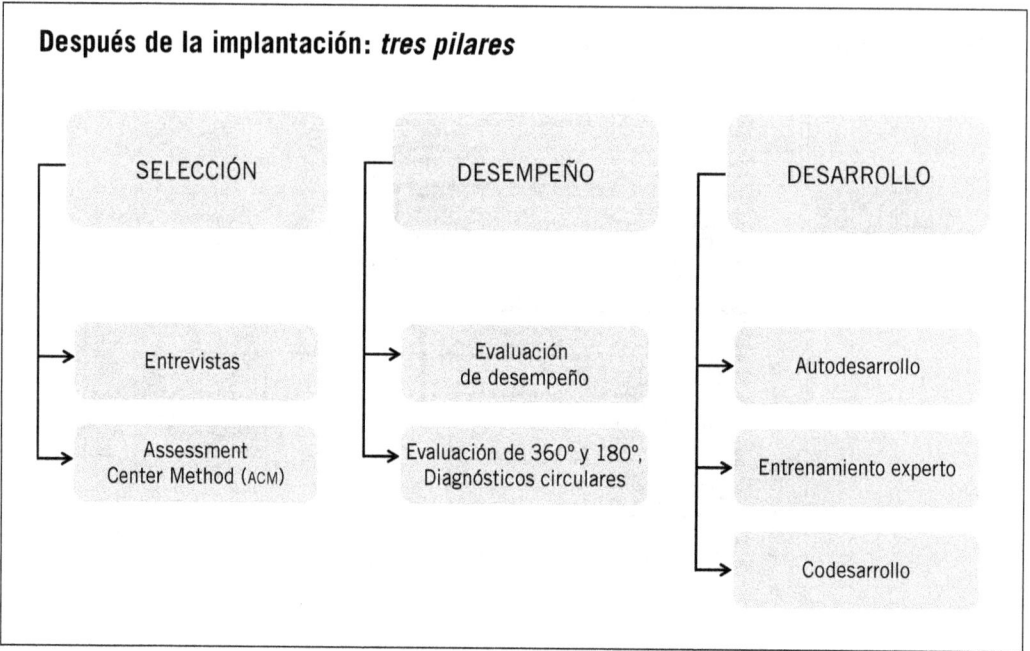

Los diccionarios se utilizan en cada una de estas instancias. A continuación se brinda una explicación resumida al respecto.

La palabra "pilar" / "pilares" aparece solamente una vez más en el resto del libro; traté de buscar la sección a la que se refiere acá pero no estoy segura de cuál sea. Entonces, sugiero corroborar que esta sección exista como tal, y en caso afirmativo poner aquí el título de la sección para facilitarle las cosas al lector.

Selección por competencias

Se ha destinado una obra[6] a este tema en particular; como se expresara más arriba, en esta sección solo se ofrecerá una breve explicación del rol de los diccionarios en los distintos subsistemas.

En Selección el orden de utilización de los tres diccionarios de *La Trilogía* sigue el esquema establecido en el gráfico de la página siguiente.

---

6 Martha Alles, *Selección por competencias.* Ediciones Granica, Buenos Aires, 2006.

Los diccionarios en selección por competencias

La entrevista por competencias

La entrevista es fundamental en un proceso de selección, se utilicen o no competencias. Cuando una organización ha diseñado un modelo de competencias, la entrevista explora acerca de estas utilizando, como ya se expresara, el *Diccionario de preguntas* y el *Diccionario de comportamientos.*

Por ejemplo, en una entrevista por competencias, primero se le formulan al entrevistado las preguntas relacionadas con cada competencia a evaluar; se utiliza para ello el *Diccionario de preguntas,* y se considera para su aplicación el nivel del entrevistado. A partir del relato obtenido como respuesta a las preguntas es posible "observar comportamientos". Luego estos se comparan con los ejemplos definidos en el *Diccionario de comportamientos* y se establece la relación entre unos y otros para identificar el grado correspondiente a los comportamientos observados.

Las entrevistas pueden ser de diferente tipo. La más utilizada es la denominada *entrevista por competencias.* Existe otra, más profunda, que se denomina BEI (por la sigla *Behavioral Event Interview,* o entrevista por incidentes críticos). En cualquiera de los dos casos, la utilización de los diccionarios es semejante, y se ilustra en el gráfico siguiente.

Selección. La entrevista. Relacionar preguntas con comportamientos

Comportamientos observados

Preguntas por competencias

Definición de la competencia	Preguntas sugeridas
Colaboración Capacidad para brindar apoyo a los otros (pares, superiores y colaboradores), responder a sus necesidades y requerimientos y solucionar sus problemas o dudas, aunque las mismas no hayan sido manifestadas expresamente. Implica actuar como facilitador en el logro de los objetivos, a fin de crear relaciones basadas en la confianza	*1. Cuénteme sobre algún proyecto o asignación especial donde haya tenido que trabajar con personas de otro sector o área, asesores externos, etc. ¿Se logró la cooperación entre los distintos integrantes? ¿Cuál fue su rol? ¿Cómo calificaría la experiencia? ¿Cómo se sintió?* *2. ¿Cómo demuestra usted su apoyo a sus pares y/o colaboradores, y cómo*

Diccionario de preguntas

...ayuda. ¿? debe comentarme como se comportó en dicha situación? ¿Cómo se sintió?

4. ¿Con qué frecuencia interactúa con personas de otros sectores o áreas? Descríbame su relación con ellas. ¿Recuerda algún caso en que haya colaborado voluntariamente con otra área, a fin de lograr alcanzar un determinado objetivo, que si bien no estaba directamente vinculado con su sector, era de gran importancia para el conjunto de la organización? ¿Qué lo motivó a hacerlo?

El entrevistado, como respuesta a las preguntas, relata comportamientos

Se formulan preguntas según las definiciones de las competencias.

Selección. Cómo analizar las respuestas

Competencias requeridas por el puesto

Preguntas por competencias

Comportamientos observados

Definición de la competencia	Preguntas sugeridas
Colaboración Capacidad para brindar apoyo a los otros (pares, superiores y colaboradores), responder a sus necesidades y requerimientos y solucionar sus problemas o dudas, aunque las mismas no hayan sido manifestadas expresamente. Implica actuar como facilitador en el logro de los objetivos, a fin de crear relaciones basadas en la confianza	*1. Cuénteme sobre algún proyecto o asignación especial donde haya tenido que trabajar con personas de otro sector o área, asesores externos, etc. ¿Se logró la cooperación entre los distintos integrantes? ¿Cuál fue su rol? ¿Cómo calificaría la experiencia? ¿Cómo se sintió?* *2. ¿Cómo demuestra usted su apoyo a sus pares y/o colaboradores, y cómo logra desarrollar relaciones basadas en la confianza mutua? ¿De qué manera logró construir dicha relación? ¿Qué hizo para conseguirlo? Por favor, bríndeme ejemplos.* *3. Cuénteme una situación en la que un colaborador o compañero suyo haya recurrido a usted para solicitarle ayuda. ¿Puede comentarme cómo se comportó en dicha situación? ¿Cómo se sintió?* *4. ¿Con qué frecuencia interactuó con personas de otros sectores o áreas? Descríbame su relación con ellas. ¿Recuerda algún caso en que haya colaborado voluntariamente con otra área, a fin de lograr alcanzar un determinado objetivo, que si bien no estaba directamente vinculado con su sector, era de gran importancia para el conjunto de la organización? ¿Qué lo motivó a hacerlo?*

Diccionario de comportamientos

Las respuestas obtenidas se correlacionan con los grados.

Se formulan preguntas según las definiciones de cada competencia. Para ello se utiliza el *Diccionario de preguntas.*

El análisis del resultado obtenido, en cualquiera de los dos tipos de entrevista mencionados, se explica en el gráfico inferior de la página anterior.

En la obra *Diccionario de preguntas* el lector encontrará cuatro ejemplos de preguntas por cada competencia. Nuestra sugerencia es respetar el estilo y, a partir de ellas, preparar las propias, adaptadas a las propias circunstancias. Los diccionarios de preguntas se preparan a medida del modelo de cada organización.

Asimismo, las preguntas pueden ser diseñadas para medir valores. El esquema sugerido para ello es similar al descrito para la evaluación de competencias.

Mediciones específicas de competencias

Las organizaciones necesitan medir competencias en diferentes momentos y por distintos motivos. Las dos herramientas más utilizadas son las *fichas de evaluación* y los *Assessment* –término de uso generalizado que designa el método denominado *Assessment Center Method* (ACM)–.

Assessment Center Method (ACM)

Para ser eficaz, la técnica de medición de competencias conocida como *Assessment Center Method* debe ser diseñada a medida de cada organización. Los casos comprendidos deben:

1. Ser situacionales –es decir, deben estar en relación con la tarea actual o futura del evaluado–.

2. Estar relacionados con el modelo de competencias –es decir, tomar en cuenta las competencias del modelo de la organización– y ser diseñados específicamente para medir en particular los comportamientos referidos a ellas.

Como se puede apreciar en el gráfico superior de la página siguiente, los casos se relacionan con el *Diccionario de comportamientos*. Durante un *assessment* se observan los comportamientos de los evaluados, que luego son cotejados con los ejemplos que ofrece el mencionado diccionario para establecer similitudes.

La técnica de *assessment* es muy conocida por su utilización en procesos de selección. Sin embargo, se aplica en muchas otras situaciones, siendo una herramienta muy valiosa. Se sugiere analizar el gráfico inferior de la página siguiente, explicativo de las diferentes opciones posibles –al menos, las más frecuentes–.

Assessment Center Method (ACM)

Comportamientos observados

Resolución de casos

Casos situacionales

Se observan comportamientos durante la actividad (ACM) y se los coteja con el *Diccionario de comportamientos* organizacional

La actividad es dirigida por el Administrador, con la participación del Observador. Los participantes resuelven los casos en función de las consignas recibidas

¿Cuándo se utiliza un *assessment* (ACM)?

Análisis y descripción de puestos

- Para considerar la adecuación persona-puesto.
- Para evaluar personal que ya trabaja en la organización. Se aplica a todos los niveles.
- Se deben armar los grupos cuidadosamente.

Atracción, selección e incorporación

- El *assessment* en selección solo se recomienda en aquellos casos en los que sea factible la entrevista grupal.
- Ideal para programas de jóvenes profesionales.

Desarrollo y planes de sucesión / **Formación**

- Para detectar necesidades de desarrollo de competencias.
- Para evaluar la efectividad de acciones de desarrollo de competencias.
- Se aplica a todos los niveles.

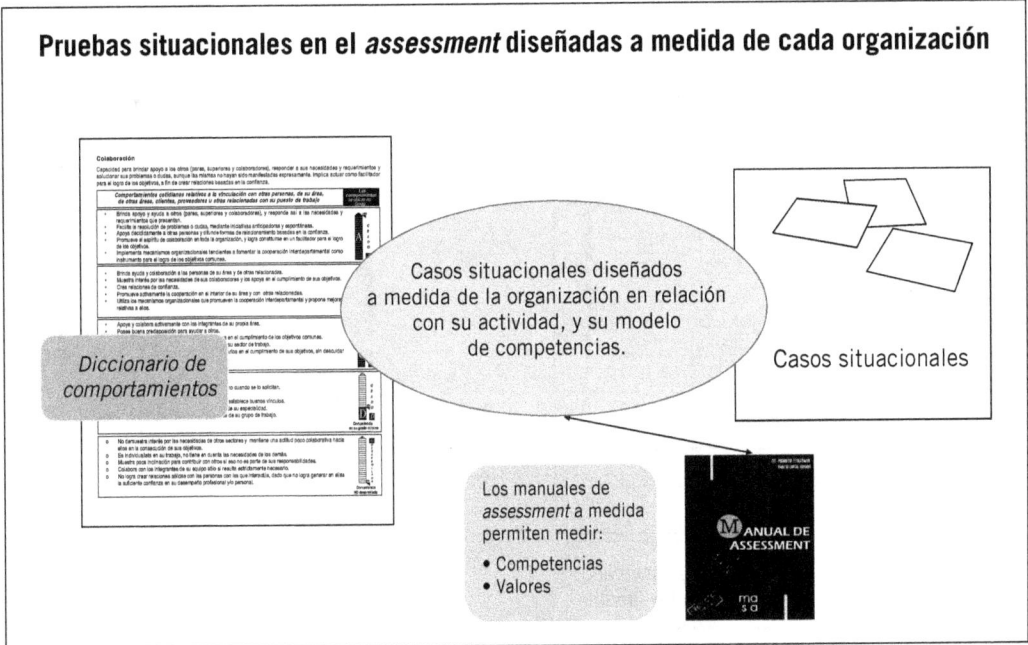

Pruebas situacionales en el *assessment* diseñadas a medida de cada organización

Casos situacionales diseñados a medida de la organización en relación con su actividad, y su modelo de competencias.

Casos situacionales

Diccionario de comportamientos

Los manuales de *assessment* a medida permiten medir:
• Competencias
• Valores

MANUAL DE ASSESSMENT

Como se desprende del gráfico precedente, la sugerencia es que las pruebas situacionales sean diseñadas a medida de cada organización. Esto implica que los casos/ejercicios estarán relacionados con su actividad y contemplando sus propias competencias.

Es importante destacar que un *assessment* diseñado a medida puede ser utilizado también para medir valores, si es que estos han sido considerados en la elaboración de la herramienta. En cualquiera de los casos mencionados, los resultados obtenidos durante el *assessment* se analizan según el gráfico de la página siguiente:

Manual de *assessment* (ACM). Conjunto de teoría, casos, ejercicios y formularios que permiten la aplicación práctica de la herramienta *Assessment Center Method (ACM)*. Combinación de términos en español e inglés.

***Assessment Center Method* (ACM). Evaluadores.** Se utiliza la denominación en inglés de esta herramienta dado que es de uso frecuente y así se la menciona en muchas obras sobre Recursos Humanos y selección, en diferentes lenguas.
Los evaluadores son aquellos que, en un *assessment*, emiten un diagnóstico sobre los participantes, en función de los comportamientos observados durante la actividad.
El equipo evaluador en un ACM está compuesto por: administrador, observador asistente, observador pasivo.
Ver *Assessment Center Method* (ACM).

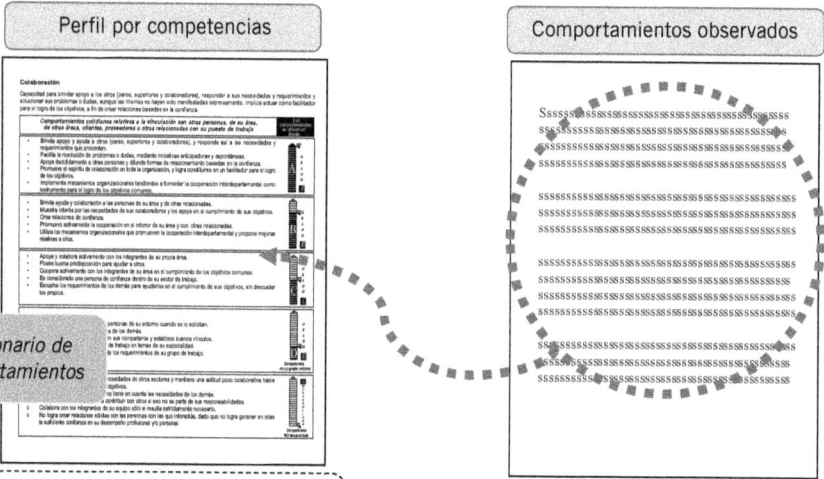

Assessment (ACM): cómo analizar los resultados

Los comportamientos observados se correlacionan con los grados

Desempeño por competencias

En la serie de libros de Recursos Humanos[7] el lector podrá encontrar uno específicamente relacionado con la temática, por lo tanto, aquí solo se ofrecerá una breve descripción.

Para medir el desempeño por competencias pueden utilizarse diversas herramientas:

- Evaluación vertical.

- Evaluación de 360°.

- Evaluación de 180°.

- Diagnósticos circulares.

- Fichas de evaluación, aplicables a mediciones específicas o como apoyo a las cuatro herramientas anteriores.

---

7 La autora ha publicado una serie de libros de Recursos Humanos con Ediciones Granica. Ver la guía de lecturas ofrecidas en las páginas finales.

Al final del capítulo encontrará una sección especial sobre herramientas, donde podrá encontrar las relacionadas con la medición del desempeño.

La evaluación de desempeño

En la evaluación de desempeño vertical usualmente se combinan objetivos y competencias. Para evaluar estas últimas se deben observar comportamientos, dentro del período o ejercicio en evaluación, según puede verse en el gráfico al pie.

El análisis de las competencias se realiza según el gráfico de la página siguiente.

Los comportamientos observados se relacionan con las competencias asignadas al puesto de trabajo.

> **Desempeño por competencias.** La expresión hace referencia a la medición del desempeño de la organización en su conjunto y de los colaboradores en particular, en base al modelo de competencias de la organización.
>
> Implica la medición del desempeño de una persona considerando las competencias requeridas para el puesto y a través de la observación de su comportamiento, en un período de tiempo determinado (usualmente, un año).
>
> Para que esta medición sea eficaz se deberá contar con indicadores de comportamientos (diccionario de comportamientos). Relacionar con *Desempeño*.

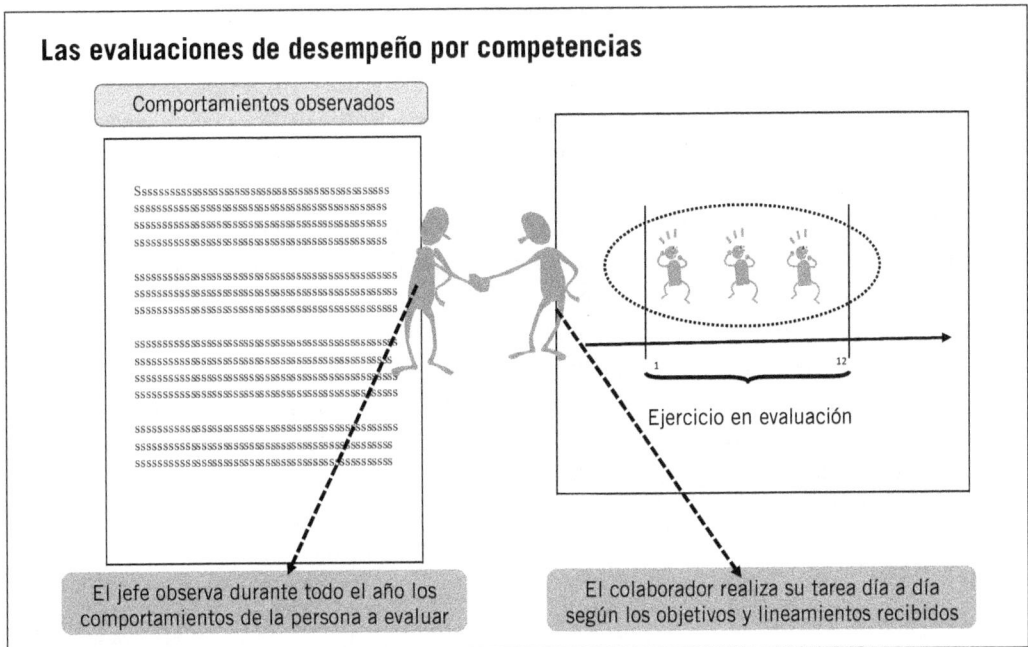

Las evaluaciones de desempeño por competencias

Comportamientos observados

Ejercicio en evaluación

El jefe observa durante todo el año los comportamientos de la persona a evaluar

El colaborador realiza su tarea día a día según los objetivos y lineamientos recibidos

Evaluaciones de desempeño: cómo analizar el desempeño de un colaborador

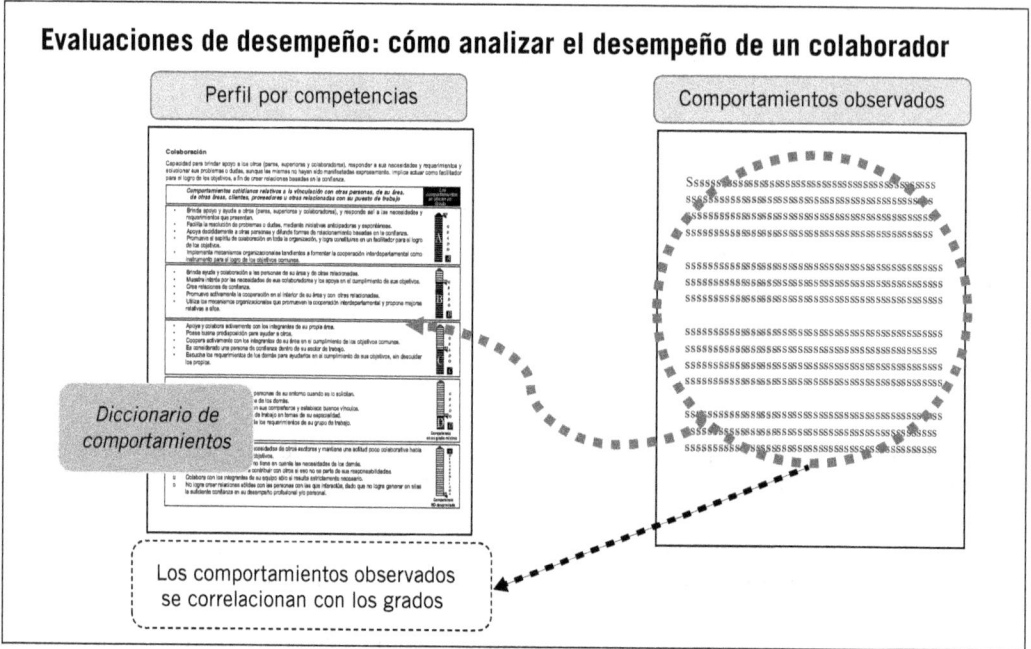

Perfil por competencias

Comportamientos observados

Diccionario de comportamientos

Los comportamientos observados se correlacionan con los grados

Otras evaluaciones para medir competencias

Las evaluaciones de 360° (así como las de 180°) evalúan competencias con vistas a su desarrollo. En una evaluación de 360° una serie de evaluadores observan el desempeño de una persona. Del mismo modo sucede en la evaluación de 180° y en los diagnósticos circulares.

En las diferentes evaluaciones mencionadas se observan comportamientos y estos se relacionan con los descritos en el *Diccionario de comportamientos* (ver gráfico en la página siguiente).

Es importante señalar que si la evaluación de 360° no se diseña sobre la base del *Diccionario de comportamientos* de la empresa en cuestión, no estará midiendo a los ejecutivos u otros funcionarios sobre la base del modelo de la organización y, desde ya, no medirá su desempeño en relación con aquello definido como necesario para alcanzar la estrategia organizacional.

Evaluación de 360° por competencias

360°

1 Auto-evaluación	2 Superior
Par 3	Par 4	Evaluado	5 Par
Colaborador 6	Colaborador 7	Colaborador 8

Los distintos evaluadores, incluida la propia persona evaluada (autoevaluación), observan comportamientos en el período bajo consideración

Evaluación 360. Cómo analizar los comportamientos de la persona evaluada

360°

Perfil por competencias

Comportamientos observados

Diccionario de comportamientos

Los comportamientos observados se correlacionan con los grados

Desarrollo de personas

Los diccionarios, en especial el de comportamientos, pueden ser aplicados en otras actividades relacionadas con las personas, como en las acciones de desarrollo.

> **Desarrollo de personas.** Conjunto de acciones tendientes a hacer crecer las capacidades de una persona en relación con su puesto de trabajo, actual o futuro. Implica el desarrollo tanto de conocimientos como de competencias.

Formación en competencias

En el momento de implantar el modelo es necesario difundirlo o darlo a conocer y, además, enseñar de qué manera debe utilizarse. La información de esta sección será de utilidad para explicar el mejor uso de los distintos herramentales necesarios para poner en marcha el modelo de competencias (ver gráfico superior en página siguiente).

> **Formación (1).** Acción de educar y/o instruir a una persona con el propósito de perfeccionar sus facultades intelectuales a través de la explicación de contenidos, ejercicios, ejemplos, etc. Incluye conceptos tales como codesarrollo y capacitación.
> Este término se relaciona con las herramientas N° 7 y 9 descritas en la obra *50 herramientas de Recursos Humanos que todo profesional debe conocer*.

Desarrollo de competencias

Una vez que se han medido las competencias de los distintos integrantes de la organización, se habrá determinado cuáles son las brechas entre el nivel de competencias de cada colaborador y lo requerido por su puesto de trabajo. Sobre la base de esa información se deberán realizar acciones de desarrollo de competencias. Los distintos métodos sugeridos se muestran en el gráfico "Desarrollo de competencias", y en los libros de la serie Recursos Humanos ya mencionados podrá encontrar varios textos destinados a este tema en particular (ver gráfico inferior en página siguiente).

> **Desarrollo de competencias.** Acciones tendientes a alcanzar el grado de madurez o perfección deseado en función del puesto de trabajo que la persona ocupa en el presente o se prevé que ocupará más adelante.

Formación en competencias

Diccionario de comportamientos

Libro organizacional con el modelo de competencias

Talleres de difusión del modelo

Talleres sobre cómo observar comportamientos

E-learning

Desarrollo de competencias

Diccionario de comportamientos

Autodesarrollo

Jefe entrenador

Codesarrollo

Mapa y ruta de talentos

En función de las capacidades de las personas, es decir, a partir de un *mapa de talentos,* es posible diseñar *rutas internas* para el crecimiento de ese talento dentro de la organización, contemplando desde las capacidades de las personas hasta sus proyectos personales. Los diferentes programas organizacionales, tratados en la obra *Construyendo talento*[8], se muestran en el gráfico al pie de esta página.

Para los diferentes programas organizacionales incluidos dentro del *mapa y ruta de talentos* se consideran:

- Conocimientos.
- Competencias.
- Experiencia.

Mapa y ruta de talentos

Carrera gerencial y especialista

Planes de carrera

Diagramas de reemplazo

Plan de jóvenes profesionales

DESARROLLO DE PERSONAS DENTRO DE LA ORGANIZACIÓN

Planes de sucesión

Personas clave

Entrenamiento experto

Jefe entrenador

Mentoring

---

8 Martha Alles, *Construyendo talento.* Ediciones Granica, Buenos Aires, 2009.

Para mayor detalle sobre los diferentes aspectos relacionados con el desarrollo de personas, se sugiere revisar o releer el Capítulo 7 de la obra *Dirección Estratégica de Recursos Humanos. Volumen 1* (2015).

Las herramientas en Gestión por competencias

Qué se entiende por herramientas

La disciplina de Recursos Humanos y la utilización de herramientas se relacionan con organizaciones de todo tipo. Si bien los temas de Management y Recursos Humanos, en una primera instancia, parecen asociados exclusivamente al ámbito de las empresas, esto no debería ser así. La temática de esta obra, en su totalidad, aplica a organizaciones de toda clase: compañías privadas y públicas, ONGs, entidades de gobierno, universidades, fuerzas armadas y de seguridad, instituciones religiosas, deportivas o artísticas; todas y cada una de ellas tienen un aspecto en común: están integradas por personas, por lo cual necesitan herramientas para la gestión de sus colaboradores.

Las herramientas pueden ser de diferente envergadura o niveles. Unas resuelven problemas concretos, como cuando una organización debe elegir el reemplazo de una persona que deja su puesto (*Diagramas de reemplazo, Promociones internas*). Otras permiten el ordenamiento organizacional en su totalidad, como por ejemplo estructurar la organización o encaminarla en su conjunto tras una nueva estrategia (*Estructura de puestos y Modelo de competencias*).

Sobre la base de identificar este amplio espectro de necesidades, la obra titulada *Las 50 herramientas de Recursos Humanos que todo profesional debe conocer*[9] ofrece una gama de soluciones diversas que lo acompañarán en diferentes momentos de su vida profesional y empresarial. Además, las herramientas mencionadas tanto en dicha obra como en esta –y, en particular, en el presente capítulo– son utilizadas en la empresa consultora que lleva mi nombre, por lo cual el libro no es ajeno a esta perspectiva. No obstante, las herramientas aquí expuestas se corresponden con las buenas prácticas de Recursos Humanos que se encuentran en vigencia en la mayoría de los países más desarrollados en esta materia.

En relación con el término "herramientas" creo importante precisar algunos conceptos. La idea de usar la palabra herramienta no es casual, porque se desea expresar la idea de que son recursos que lo ayudarán a hacer *algo*, particularmente en

---

9 Martha Alles, *Las 50 herramientas de Recursos Humanos que todo profesional debe conocer.* Ediciones Granica, Buenos Aires, 2012.

relación con las personas que integran una organización, ya sea usted un directivo o jefe, o –también– desde la perspectiva del colaborador.

Tomemos como referencia mi obra *Diccionario de términos de Recursos Humanos*[10] y veamos a continuación algunas definiciones.

Herramental. Conjunto de herramientas relacionadas con una disciplina o un tema en particular. Ejemplo: herramental de RRHH, herramental disponible para selección de personas.

Herramientas. Cuestionarios, manuales, guías y otros materiales de apoyo de probada eficacia para la resolución práctica de un determinado problema o situación.

Dado que en la mayoría de los casos las herramientas cuentan con un diseño particular, dentro de nuestra metodología existe, cuando es pertinente, una segunda consideración.

Herramental MAI[11]. Conjunto de herramientas relacionadas con una disciplina o un tema para el cual Martha Alles International (MAI) presenta una solución innovadora. En algunos casos, se aporta una variante inédita hasta el momento (ejemplo: los distintos programas para jefes), o bien se brinda una versión propia de un elemento conocido (ejemplos: modelos de competencias, de conocimientos y de valores).

Herramientas MAI. Cuestionarios, manuales, guías y otros materiales de apoyo de probada eficacia para la resolución práctica de problemas o situaciones para los cuales Martha Alles International (MAI) presenta una solución innovadora. En algunos casos, se aporta una variante inédita hasta el momento (ejemplos: *Ficha de evaluación, Codesarrollo*), o bien se brinda una versión propia sobre un elemento ya conocido (ejemplos: *Manual de assessment, Manuales para formador de formadores*).

La firma de consultores MAI ha creado una metodología propia para la implantación de modelos de Gestión por competencias, que se ha expuesto en *Dirección estratégica de Recursos Humanos. Volumen 1* (2015) y en este capítulo y otros apartados de esta obra. Nuestra metodología se basa en una serie de desarrollos, herramientas y herramentales que permiten una implantación sistémica del modelo.

Otro aspecto que es importante destacar es la consideración de un concepto bastante difundido: la expresión *buenas prácticas* o *mejores prácticas*, que se utiliza para describir métodos de trabajo que las mejores empresas han implantado y que se consideran *deseables*, es decir que sería bueno implementar o adoptar en aquellas

---

10 Martha Alles, *Diccionario de términos de Recursos Humanos*. Ediciones Granica, Buenos Aires, 2011.
11 MAI es la sigla de Martha Alles International.

organizaciones que no lo han hecho aún. Por lo tanto, las buenas prácticas no implican conceptos de tipo teórico, sino que describen los métodos de trabajo que representan la mejor manera de hacer las cosas en lo que respecta a un determinado aspecto de la organización.

En esta obra se menciona un amplio abanico de herramientas en relación con las personas que integran una organización, de cualquier tipo y tamaño; *métodos de trabajo reales llevados a la práctica por organizaciones reales.*

A continuación se expondrán las principales herramientas sugeridas para llevar adelante un grupo de buenas prácticas organizacionales que considero especialmente relevantes para la gestión del talento humano.

Herramientas en el armado del modelo

En el armado del *modelo de competencias* se utilizan varias herramientas. Las más importantes son las que se exponen en el gráfico siguiente.

El número que se registra junto al nombre de cada herramienta hace referencia al asignado en el libro *Las 50 Herramientas de Recursos Humanos que todo profesional debe conocer.*

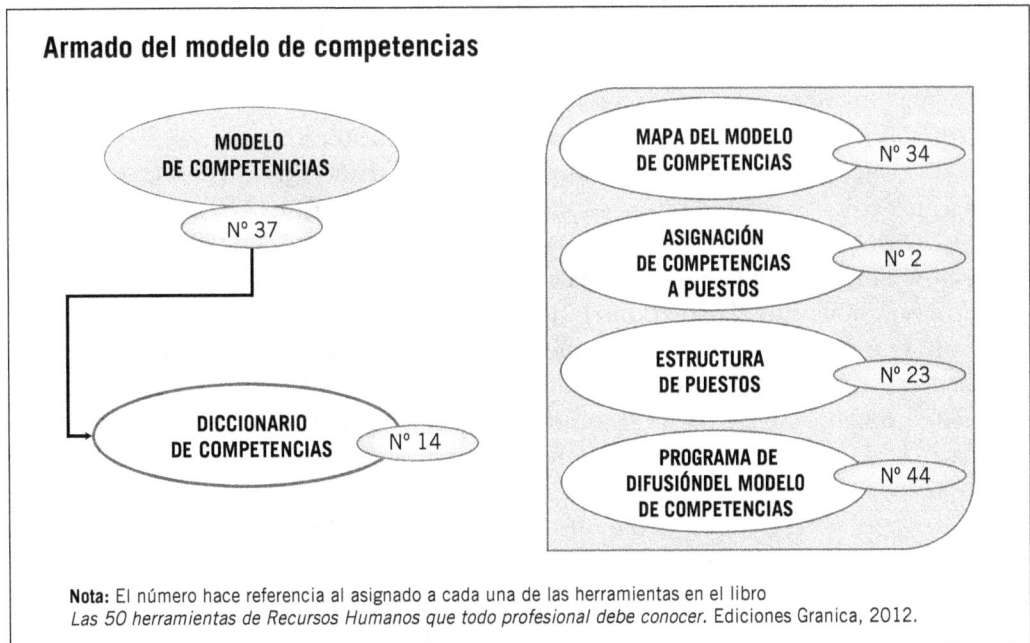

Armado del modelo de competencias

MODELO DE COMPETENICIAS

Nº 37

DICCIONARIO DE COMPETENCIAS — Nº 14

MAPA DEL MODELO DE COMPETENCIAS — Nº 34

ASIGNACIÓN DE COMPETENCIAS A PUESTOS — Nº 2

ESTRUCTURA DE PUESTOS — Nº 23

PROGRAMA DE DIFUSIÓNDEL MODELO DE COMPETENCIAS — Nº 44

Nota: El número hace referencia al asignado a cada una de las herramientas en el libro *Las 50 herramientas de Recursos Humanos que todo profesional debe conocer.* Ediciones Granica, 2012.

A continuación se expondrá una breve explicación sobre cada una de las herramientas mencionadas.

Un *Modelo de competencias* (herramienta número 37) es un conjunto de procesos relacionados con las personas que integran la organización y que tienen como propósito alinearlas en pos de los objetivos organizacionales.

El *Modelo de competencias* permite seleccionar, evaluar y desarrollar a las personas en relación con las competencias necesarias para alcanzar la estrategia organizacional, y se refleja en el *Diccionario de competencias* (herramienta número 14), que es un documento interno organizacional en el cual se presentan las competencias definidas en función de la estrategia.

Una vez que se ha definido el *Modelo de competencias* será posible confeccionar el *Mapa del modelo de competencias* (herramienta número 34). Dicho "mapa" es un documento organizacional que facilita la comprensión del *Modelo de competencias* al explicar la interrelación de las distintas competencias que lo componen.

A partir del *Diccionario de competencias* ya mencionado será posible llevar a cabo la *Asignación de competencias a puestos* (herramienta número 2). La "asignación" es un procedimiento interno por el cual se asignan competencias junto con sus grados a los distintos puestos de trabajo.

La asignación se refleja en un documento interno donde se indica, para los distintos puestos de trabajo, las competencias requeridas junto con los grados en que son requeridas para cada posición.

Para que la asignación de competencias sea posible, primero se debe diseñar un *Modelo de competencias.*

En muchas ocasiones, previo a la asignación mencionada en el párrafo anterior, se elabora la *Estructura de puestos* (herramienta número 23), que se registra en un documento interno en el cual se exponen los diferentes niveles organizacionales junto con las principales responsabilidades y requisitos para desempeñarse en ellos.

Este documento es la base para la asignación de competencias a puestos.

Una vez concluido el armado del modelo se realiza una etapa de la implementación sumamente importante que hemos denominado *Programa de difusión del modelo de competencias* (herramienta número 44 A y B). Este programa se lleva a cabo a través de un conjunto de acciones tendientes a que la organización en su conjunto conozca el *Modelo de competencias* adoptado y comprenda cabalmente su aplicación en los distintos subsistemas de RRHH.

El programa descrito en el párrafo anterior se complementa con los talleres de difusión: actividades de formación estructurada durante las cuales se intercalan exposiciones teóricas con ejercitación práctica, siendo esta última la predominante, con el propósito de difundir el *Modelo de competencias* organizacional.

Herramientas para selección

La selección de personas es uno de los temas de Recursos Humanos más difundidos. No obstante, usualmente no se visualiza relacionado con la aplicación de herramientas. En este caso en particular, así como en el punto siguiente, la utilización de herramientas es fundamental tanto para el especialista del área como para el cliente interno, futuro jefe –en el caso de selección– o jefe directo del evaluado, en otras circunstancias. Veamos el cuadro al pie.

A continuación se expondrán las definiciones de las herramientas mencionadas. No son las únicas posibles, y en varias de mis obras se mencionan y/o sugieren otras también adecuadas para la selección de personas. La idea es hacer referencia, en esta sección de la obra, a las principales.

Una de las herramientas fundamentales para la selección de personas es la *entrevista por competencias* (herramienta número 22). Este tipo de entrevista es estructurado y permite evaluar a un candidato que participa en un proceso de selección considerando, especialmente, sus competencias, a través de preguntas específicas.

Para realizar entrevistas que permitan explorar competencias de manera más fiable, es posible diseñar otra herramienta que se denomina *entrevista estructurada – selección* (herramienta número 21). Esta entrevista se basa en un conjunto de

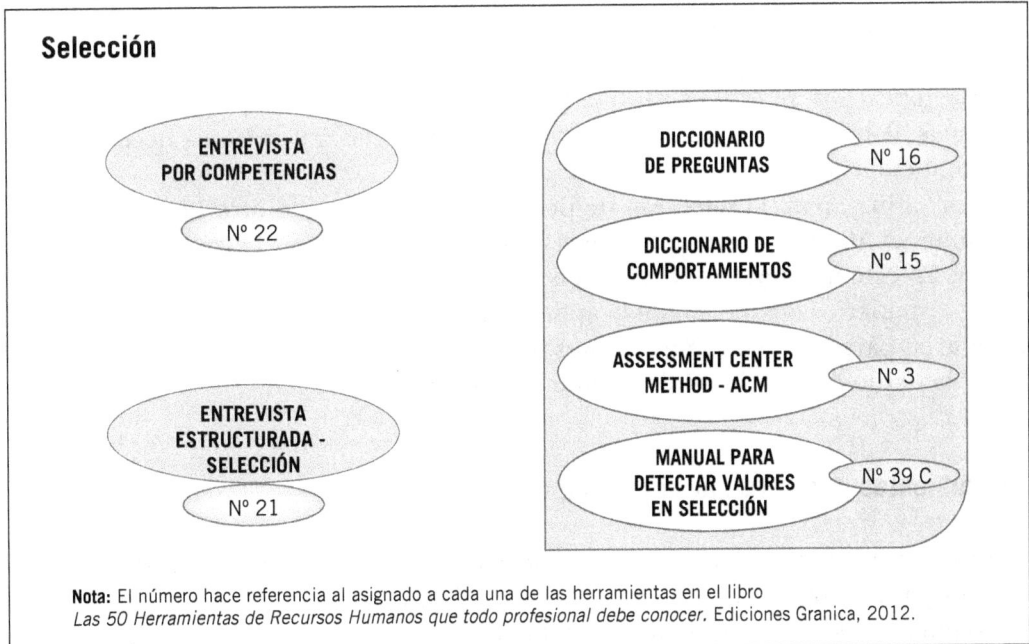

Selección

- ENTREVISTA POR COMPETENCIAS — N° 22
- ENTREVISTA ESTRUCTURADA - SELECCIÓN — N° 21
- DICCIONARIO DE PREGUNTAS — N° 16
- DICCIONARIO DE COMPORTAMIENTOS — N° 15
- ASSESSMENT CENTER METHOD - ACM — N° 3
- MANUAL PARA DETECTAR VALORES EN SELECCIÓN — N° 39 C

Nota: El número hace referencia al asignado a cada una de las herramientas en el libro *Las 50 Herramientas de Recursos Humanos que todo profesional debe conocer*. Ediciones Granica, 2012.

preguntas e indicaciones previamente definidas para indagar sobre una serie de aspectos determinados.

Para ambas entrevistas mencionadas en los párrafos previos, se utiliza el *Diccionario de preguntas* (herramienta número 16). Este diccionario es un documento interno de la organización en el cual se consignan ejemplos de preguntas que permiten evaluar en una entrevista las competencias del modelo.

Cuando se diseña un *modelo de competencias*, como se viera al inicio de este capítulo, se confeccionan tres diccionarios. Además del ya mencionado *Diccionario de competencias* se prepara también el *Diccionario de comportamientos* (herramienta número 15), documento interno en el cual se consignan ejemplos de los comportamientos observables asociados o relacionados con las competencias del modelo organizacional, y el *Diccionario de preguntas* (herramienta número 16), donde –como ya hemos dicho– se exponen ejemplos de preguntas que permiten evaluar las competencias del modelo.

Para la selección de personas se utiliza otra herramienta, diferente a las anteriores, de tipo grupal y que, también, es posible diseñar para medir competencias. Me refiero al *Assessment Center Method* (herramienta número 3 A y B). Dicho método o herramienta situacional sirve para evaluar competencias a través de la administración de casos y ejercicios que se plantean a los participantes, requiriéndoles la resolución práctica de situaciones conflictivas similares a las que deberán enfrentar en sus puestos de trabajo.

En selección, durante un *assessment* se utilizan casos y ejercicios que permiten observar el comportamiento de las personas en un contexto similar al que deberán afrontar en el puesto para el cual son evaluadas.

La aplicación de ACM es variada y no solamente se utiliza para la selección de personas. Podrá implementarse en otras circunstancias, cuando sea necesario medir competencias.

Por último, para la selección de personas hemos elegido otra herramienta importante: el *Manual para detectar valores personales en selección* (herramienta número 39 C). En este manual será posible encontrar un conjunto de teoría, casos, ejercicios y formularios que permiten la aplicación práctica de las distintas herramientas necesarias para la detección de valores personales en selección de personas, diseñado de acuerdo con la Metodología Martha Alles International.

Herramientas para evaluar el desempeño

Como se expuso en relación con la selección de personas, una adecuada herramienta para medir el desempeño de los colaboradores será de vital importancia dado que, en todos los casos, la evaluación del desempeño la realizan el jefe directo del colaborador con la participación del *jefe del jefe*. Contar con herramientas adecuadas, fiables y de simple aplicación marcará la diferencia entre buenos y malos resultados en su utilización.

En la figura al pie se exponen las principales herramientas para la evaluación de desempeño. En todos los casos, será el *Diccionario de comportamientos* la herramienta básica para medir, como su nombre lo indica, los comportamientos de los colaboradores y determinar así su adecuación a los puestos que ocupan, en relación con las competencias que cada posición requiere.

A continuación se expondrá una breve explicación de las herramientas mencionadas en la figura precedente. No son las únicas posibles, y en varias de mis obras se mencionan y/o sugieren otras herramientas adecuadas para medir el desempeño de los colaboradores. Sin lugar a dudas, la *evaluación vertical* es la que tiene un rol protagónico al combinar objetivos y competencias. Las otras herramientas a las que hacemos referencia cubren otros objetivos específicos.

La idea –como ya hemos dicho– es mencionar en esta sección de la obra las *principales* herramientas a utilizar en cada caso.

La *evaluación vertical del desempeño* (herramienta número 26), ya mencionada, es una medición del desempeño realizada por el jefe o superior, que se complementa

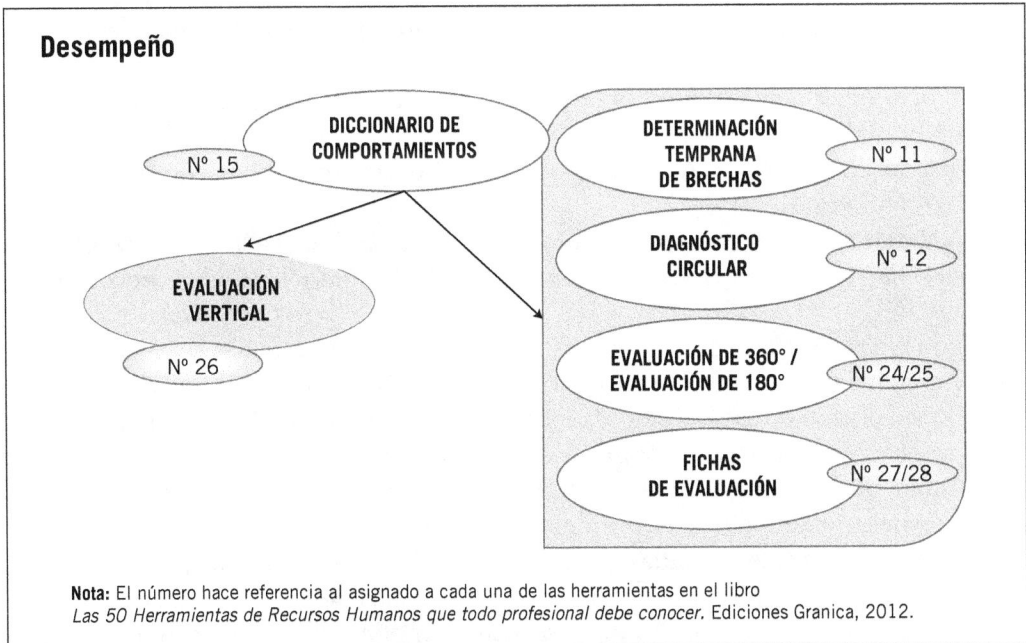

Desempeño

- DICCIONARIO DE COMPORTAMIENTOS — Nº 15
- DETERMINACIÓN TEMPRANA DE BRECHAS — Nº 11
- DIAGNÓSTICO CIRCULAR — Nº 12
- EVALUACIÓN VERTICAL — Nº 26
- EVALUACIÓN DE 360° / EVALUACIÓN DE 180° — Nº 24/25
- FICHAS DE EVALUACIÓN — Nº 27/28

Nota: El número hace referencia al asignado a cada una de las herramientas en el libro
Las 50 Herramientas de Recursos Humanos que todo profesional debe conocer. Ediciones Granica, 2012.

con la autoevaluación del propio colaborador y la revisión del nivel superior al jefe directo ("jefe del jefe").

Para la medición de las competencias de las personas se utiliza una herramienta ya mencionada para selección, el *Diccionario de comportamientos* (herramienta número 15). Este documento es fundamental en varios de los subsistemas de Recursos Humanos. Allí se consignan ejemplos de los comportamientos observables asociados o relacionados con las competencias del modelo organizacional.

Además de la evaluación del desempeño realizada a través de la *evaluación vertical*, existen otras herramientas que también pueden ser empleadas para medir el desempeño de los colaboradores. Una de ellas es la *Determinación temprana de brechas – inventario* (herramienta número 11), que consiste en un proceso interno de medición de competencias por el cual se compara lo requerido por el puesto con las competencias de su ocupante. La eventual diferencia entre ambos se denomina "brecha".

Cuando esta medición se realiza al inicio de la implantación del *modelo de competencias*, se la caracteriza positivamente como "temprana", ya que permite realizar a tiempo acciones de desarrollo y, de este modo, achicar las referidas brechas antes de que la situación plantee dificultades en el desempeño.

Otra opción disponible para medir el desempeño de colaboradores es el *Diagnóstico circular* (herramienta número 12). Se trata de un proceso estructurado para medir las competencias de los colaboradores de una organización, en el cual participan múltiples evaluadores. Se lo denomina "circular" en alusión a que la persona es evaluada por su entorno de trabajo: sus superiores, pares y subordinados, además de por ella misma (autoevaluación).

En ocasiones la evaluación incluye la opinión de clientes internos y/o externos.

Según el diseño que se establezca en cada caso, los resultados de la *evaluación circular* podrán ser entregados tanto a los jefes de los evaluados como al área de Recursos Humanos.

Existen otras dos mediciones con características similares a la ya mencionada, la *Evaluación de 180°* (herramienta número 24), y la *Evaluación de 360°* (herramienta número 25)

La primera de ellas (*Evaluación de 180°*) es un proceso estructurado para medir las competencias de los colaboradores de una organización, con un propósito de desarrollo, en el cual participan múltiples evaluadores. Similar a la *Evaluación de 360°*, su propósito es el desarrollo. Toma el nombre de *180°* en alusión a que la persona es evaluada por sus superiores y pares, además de realizar su propia autoevaluación. En ocasiones puede incluir la opinión de clientes internos y/o externos.

La otra de las mencionadas (*Evaluación de 360°*) es, al igual que la anterior, un proceso estructurado para medir las competencias de los colaboradores de una organización, con un propósito de desarrollo, en el cual participan múltiples evaluadores. Toma el nombre de *360°* en alusión a que la persona es evaluada por sus superiores, pares y subordinados, además de por ella misma (autoevaluación). En ocasiones la evaluación incluye la opinión de clientes internos y/o externos.

Por último, para medir el desempeño hemos elegido otras dos herramientas, con cierta similitud entre sí, la *Ficha de evaluación* (herramienta número 27) y la *Ficha de evaluación reducida* (herramienta número 28). La primera es un documento de medición de comportamientos/conocimientos estructurado y basado en el modelo de competencias/valores/conocimientos de la organización. La segunda (*Ficha de evaluación reducida*) es similar a la primera, un documento de medición de comportamientos/conocimientos estructurado y basado en el modelo de competencias/valores/conocimientos de la organización, pero se diferencia de ella por su extensión. Al ser más breve, su administración y procesamiento se realizan en un tiempo más corto.

Herramientas para el desarrollo de competencias

A continuación se expondrá una breve explicación de las herramientas mencionadas en la figura siguiente. No son las únicas posibles, y en varias de mis obras se mencionan y/o sugieren otras herramientas adecuadas para el desarrollo de las

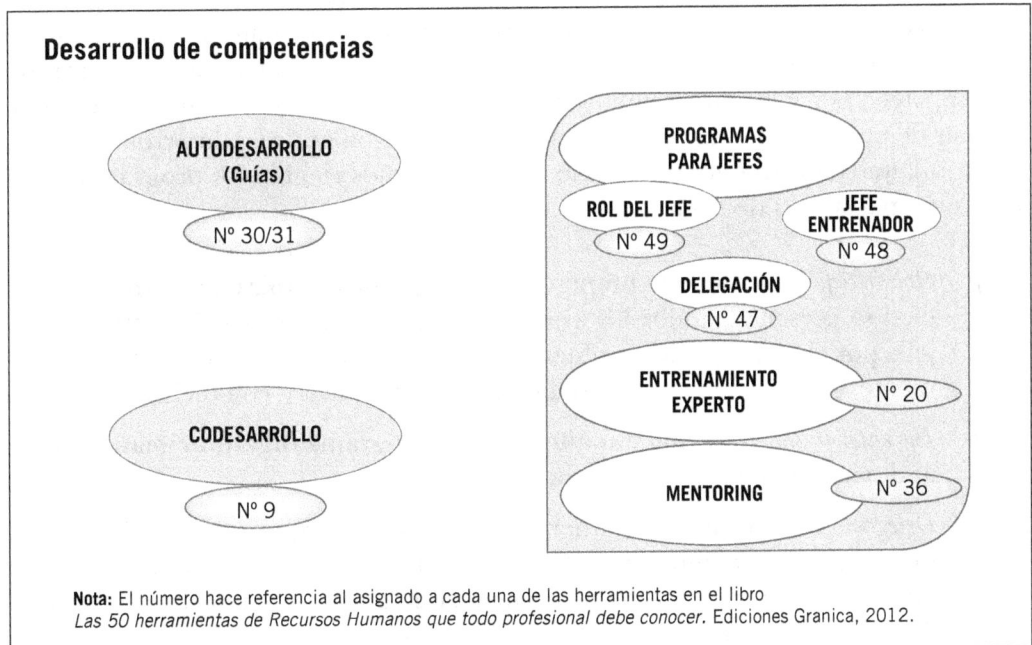

Desarrollo de competencias

- AUTODESARROLLO (Guías) — N° 30/31
- PROGRAMAS PARA JEFES
  - ROL DEL JEFE — N° 49
  - JEFE ENTRENADOR — N° 48
  - DELEGACIÓN — N° 47
- ENTRENAMIENTO EXPERTO — N° 20
- CODESARROLLO — N° 9
- MENTORING — N° 36

Nota: El número hace referencia al asignado a cada una de las herramientas en el libro
Las 50 herramientas de Recursos Humanos que todo profesional debe conocer. Ediciones Granica, 2012.

capacidades de los colaboradores. La idea es –como ya hemos dicho– mencionar en esta sección de la obra las *principales* herramientas a utilizar ante cada necesidad.

Como se menciona en el Capítulo 5 de la obra *Dirección estratégica de Recursos Humanos. Volumen 1* (2015), el autodesarrollo es el método más eficaz para el desarrollo de las capacidades. Para la confección del gráfico precedente se propone el auto-desarrollo a través de *las Guías para el autodesarrollo dentro del trabajo* (herramienta número 30 A y B), y *fuera del trabajo* (herramienta número 31 A y B).

Las *Guías para el autodesarrollo dentro del trabajo* conforman un documento interno organizacional en el cual se describen las posibles acciones que se sugiere incorporar en la actividad laboral cotidiana, a fin de alcanzar comportamientos más altos en relación con la competencia a desarrollar o para incrementar/mejorar conocimientos, según corresponda.

Por su parte, las *Guías para el autodesarrollo fuera del trabajo* constituyen, al igual que las anteriores, un documento interno organizacional en el cual se describen las posibles ideas que permiten desarrollar las competencias del modelo organizacional en actividades no relacionadas con el ámbito laboral, poniendo en juego la competencia o permitiendo incrementar/mejorar conocimientos, según corresponda.

Dentro de las herramientas para formación y desarrollo podemos mencionar al método *Codesarrollo* (herramienta número 9 A, B y C). Este es un método para el desarrollo de personas, aplicable tanto a competencias como a conocimientos.

El *Codesarrollo* implica acciones concretas que de manera conjunta realiza el sujeto que asiste a una actividad de formación, guiado por un instructor, para el desarrollo de competencias y/o la adquisición de conocimientos. El *Codesarrollo* implica un ciclo: 1) taller de Codesarrollo; 2) seguimiento; 3) segundo taller de Codesarrollo.

Como un complemento de todo lo anterior, hemos elegido los programas para jefes, en especial tres de ellos:

- *Rol del jefe* (herramienta número 49). Programa organizacional mediante el cual se presentan todos los aspectos relacionados con las funciones de un jefe, por el mero hecho de tener colaboradores a su cargo. Es, fundamentalmente, una actividad sobre conocimientos en relación con dichas funciones.

- *Jefe entrenador* (herramienta número 48). Programa organizacional dirigido al desarrollo de la competencia *Entrenador*.

- *Delegación* (herramienta número 47). Programa organizacional dirigido al desarrollo de la competencia *Delegación* o *Conducción de personas,* de acuerdo con la definición de esta competencia en la obra *Diccionario de competencias. La trilogía. Tomo 1.*

Por último, para completar las herramientas más importantes para el desarrollo de competencias he elegido dos que si bien son diferentes entre sí tienen cierta similitud: *Entrenamiento experto* (herramienta número 20 A y B) y los programas de *Mentoring* (herramienta número 36 A y B).

Entrenamiento experto es un programa organizacional para el aprendizaje mediante el cual, a través de una relación interpersonal, un individuo con mayor conocimiento o experiencia en un determinado tema lo transmite a otro. Cada uno de los participantes del programa cumple un rol: entrenador o aprendiz. Un entrenador podrá tener a su cargo varios aprendices; sin embargo, en todos los casos brindará su entrenamiento de manera personalizada e individual. Por otro, el concepto de *mentoring* alude a programas organizacionales estructurados, de varios años de duración, mediante los cuales ejecutivos de mayor nivel y experiencia ayudan a otros en su crecimiento. El término "ejecutivo", por extensión, puede aplicarse a diferentes relaciones laborales y profesionales.

Para el desarrollo de competencias se utiliza el *Diccionario de comportamientos* (herramienta número 15), ya mencionado. Su aplicación en desarrollo de personas es variada, desde su utilización para el diseño de actividades de Codesarrollo o guías de desarrollo dentro y fuera del trabajo, hasta servir de marco de referencia para toda aquella persona que desee mejorar y/o incrementar sus competencias.

Los programas internos para el desarrollo de personas

Las organizaciones que desean contar con talentos altamente calificados, y que, cuando necesitan cubrir vacantes internas aspiran a encontrar candidatos listos y formados entre sus colaboradores, deberán implementar programas internos para el desarrollo de personas. Estos programas combinan el desarrollo de competencias, conocimientos y experiencia. Los más relevantes se muestran en la figura de la página siguiente.

A continuación se expondrá una breve explicación de las herramientas mencionadas en la figura. No son las únicas posibles; especialmente en la obra *Construyendo talento*[12] se presentan y/o sugieren otras herramientas adecuadas para el desarrollo de los colaboradores que ya forman parte de la organización.

La idea, para este como para los otros temas seleccionados, es –como ya ha sido dicho– mencionar en esta sección de la obra las *principales* herramientas a utilizar.

La idea central respecto de los programas internos para el desarrollo puede resumirse, de algún modo, en el concepto/herramienta denominado *Mapa y ruta del talento* (herramienta número 35). Se trata de un proceso interno organizacional

---

12 Martha Alles, *Construyendo talento*. Ediciones Granica, Buenos Aires, 2009.

Programas internos para el desarrollo

MAPA Y RUTA DEL TALENTO

N° 35

DIAGRAMAS DE REEMPLAZO Y PLANES DE SUCESIÓN — N° 13/43

PLANES DE CARRERA — N° 42

PROGRAMA JEFE ENTRENADOR — N° 48

PROMOCIONES INTERNAS — N° 50

Nota: El número hace referencia al asignado a cada una de las herramientas en el libro *Las 50 herramientas de Recursos Humanos que todo profesional debe conocer.* Ediciones Granica, 2012.

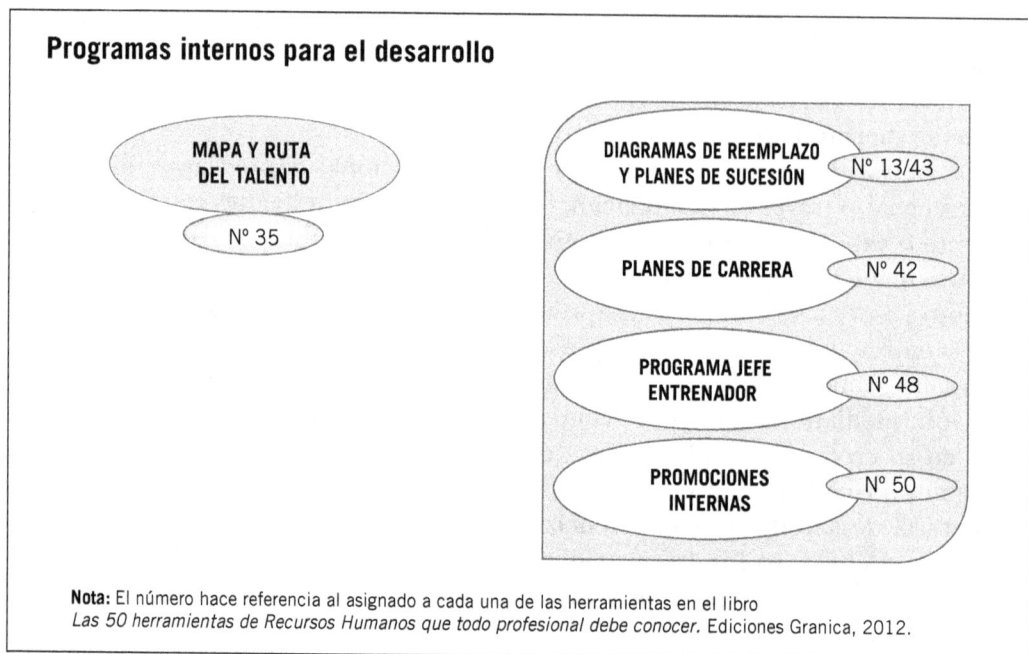

dividido en dos partes y que implica dos conceptos diferentes entre sí: *mapa* por un lado y *ruta* por el otro.

A continuación, sus diferencias e interrelación.

- Mapa: registro del inventario de las capacidades de todos los colaboradores de la organización –conocimientos, experiencia y competencias–.

- Ruta: elección de los programas organizacionales más adecuados según la visión y estrategia, sobre la base de tres ejes:
  - Para el resguardo del capital intelectual, programas como *Planes de sucesión, Diagramas de reemplazo, Carrera gerencial y especialista.*
  - Para generar talento organizacional: *Planes de carrera, Plan de jóvenes profesionales, Personas clave.*
  - Para aprovechar la experiencia de los jefes: *Mentoring, Entrenamiento experto, Jefe entrenador.*

Para el resguardo del capital intelectual será imprescindible contar con *Diagramas de reemplazo* (herramienta número 13 A y B). Este es un programa organizacional por el cual se reconocen puestos clave, luego se identifican posibles participantes del programa y se los evalúa para, a continuación, designar posibles reemplazos (sucesores), pero solo para aquellas personas que ocupando puestos claves tienen una fecha cierta de retiro, usualmente por su edad. La necesidad de reemplazo puede deberse a otras razones; por ejemplo, traslado del actual ocupante a otro país o su designación en otro cargo. Para asegurar la eficacia del programa se realiza un seguimiento de los participantes y se les provee asistencia y ayuda para la reducción de brechas entre las capacidades actuales de cada persona y las requeridas por el puesto que se prevé que ocupará.

Existe otro programa, diferente al anterior, que puede ser utilizado también para el resguardo del capital intelectual. Me refiero a los *Planes de sucesión* (herramienta número 43 A y B). Al igual que el anterior, este es también un programa organizacional por el cual se reconocen puestos clave, luego se identifican posibles participantes del programa y se los evalúa para, a continuación, designar posibles sucesores de otras personas que ocupan los mencionados puestos clave, sin una fecha cierta de asunción de las nuevas funciones. Para asegurar la eficacia del programa se realiza un seguimiento de los participantes y se les provee asistencia y ayuda para la reducción de brechas entre las capacidades actuales de cada persona y las requeridas por el puesto que se prevé que ocupará.

En el Capítulo 7 de la obra *Dirección estratégica de Recursos Humanos. Volumen 1* (2015) se ha hecho referencia a un concepto muy interesante que denominamos *cantera de talentos*. Para lograr contar con dicha cantera de talentos uno de los programas fundamentales es el denominado *Planes de carrera* (herramienta número 42 A y B). Se trata de un programa organizacional para el desarrollo de personas, cuyo diseño parte de un esquema teórico sobre cuál sería la carrera, dentro de un área determinada, para una persona que ingresa a ella, usualmente desde la posición más baja. Se definen en ese esquema los requisitos para ir pasando de un nivel a otro, instancias que conformarán los pasos a seguir por todos los participantes del programa.

Todo lo anterior se potencia cuando las organizaciones implementan en simultáneo los programas para jefes, en especial el denominado *Jefe entrenador* (herramienta número 48), que está dirigido al desarrollo de la competencia *Entrenador*.

Las organizaciones pueden o no contar con diagramas de reemplazo o planes de sucesión, pero aun con estos programas implementados, en todos los casos se realizan promociones y designaciones de personas a otros puestos. ¿Cómo hacerlo de manera eficaz y efectiva? Para alcanzar este resultado se propone una herramienta específica denominada *Promociones internas* (herramienta número 50 A y B), cuya aplicación permite llevar a cabo acciones mediante las cuales los colaboradores son elevados a un nivel superior al que poseían. Sin embargo, por extensión, la herramienta se utiliza también en el caso de desplazamientos laterales o de otro tipo, dentro de la organización.

Herramientas de uso combinado: desempeño y desarrollo

Por último, se ha incluido una combinación de temáticas íntimamente vinculadas y su relación con las herramientas disponibles. En ocasiones diversas, en las organizaciones se realizan mediciones como un paso previo a implementar programas de formación y desarrollo. Con esta idea en mente, se propone al lector la figura al pie.

Las herramientas que aparecen en la figura no son las únicas posibles, y la mayoría de ellas ya fueron mencionadas en párrafos previos en este mismo capítulo. La idea, también aquí, es mencionar las *principales* herramientas a utilizar en cada caso.

Como ya se indicara en más de una oportunidad, el *Diccionario de comportamientos* (herramienta número 15) será el documento interno que servirá de base para todas las mediciones a realizar con el propósito de evaluar competencias.

Sobre la izquierda de la figura se incluye primero la evaluación de desempeño que combina objetivos y competencias (*Evaluación vertical*). Cuando esta es administrada de manera fiable, es la entrada más adecuada a cualquier programa de desarrollo que se desee encarar. Por el contrario, cuando esta evaluación del desempeño no asegura una adecuada medición de competencias, surge la necesidad de utilizar otras herramientas. Con el propósito de medir capacidades de manera previa a la

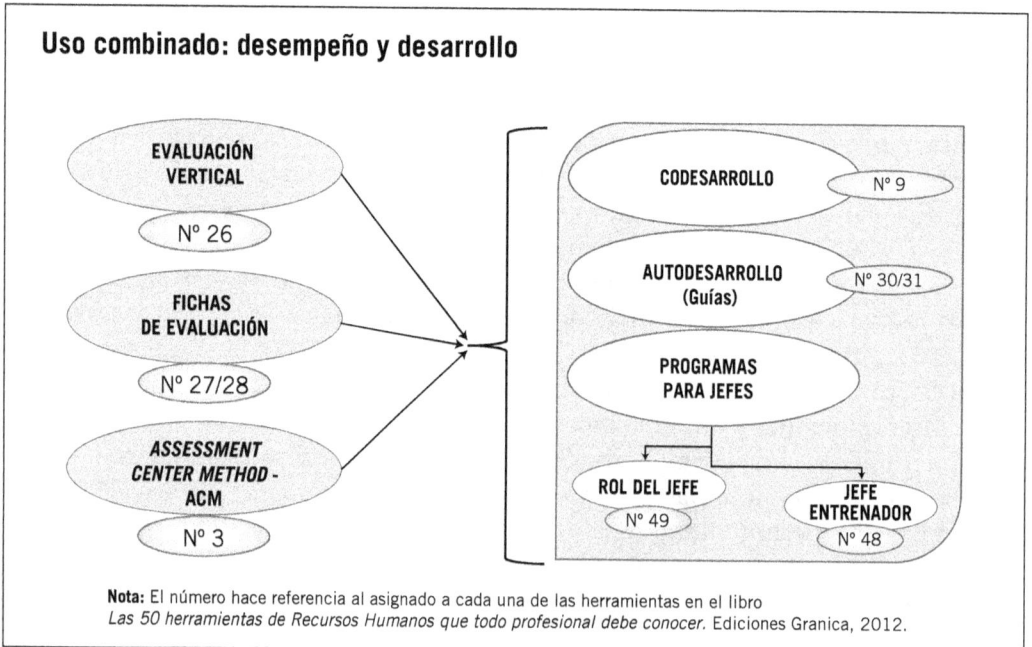

Uso combinado: desempeño y desarrollo

EVALUACIÓN VERTICAL — Nº 26

FICHAS DE EVALUACIÓN — Nº 27/28

ASSESSMENT CENTER METHOD - ACM — Nº 3

CODESARROLLO — Nº 9

AUTODESARROLLO (Guías) — Nº 30/31

PROGRAMAS PARA JEFES

ROL DEL JEFE — Nº 49

JEFE ENTRENADOR — Nº 48

Nota: El número hace referencia al asignado a cada una de las herramientas en el libro *Las 50 herramientas de Recursos Humanos que todo profesional debe conocer.* Ediciones Granica, 2012.

puesta en marcha de un plan de formación, muy frecuentemente se utiliza el *Assessment Center Method* (herramienta número 3 A y B).

Como también ya se comentara, en nuestra metodología de trabajo se utiliza la *Ficha de evaluación* (herramienta número 27) y la *Ficha de evaluación reducida* (herramienta número 28), documentos estructurados para medir competencias, con un alto grado de efectividad.

Continuando con el análisis de la figura precedente, sobre el lado derecho se exponen las herramientas más utilizadas para el desarrollo de capacidades y que pueden utilizarse en combinación con las mediciones ya mencionadas: *Autodesarrollo, Codesarrollo* y *Programas para jefes*.

A modo de síntesis sobre las herramientas

Las herramientas de Recursos Humanos son variadas y todas posibilitan un diseño interesante. El especialista experto en la materia deberá conocer su mejor uso y aplicación para alcanzar los resultados esperados.

En esta sección de la obra hemos presentado unas pocas herramientas disponibles, relacionadas con necesidades específicas, para ayudar al especialista y al que no lo es a la hora de seleccionar las mejores opciones disponibles frente a cada situación en particular.

Obras de Martha Alles relacionadas con este capítulo

El armado del modelo de competencias, así como la mejor forma de llevarlo a la práctica, son aspectos que han sido tratados en un gran número de obras de mi autoría.

Para el armado del modelo, la obra más completa es la denominada *Trilogía*, compuesta por los siguientes libros: *Diccionario de competencias. La trilogía. Tomo 1, Diccionario de comportamientos. La trilogía. Tomo 2*, y *Diccionario de preguntas. La trilogía. Tomo 3*.

La temática de competencias también es mencionada en *Comportamiento organizacional, 5 pasos para transformar una oficina de personal en un área de Recursos Humanos*.

Por último, y como síntesis de toda la obra, son de vital importancia el *Diccionario de términos de Recursos Humanos* y *Las 50 herramientas de Recursos Humanos que todo profesional debe conocer*.

Para la aplicación práctica en cada uno de los subsistemas, se fueron mencionando los libros específicos en los distintos capítulos de esta obra.

Síntesis del capítulo

- En la implantación de un *modelo de competencias* tienen suma relevancia los documentos resultantes de su definición. Dichos documentos serán parte de los métodos y procedimientos organizacionales y la base de la mayoría de los subsistemas que involucran el accionar de todos los colaboradores de la organización, desde el número 1 hasta el último de los niveles que la conforman.

- El *Diccionario de competencias* es un documento interno en el cual se presentan las competencias definidas en función de la estrategia de cada organización.

- Un *modelo organizacional* está conformado por competencias cardinales y competencias específicas, gerenciales y por área.

- Los diccionarios de *comportamientos* y *preguntas* conforman en nuestra metodología, junto con el *Diccionario de competencias*, la llamada *Trilogía*.

- La gestión de Recursos Humanos y la utilización de herramientas se relacionan con empresas de todo tipo, en las más variadas situaciones. Si bien los temas de Management y Recursos Humanos, en una primera instancia, parecen asociados al ámbito de las empresas, esto no debería ser así. La temática de esta obra, en su totalidad, aplica a organizaciones de todo tipo: compañías privadas y públicas, ONGs, entidades de gobierno, universidades, fuerzas armadas y de seguridad, instituciones religiosas, deportivas o artísticas. Todas y cada una de ellas tienen un aspecto en común: están integradas por personas y, desde esta perspectiva, necesitan herramientas para su gestión.

- Las herramientas pueden ser de diferente envergadura o niveles. Unas resuelven problemas concretos, como cuando una organización debe elegir el reemplazo de una persona que deja su puesto (*Diagramas de reemplazo*, *Promociones internas*). Otras, permiten el ordenamiento organizacional en su conjunto, como por ejemplo estructurar la organización o encaminarla en conjunto tras una nueva estrategia (*Estructura de puestos* y *Modelo de competencias*).

- Sobre la base de mi obra *Diccionario de términos de Recursos Humanos*, veamos las definiciones siguientes.
  - *Herramental.* Conjunto de herramientas relacionadas con una disciplina o un tema en particular. Ejemplo: herramental de RRHH, herramental disponible para selección de personas.
  - *Herramientas.* Cuestionarios, manuales, guías y otros materiales de apoyo de probada eficacia para la resolución práctica de un determinado problema o situación.

- Para el armado del modelo de competencias, las herramientas más importantes son: *Modelo de competencias, Diccionario de competencias, Mapa del modelo de competencias, Asignación de competencias a puestos, Estructura de puestos, Programa de difusión del modelo de competencias.*

- Para la selección de personas, las herramientas más importantes son: *Entrevista por competencias, Entrevista estructurada – selección, Diccionario de preguntas, Diccionario de comportamientos, Assessement Center Method –* ACM, *Manual para detectar valores personales en selección.*

- Para evaluar el desempeño, las herramientas más importantes son: *Evaluación vertical, Diccionario de comportamientos, Determinación temprana de brechas, Diagnóstico circular, Evaluación de 180 °, Evaluación de 360 °, Fichas de evaluación.*

- Para el desarrollo de competencias las herramientas más importantes son: *Autodesarrollo, Codesarrollo, Programas para jefes (Rol del jefe, Jefe entrenador), Delegación, Entrenamiento experto* y *Mentoring.*

- Entre los programas internos para el desarrollo, los más importantes son: *Mapa y ruta del talento, Diagramas de reemplazo, Planes de sucesión, Planes de carrera, Programas para jefes (Jefe entrenador), Promociones internas.*

PARA TODOS LOS LECTORES

Se encuentra disponible en formato digital un Anexo donde se ha realizado un análisis detallado de libros y subsistemas que complementan las temáticas abordadas en esta obra.

PARA PROFESORES

Para cada uno de los capítulos de esta obra hemos preparado:

☞   Material de apoyo para el dictado de clases.

Los profesores que hayan adoptado esta obra para sus cursos tanto de grado como de posgrado podrán solicitar de manera gratuita:

Dirección estratégica de Recursos Humanos. CLASES

Únicamente disponibles en formato digital:
www.marthaalles.com

o bien escribiendo a:
profesores@marthaalles.com

Capítulo 1

Dirección estratégica de Recursos Humanos

Temas tratados en el Capítulo 1 de *Dirección estratégica*
de Recursos Humanos. Gestión por competencias. Volumen 1

- Introducción al estudio de los Recursos Humanos
- Recursos Humanos y estrategia organizacional
- Ubicación del área de Recursos Humanos en la organización
- Políticas de Recursos Humanos
- Roles y perfil del profesional de Recursos Humanos
- Los subsistemas de Recursos Humanos
- Enfoque sistémico aplicado a la consecución de la estrategia organizacional
- Planeamiento de los Recursos Humanos
- Satisfacción laboral y otras mediciones como soporte de la gestión
- Indicadores de gestión para Recursos Humanos

Cómo pasar de una estructura tradicional a una dirección estratégica de los recursos humanos

Caso Superdescuento

Superdescuento es una cadena de tiendas, comercios minoristas bajo la modalidad de autoservicio, que ofrecen productos de calidad a bajo precio. Fue fundada en el año 1990, momento en el que abrió sus puertas al público con 10 locales ubicados en zonas altamente pobladas del país. Superdescuento forma parte de un grupo económico y fue creada con el propósito de obtener una participación en cada uno de los segmentos del mercado de distribución minorista. Con Superdescuento el grupo satisface las necesidades del segmento de consumo de recursos más limitados y del de otras personas interesadas en cuidar sus gastos.

La cadena posee una infraestructura simple que responde adecuadamente a la necesidad de mantener los costos en su nivel óptimo. Su estructura central representa el 10% del total de los empleados de las tiendas, en cada una de las cuales no trabajan más de seis personas que llevan a cabo todas las tareas, ello con el fin de reducir los costos al mínimo.

Actualmente, Superdescuento cuenta con más de 1.000 tiendas y se halla en plena expansión. Su plan estratégico incluye sumar locales para así alcanzar los máximos beneficios derivados de la relación con los proveedores (mayor poder de negociación por los volúmenes comprados) y del desarrollo de marcas propias. Asimismo, este camino conduce a la optimización de costos a través de economías de escala y del uso de las mejores prácticas en materia de logística y distribución.

Los locales se caracterizan por su tamaño pequeño (promedio, 400 m²), por contar con muy pocas cajas registradoras, no poseer repositores y no ofrecer servicios adicionales al cliente, como envíos a domicilio o música funcional (de ambiente).

Las tiendas abren sus puertas de 8 a 22 horas y están ubicadas en centros altamente poblados, cercanas a un Centro de Distribución de Superdescuento, lo cual les permite aprovechar las ventajas de una logística ordenada y muy eficiente.

Las tiendas de Superdescuento comercializan pocos productos si se las compara con hipermercados y otros locales de mayor dimensión. Ofrecen al público una variedad de no más de 800 ítems en los que se incluyen productos frescos y de almacén. Estos se encuentran depositados en góndolas sin ninguna clase de infraestructura adicional y su reposición se realiza a primera hora de la mañana, antes de abrir las puertas al público. Los productos que comercializan tienen la característica fundamental de ser aquellos de mayor rotación.

Los empleados que trabajan en los locales de la cadena son mayoritariamente jóvenes y entusiastas. Conocen muy bien tanto los productos comercializados como las necesidades de los clientes, lo que constituye una fuente de información relevante para la Dirección de la compañía en el momento de diseñar estrategias comerciales.

Los colaboradores de todos los niveles cuentan con una gran iniciativa; esta es una característica muy valorada en Superdescuento, donde las ideas y sugerencias para la mejora continua siempre son consideradas. Cada sucursal cuenta con un buzón de sugerencias para los empleados en el cual pueden presentar, en forma anónima o no, aquellas propuestas que consideren oportunas para mejorar su ámbito de trabajo, aportes con relación a productos y clientes, o sobre la organización en general.

Los clientes de las tiendas son consumidores que prefieren cuidar sus gastos y que valoran la calidad de los productos sin que les importe su marca.

Superdescuento ha desarrollado una marca propia que es muy conocida entre sus clientes aunque no se realizan campañas publicitarias para promocionarla, ni en televisión ni en periódicos.

En los cambios de estación la compañía prepara folletos de publicidad que son repartidos entre su clientela. Asimismo, para las fiestas de fin de año organiza concursos entre sus clientes cuyos premios son canastas con productos navideños.

Los clientes son fieles a Superdescuento y no a las marcas de los productos.

La cultura organizacional de Superdescuento se focaliza en el desarrollo de las capacidades de sus colaboradores. Dicho desarrollo se inicia y tiene como principal protagonista al jefe directo de cada colaborador. Es por esta razón que todos aquellos que tienen colaboradores a su cargo deben poseer la capacidad de delegar responsabilidades de acuerdo con las capacidades individuales de cada uno de ellos, con el objetivo de permitir su formación y capacitación y –al mismo tiempo– lograr un mayor compromiso y participación en la consecución de los objetivos organizacionales, permitiéndoles ser más autónomos y sentirse dueños de su trabajo al asumir las responsabilidades inherentes a sus acciones y las consecuencias de estas. En Superdescuento se delega con responsabilidad. La compañía no acepta dobles discursos ni comportamientos carentes de integridad. No incorpora a sus filas a personas cuya honestidad sea dudosa y en las cuales, por lo tanto, no se pueda confiar. Considera que los dichos deben condecirse con las acciones. La honestidad, la confiabilidad y la integridad son los tres pilares que deben sustentar el carácter de cualquier miembro de la organización. A lo largo de su historia, Superdescuento se ha caracterizado por promover a aquellas personas que han demostrado claramente su capacidad de guiar a sus grupos de trabajo y crear un clima laboral en el que la energía, el compromiso y la comunicación estén siempre presentes.

Superdescuento se propone desarrollar las capacidades de liderazgo en todos sus empleados de modo que los directivos futuros de la compañía provengan de la propia empresa. En la filosofía de Superdescuento todos deben ser líderes, tanto para el trato con otras personas como para el propio desempeño dentro de la organización.

En las tiendas de Superdescuento se valora en especial la preocupación por el cliente, ya sea el que visita el local todos los días como aquel otro que lo hace solo de manera eventual. Esta característica, cuando se trata de otras áreas de la empresa, como la de Tecnología, Recursos Humanos o la Contable-administrativa, se convierte en orientación al cliente interno. La misma mística en la atención al cliente se aplica en la atención al cliente interno (nombre con el cual ellos mismos denominan a las diversas áreas de la empresa).

El trabajo en equipo es fundamental en el ámbito de las tiendas; no podrían operar de otra manera.

Desde sus orígenes, en 1990, los fundadores de Superdescuento se han preocupado por la comunicación con los clientes y entre todos los empleados. Al principio esto era sencillo, pero no es tan fácil en este momento, con una red tan extendida, aunque a diario se trabaje para lograrlo. Lo mismo sucede con la colaboración entre las áreas y entre los empleados; aspecto esencial en la cultura de Superdescuento.

Otra información disponible:

- Superdescuento ha realizado el lanzamiento de nuevos productos en todas las zonas del país.

- La oferta comercial de Superdescuento consiste en brindar la mejor calidad a un bajo precio.

- Sus tiendas están ubicadas en centros altamente poblados, distribuidos de modo tal que sus clientes siempre cuentan cerca de su hogar con una tienda Superdescuento donde hacer sus compras en forma rápida y económica.

- Superdescuento aprovecha los beneficios de contar con economías de escala y poder de negociación con los proveedores, derivado del volumen de compras efectuadas.

- La empresa está trabajando en un nuevo proyecto tecnológico que cambiará la metodología de trabajo actual en el momento que se implemente.

- El trabajo en equipo y la colaboración mutua entre los distintos departamentos son esenciales para lograr la máxima eficiencia.

- Superdescuento requiere de cada uno de sus empleados calidad en su labor individual, dado que ello constituye la base que permite alcanzar un resultado global de excelencia.

* La logística y coordinación en el abastecimiento es fundamental para el correcto funcionamiento del negocio, por ello la capacidad de planificación y organización es una condición *sine qua non* para aquellos que dirigen esta área en la empresa.

Consignas a resolver

* Analizar el caso en profundidad, la filosofía de la organización, los planes estratégicos, los objetivos actuales y futuros que se desea alcanzar. En función de este análisis, resolver los dos aspectos siguientes.

* Definir la *misión* de Superdescuento considerando la situación actual y los objetivos organizacionales que se quiere alcanzar en el corto plazo o de manera inmediata.

* Definir la *visión* de Superdescuento considerando los objetivos organizacionales que se desea alcanzar en un futuro.

Ejemplos posibles de solución

* *Misión:* "Ser una empresa altamente efectiva con una estructura sólida que nos permita brindar a nuestros clientes productos de calidad a bajo precio que sean para ellos soluciones eficientes a sus requerimientos y necesidades, manteniendo un comportamiento íntegro y permitiendo el crecimiento de nuestros colaboradores a través de una conducción caracterizada por su alto nivel de liderazgo".

* *Visión:* "Convertirnos en las tiendas de preferencia de nuestro segmento de mercado, logrando el liderazgo del mismo a través de la mejora constante de nuestra oferta comercial".

Obras de Martha Alles relacionadas con este capítulo

Social Media y Recursos Humanos relaciona muchos temas que son tratados en esta obra acerca de las nuevas tecnologías sociales.

Respecto del *modelo de competencias*, mencionado en el capítulo anterior y que se verá con detalle en el Capítulo 2, tanto su armado como la mejor forma de llevarlo a la práctica han sido tratados en un gran número de obras de la autora.

Para el armado del modelo, la obra más completa es la denominada *Trilogía*, compuesta por los siguientes libros: *Diccionario de competencias. La trilogía. Tomo 1*, *Diccionario de comportamientos. La trilogía. Tomo 2* y *Diccionario de preguntas. La trilogía. Tomo 3*.

En cada uno de los capítulos de este libro se hará una mención específica a obras directamente relacionadas con los contenidos tratados en ellos.

La temática de competencias también es mencionada en *Comportamiento organizacional, 5 pasos para transformar una oficina de personal en un área de Recursos Humanos*.

Los aspectos principales en materia de Recursos Humanos que deben conocer los jefes de todos los niveles están tratados en *Rol del jefe* y *12 pasos para ser un buen jefe*.

La temática de la disciplina de Recursos Humanos tiene una directa relación con la conciliación de vida profesional y personal en colaboradores de todos los niveles. Dos obras tratan con profundidad estos temas: *Conciliar vida profesional y personal. Dos miradas: organizacional e individual* y *12 pasos para conciliar vida profesional y personal. Desde la mirada individual*.

Por último, y como síntesis de toda la obra, son de vital importancia el *Diccionario de términos de Recursos Humanos* y *Las 50 herramientas de Recursos Humanos que todo profesional debe conocer*.

Este caso (Superdescuento) continúa en el Capítulo 2

Los casos prácticos y ejercicios de esta obra han sido preparados, orientados a lograr una mejor comprensión de los temas tratados en *Dirección estratégica de Recursos Humanos. Volumen 1* (2015).

PARA TODOS LOS LECTORES

Se encuentra disponible en formato digital un Anexo donde se ha realizado un análisis detallado de libros y subsistemas que complementa las temáticas abordadas en esta obra.

PARA PROFESORES

Para cada uno de los capítulos de esta obra hemos preparado:

☞ Material de apoyo para el dictado de clases.

Los profesores que hayan adoptado esta obra para sus cursos tanto de grado como de posgrado podrán solicitar de manera gratuita:

Dirección estratégica de Recursos Humanos. CLASES

Únicamente disponibles en formato digital:
www.marthaalles.com

o bien escribiendo a:
profesores@marthaalles.com

Anexos
Herramientas recomendadas para la dirección estratégica de los recursos humanos

Descriptivo de puesto **Herramienta N° 10**	Documento interno donde se consignan las principales responsabilidades y tareas de un puesto de trabajo. Adicionalmente se registran los requisitos necesarios para desempeñarlo con éxito: conocimientos, experiencia y competencias.
Encuesta de satisfacción laboral **Herramienta N° 18**	Medición interna del grado de satisfacción de los empleados sobre la base de una serie de ítems preestablecidos.
Encuesta sobre valores *y proyectos personales* **Herramienta N° 19**	Medición interna para conocer los proyectos personales de los colaboradores y el grado de adherencia de estos a los valores organizacionales.
Estructura de puestos **Herramienta N° 23**	Documento interno en el cual se exponen los diferentes niveles organizacionales junto con las principales responsabilidades y los requisitos para ocuparlos. Este documento es la base para la asignación de competencias a puestos.
Indicadores de gestión para área *de Recursos Humanos* **Herramienta N° 32**	Índices específicos para medir el resultado de la gestión del área de Recursos Humanos y de las distintas funciones que la componen. Ejemplos: índices para medir el resultado general de Recursos Humanos o las áreas de Selección, Formación, Desarrollo de personas, Desempeño, etc.
Modelo de competencias **Herramienta N° 37**	Conjunto de procesos relacionados con las personas que integran la organización y que tienen como propósito alinearlas en pos de los objetivos organizacionales. Un Modelo de competencias permite seleccionar, evaluar y desarrollar a las personas en relación con las competencias necesarias para alcanzar la estrategia organizacional.
Modelo de conocimientos **Herramienta N° 38 A y B**	Conjunto de procesos relacionados con las personas que integran la organización y que permiten definir los conocimientos necesarios para los diferentes puestos. Un Modelo de conocimientos permite seleccionar, evaluar y desarrollar a las personas en relación con los conocimientos necesarios para alcanzar la estrategia organizacional, en especial aquellos vinculados con la actividad principal de la organización.

Modelo de valores **Herramienta N° 39 A, B y C**	Conjunto de procesos relacionados con las personas que integran la organización y que permiten incorporar a los subsistemas de Recursos Humanos los valores organizacionales.

Podrá encontrar mayor detalle sobre las herramientas aquí mencionadas en la obra *Las 50 herramientas de Recursos Humanos que todo profesional debe conocer.*

Términos a tener en cuenta para la dirección estratégica de los recursos humanos

Área de Recursos Humanos	Dirección, gerencia o división responsable de todas las funciones organizacionales relacionadas con las personas.
Buenas prácticas	Expresión que hace referencia a aquellas prácticas que son consideradas como un parámetro o estándar a alcanzar en la opinión de un experto.
Capacidades	El término incluye conocimientos, competencias y experiencia.
Competencia	Hace referencia a las características de personalidad, devenidas en comportamientos, que generan un desempeño exitoso en un puesto de trabajo.
Conocimiento	Conjunto de saberes ordenados sobre un tema en particular, una materia o disciplina.
Enfoque sistémico	Tratamiento de un tema o sistema como un todo, de un modo global, considerando la totalidad de sus partes componentes. El enfoque sistémico aplicado a los recursos humanos implica que el manejo de estos se hace con una mirada de conjunto, en oposición a una mirada parcial.
Estrategia	Conjunto de acciones coordinadas y planeadas para conseguir un fin (en el ámbito de las organizaciones, alcanzar los fines u objetivos organizacionales).
Estrategia de Recursos Humanos	Conjunto de acciones coordinadas y planeadas para conseguir un fin, desde la perspectiva del área de Recursos Humanos y dentro del marco de la estrategia organizacional. Es posible fijar una misión y una visión específicas para el área de Recursos Humanos.

Gestión de los recursos humanos – Gestión integral de los recursos humanos	Dirección del área de Recursos Humanos con responsabilidad por la gestión de todos los temas relacionados con las personas de la organización. Su campo de acción implica desde los temas legales y administrativos hasta los subsistemas de Recursos Humanos.
Gestión del cambio	Proceso organizacional estructurado diseñado con el propósito de atemperar los efectos de cambios no deseados y, al mismo tiempo, aprovechar las oportunidades que estos ofrecen. Para ser eficaz este proceso deberá incluir a diferentes niveles organizacionales, directivos y otros.
Gestión del conocimiento	Proceso sistemático de búsqueda, selección, organización y difusión de información, que se implementa con el propósito de aportar a los integrantes de la organización los conocimientos necesarios para desarrollar eficazmente sus labores. Permite, además, obtener información y comprender mejor las propias experiencias para, posteriormente, aplicarlas en la tarea diaria, en la planificación estratégica, para la toma de decisiones y solución de problemas, etc. Se trata, en definitiva, de transformar la experiencia en conocimiento, y el conocimiento en experiencia.
Gestión por competencias	Modelo de gestión que permite alinear a las personas que integran una organización (directivos y demás niveles organizacionales) en pos de los objetivos estratégicos. Para que sea eficaz la gestión por competencias, esta se lleva a cabo a través de un modelo sistémico en el cual todos los subsistemas de Recursos Humanos de la organización las consideran.
Herramientas	Cuestionarios, manuales, guías y otros materiales de apoyo de probada eficacia para la resolución práctica de un determinado problema o situación.
Herramental	Conjunto de herramientas relacionadas con una disciplina o un tema en particular. Ejemplo: herramental de RRHH, herramental disponible para selección de personas.
Marca de Recursos Humanos	Concepto que identifica la valoración positiva que dentro de una organización posee el área de Recursos Humanos, producto de la eficacia de su gestión. Trabajar sobre el concepto interno de marca tiene múltiples aplicaciones prácticas y con diferentes perspectivas: • Mirada interna. Cuando el área de Recursos Humanos alcanza un valor de marca alto, se facilita la implementación de cualquier programa, método o proyecto que proponga, dado que tanto los directivos como los colaboradores en general tienen confianza en su gestión.

(Sigue en página siguiente)

Marca de Recursos Humanos *(Continuación)*	• Mirada externa. El valor de marca alto produce buena imagen entre directivos y colaboradores, y todos ellos, de manera consciente o no, la transmiten fuera de la organización. Como consecuencia, otras personas desean formar parte de ella. Esto implica obtener una respuesta altamente satisfactoria cuando se realizan acciones de atracción. Se logra atraer al mejor talento disponible para la posición ofertada. Esta mirada externa se relaciona, además, con la valoración que los colaboradores poseen del rol de sus propios jefes.
Marca empleadora / Marca del empleador	Lograr esta "marca" implica construir una imagen positiva en el mercado, conseguir una reputación como buen empleador, tanto para los colaboradores actuales como para los futuros. Implica proponer y llevar a cabo una serie de acciones tendientes a lograr una percepción, por parte del mercado, altamente positiva como ámbito laboral, de manera que las personas deseen trabajar en la organización. Sin embargo, esta imagen positiva no debe basarse solo en consignas publicitarias sino que, por el contrario, debe estar construida sobre la base de acciones concretas en materia de Recursos Humanos. En la actualidad es un concepto muy difundido, conocido también por la expresión inglesa *employer branding*.
Método	Conjunto de procedimientos ordenados y sistemáticos en relación con un determinado tema.
Metodología	Conjunto de métodos que se siguen en una determinada disciplina.
Misión	El porqué de lo que la empresa hace, la razón de ser de la organización, su propósito. Expresa aquello por lo cual, en última instancia, la organización quiere ser recordada.
Modelo de competencias	Conjunto de procesos relacionados con las personas que integran la organización y que tienen como propósito alinearlas en pos de los objetivos organizacionales. Un modelo de competencias permite seleccionar, evaluar y desarrollar a las personas en relación con las competencias necesarias para alcanzar la estrategia organizacional.
Motivación	Razón, causa o motivo para hacer algo: trabajar, cambiar de empleo, de carrera, etc. El estudio de la motivación o motivaciones de las personas en relación con la disciplina de Recursos Humanos es un tema complejo, dado que dichas motivaciones pueden obedecer a causas diversas y abarcan otras razones o motivos más allá de los aspectos económicos que implica toda relación laboral.

Recursos Humanos	Disciplina que estudia todo lo atinente a la actuación de las personas en el marco de una organización.
Subsistema	Segmento de un sistema, que por sí solo es coherente y puede llegar a funcionar de manera autónoma sin por ello dejar de pertenecer al sistema mayor que integra.
Subsistemas de Recursos Humanos	Bajo este título se incluye una serie de métodos de trabajo o subsistemas en relación con las personas que integran la organización. El término implica segmentos del sistema de Recursos Humanos, compuestos por normas, políticas y procedimientos, racionalmente enlazados entre sí, que en conjunto contribuyen a alcanzar una meta, en este caso los objetivos organizacionales, y que rigen el accionar de todos los colaboradores que integran una organización, desde el número 1 hasta el último nivel de la estructura. Los subsistemas de Recursos Humanos son: Análisis y descripción de puestos, Atracción, selección e incorporación de personas, Evaluación de desempeño, Remuneraciones y beneficios, Desarrollo y planes de sucesión, Formación.
Valores	Aquellos principios que representan el sentir de la organización, sus objetivos y prioridades estratégicos.
Visión	La imagen del futuro deseado por la organización.

Podrá encontrar mayor detalle sobre estos y otros términos en la obra *Diccionario de términos de Recursos Humanos.*

Capítulo 2

Gestión
por competencias

**Temas tratados en el Capítulo 2 de *Dirección estratégica*
*de Recursos Humanos. Gestión por competencias. Volumen 1***

- Introducción a la Gestión por competencias
- Las buenas prácticas en Recursos Humanos. Gestión por competencias
- La Metodología de Gestión por competencias de Martha Alles International
- Misión. Visión. Estrategia. Definición del modelo
- Modelo de competencias. Las diferentes competencias que lo integran
- Armado del modelo de competencias
- La asignación de competencias a puestos
- Modelo de competencias. Implantación
- Enfoque sistémico. Aplicación del modelo de competencias en los subsistemas de Recursos Humanos
- La difusión. Un pilar importante en la implementación del modelo de competencias
- Nuevos enfoques y competencias mirando al futuro

Caso Superdescuento

Superdescuento es una cadena de tiendas, comercios minoristas bajo la modalidad de autoservicio, que ofrecen productos de calidad a bajo precio. En el Capítulo 1 se analizó la historia y otras características de Superdescuento, sus planes estratégicos, los objetivos actuales y futuros que se desea alcanzar desde la organización. A partir de esta información se definió su *misión* y la *visión*.

En este capítulo, el caso práctico propone la definición del *modelo de competencias* para la compañía que se está analizando.

> **Modelo de competencias.** Conjunto de procesos relacionados con las personas que integran la organización y que tienen como propósito alinearlas en pos de los objetivos organizacionales.
> Un modelo de competencias permite seleccionar, evaluar y desarrollar a las personas en relación con las competencias necesarias para alcanzar la estrategia organizacional.
> Como resultado de la definición del modelo de competencias se confeccionan una serie de documentos; entre los más relevantes se puede mencionar los *diccionarios de competencias y comportamientos* y la *asignación de competencias a puestos*.

Para la realización del caso/ejercicio relacionado con este capítulo se sugiere releer el Capítulo 2 de *Dirección estratégica de Recursos Humanos. Volumen 1* y el Capítulo 0 (introductorio) de la obra que tiene en sus manos, junto con la lectura detallada de los glosarios de términos relacionados.

Definir competencias cardinales

En función del caso Superdescuento expuesto en el Capítulo 1, junto con la definición de la *misión* y *visión* resultante, definir cuatro competencias cardinales.

> **Competencia cardinal.** Competencia aplicable a todos los integrantes de la organización. Las competencias cardinales representan la esencia de la organización y permiten alcanzar su visión.

Para ello, tomar como base las 60 competencias más utilizadas presentadas en la obra *Diccionario de competencias. La trilogía. Tomo 1*. La elección de competencias se realiza considerando el nombre y la definición de cada una de ellas.

Competencias cardinales
1.
2.
3.
4.

Para elegir las competencias cardinales más adecuadas no solo se debe considerar el nombre de las competencias sino también –y muy especialmente– su definición.

Definir competencias específicas gerenciales

En función del caso Superdescuento expuesto en el Capítulo 1, junto con la definición de la *misión* y *visión* resultante, definir dos competencias específicas gerenciales, a ser aplicables a todos los puestos de trabajo que impliquen contar con equipos a cargo (el concepto "específicas gerenciales" se aplica a todos aquellos puestos que impliquen la supervisión de otros).

Para definir las competencias específicas gerenciales se deben considerar, además, las competencias cardinales definidas en el punto anterior.

Competencia específica. Competencia aplicable a colectivos específicos, por ejemplo, un área de la organización o un cierto nivel, como el gerencial.

Para ello, tomar como base las 60 competencias más utilizadas presentadas en la obra *Diccionario de competencias. La trilogía. Tomo 1*. La elección de competencias se realiza considerando el nombre y la definición de cada una de ellas.

Para elegir las competencias cardinales más adecuadas no solo se debe considerar el nombre de las competencias sino también –y muy especialmente– su definición.

Competencias específicas gerenciales
5.
6.

Definir competencias específicas por área

En función del caso Superdescuento expuesto en el Capítulo 1, junto con la definición de la *misión* y *visión* resultante, definir seis competencias específicas para el área Operaciones, a ser aplicables a todos los puestos de trabajo de ese sector en particular, desde los niveles gerenciales hasta los de menor responsabilidad.

Para definir las competencias específicas por área se deben considerar, además, las competencias cardinales y las competencias específicas gerenciales definidas en los dos puntos precedentes.

Para ello, tomar como base las 60 competencias más utilizadas presentadas en la obra *Diccionario de competencias. La trilogía. Tomo 1*. La elección de competencias se realiza considerando el nombre y la definición de cada una de ellas.

Para elegir las competencias cardinales más adecuadas no solo se debe considerar el nombre de las competencias sino también –y muy especialmente– su definición.

Para la resolución de esta parte del caso solo se solicita la definición de las competencias específicas para el área de Operaciones, de la cual dependen las Tiendas, dado que el caso expuesto no ofrece la información completa para definir las competencias específicas para otras áreas como, por ejemplo, Administración y finanzas, Mercadeo, etcétera.

Competencias específicas por área		
Operaciones	Administración y finanzas	Mercadeo
7.		
8.		
9.	El caso no brinda la información necesaria	
10.		
11.		
12		

A modo de cierre de esta primera parte
del caso Superdescuento

Como una síntesis de la resolución del caso planteado en los puntos anteriores, será posible confeccionar el *esquema del modelo de competencias,* aunque no en su totalidad, dado que con relación a las competencias específicas por área solo se solicita elegir las del área de Operaciones.

> **Modelo de competencias.** *Esquema.* Documento interno organizacional en el cual se refleja la totalidad de las competencias que integran el modelo de competencias y su relación con las distintas áreas y funciones de la organización.
> Este documento es la base para la *asignación de competencias a puestos.*

En el esquema siguiente será posible consignar los nombres de las competencias cardinales, las competencias específicas gerenciales y las competencias específicas por área (de Operaciones), definidas para Superdescuento, de acuerdo con la obra *Diccionario de competencias. La trilogía. Tomo 1.*

Competencias cardinales
1.
2.
3.
4.
Competencias específicas gerenciales
5.
6.
Competencias específicas para el área de Operaciones
7.
8.
9.
10.
11.
12

Todos los puestos pertenecientes al área de Operaciones tendrán asignadas, *en algún grado,* las competencias resultantes de este ejercicio. (En el capítulo siguiente se verá qué grado de competencia corresponde a cada puesto o nivel.)

A los puestos que supervisen a otros les corresponderán los tres tipos de competencias aquí expuestos. En cambio, a los puestos cuyos ocupantes no supervisen a otros colaboradores, solo les corresponderán las competencias cardinales y las competencias específicas del área.

Consignas a resolver

- A lo largo de las distintas partes del caso Superdescuento planteado en el Capítulo 1 y las primeras páginas de este, se solicita definir las competencias:

  - cardinales,

  - específicas gerenciales,

  - específicas por área para el sector de Operaciones.

  No se ofrece la información necesaria como para definir las correspondientes a las restantes áreas de la organización.

Una posible solución al caso planteado

En función de la información del caso expuesto, se ha elaborado el esquema que se presenta a continuación. Para la elección de las competencias se consideró tanto el nombre como la definición de cada una de ellas.

Competencias cardinales
1. Compromiso con la calidad de trabajo
2. Iniciativa
3. Integridad
4. Orientación al cliente interno y externo
Competencias específicas gerenciales
5. Conducción de personas
6. Liderar con el ejemplo

Competencias específicas para el área de Operaciones
7. Calidad y mejora continua
8. Capacidad de planificación y organización
9. Conocimiento de la industria y el mercado
10. Influencia y negociación
11. Temple y dinamismo
12. Trabajo en equipo

Las competencias elegidas para la confección del esquema precedente fueron seleccionadas entre las 60 competencias más utilizadas presentadas en la obra *Diccionario de competencias. La trilogía. Tomo 1.* En el libro mencionado podrá encontrar la definición y la correspondiente apertura en grados de todas las competencias allí expuestas.

Esta solución al caso planteado será utilizada en los siguientes capítulos, en todos aquellos casos/ejercicios en que se haga referencia al modelo de competencias de Superdescuento.

Gestión por competencias para alinear a las personas de la organización con la estrategia[1]

Superdescuento es una cadena de tiendas, comercios minoristas bajo la modalidad de autoservicio, que ofrecen productos de calidad a bajo precio. Para hacer más efectivo su enfoque de precios bajos, hace años que trabaja con un grupo de empresas que producen a su pedido una serie de productos con la marca "Superbajo", desde productos comestibles –tanto secos como frescos– hasta productos de limpieza y juguetería.

La marca registrada "Superbajo" es exclusiva de Superdescuento. Los productos que llevan esta marca son comercializados en todas las tiendas Superdescuento del país.

En todos estos años, las distintas empresas proveedoras de productos Superbajo han realizado su trabajo de manera satisfactoria y no se han presentado problemas de ningún tipo en torno a su elaboración y consumo.

---

1 El presente caso se recomienda para profesionales con experiencia.

Una de estas compañías proveedoras es "Alimentos envasados La María", perteneciente al grupo empresario "Hijos de La María", con varias explotaciones agropecuarias y dos empresas industriales.

Una de ellas es la ya mencionada "Alimentos envasados La María", que produce una gran variedad de productos envasados, vegetales y legumbres, con una serie de marcas propias y la marca Superbajo para Superdescuento. Esta fábrica tiene su sede en la provincia argentina de Mendoza, cerca de la frontera con Chile.

Otra de las empresas industriales del grupo "Hijos de La María" es "Alimentos envasados Dulce María", que envasa diferentes variedades de frutas, con una serie de marcas propias y la marca Superbajo para Superdescuento.

De este modo, "Hijos de La María" hace explotación vertical[2] de las diferentes actividades del grupo. En años pasados había evaluado la compra de una empresa de envases que luego no se concretó.

En los últimos meses Superdescuento inició tratativas para la adquisición de las dos empresas industriales del grupo y por el momento solo se ha cerrado trato sobre una de ellas, la que produce vegetales y legumbres.

Superdescuento asumirá la administración de la empresa adquirida en un mes aproximadamente, y se le ha solicitado al director de Recursos Humanos evaluar el modelo de competencias de "Alimentos envasados La María". En apoyo de esta tarea se ha pedido la colaboración de *La Consultora,* con el objetivo de realizar una mejor evaluación de la información.

La información recolectada hasta el momento sobre el modelo de competencias de "Alimentos envasados La María" es la siguiente:

Modelo de competencias

"Alimentos envasados La María" implementó hace unos años un modelo de competencias, de la mano de un consultor especializado en empresas agroindustriales que diseñó un modelo similar en casi todas las compañías del sector.

Las competencias definidas fueron:

- Influencia y negociación.

- Orientación a resultados con calidad.

---

2 El concepto de "explotación vertical" hace referencia a cuando, en un grupo de empresas, unas abastecen a otras. Por ejemplo: una empresa produce legumbres, otra envases y una tercera envasa el producto.

- Visión estratégica.

- Comunicación eficaz.

- Gestión y logro de objetivos.

- Creatividad.

- Integridad.

- Capacidad de planificación y organización.

Las definiciones de estas competencias fueron entregadas en un documento –que no se adjunta–, y un dato llamativo es que cada una de ellas ofrece una breve definición para explicar qué debe entenderse en cada caso. Los niveles de las distintas competencias se expresan a través de cuatro términos:

- Excelente o superlativo.

- Muy bueno.

- Regular o medio.

- Debe mejorar.

La asignación de grados o niveles a puestos se hizo optando por la variante máxima, es decir, "Excelente", ya que se consideró que si un puesto requería alguna de estas competencias debería asignársele el nivel mayor de la escala.

Luego de dos años de haberse implementado este sistema, y dado que se hizo compleja la evaluación de las competencias, se decidió reducir el modelo a las tres más importantes:

- Orientación a resultados con calidad.

- Visión estratégica.

- Comunicación eficaz.

Assessment a gerentes de primer nivel

Hace dos años, juntamente con la decisión de reducir el modelo a tres competencias componentes, uno de los dueños contrató un programa de evaluación de competencias para gerentes a una consultora internacional.

El mencionado programa de *assessment* compara las competencias de los ejecutivos a evaluar con una muestra de competencias perteneciente a niveles ejecutivos de los Estados Unidos. Esta consultora internacional ha realizado una investigación sobre cuáles son las competencias de los ejecutivos de primer nivel de reporte en las empresas que están entre las 100 primeras en ventas y utilidades que todos los años publica la revista *Fortune* (EE.UU.). De esa investigación surgió un estándar internacional de competencias ejecutivas y con relación a ese estándar se miden y determinan las brechas de los ejecutivos participantes en sus actividades, sin importar el país o el tamaño de la empresa a la que estos pertenezcan.

Las competencias que se evalúan son:

- Liderazgo ejecutivo.

- Visión estratégica.

- Liderazgo para el cambio.

- Capacidad para ser entrepreneur / Entrepreneurial.

- Dirección de equipos de trabajo.

- Manejo de crisis.

Programa de jóvenes profesionales de fábrica

Hace cuatro años, cuando "Hijos de La María" aún no había contemplado la posibilidad de desprenderse de sus actividades industriales, se contactó con una universidad española que por aquel entonces se encontraba realizando un trabajo de consultoría para empresas productoras de aceitunas y aceite de oliva radicadas a unos pocos cientos de kilómetros de "Alimentos envasados La María". La universidad había propuesto realizar un programa orientado a la selección y formación de jóvenes profesionales para las dos empresas industriales del grupo.

Para ello presentó al *holding* el modelo de competencias que había diseñado para la empresa productora de aceitunas y aceites, y, como en una primera instancia se lo consideró interesante, se decidió adoptarlo sin cambios, de modo que no se perdió tiempo en un diseño propio y, además, fue puesto en marcha inmediatamente.

Las competencias que se consideran para el programa de jóvenes profesionales son:

- Pensamiento analítico y conceptual.

- Innovación y creatividad.

- Tolerancia a la presión en el trabajo.

- Toma de decisiones.

- *Empowerment.*

- Visión estratégica.

- Adaptabilidad a los cambios del entorno.

El programa de jóvenes profesionales utiliza las mencionadas competencias tanto en los procesos de selección como en formación y desarrollo. Adicionalmente, la capacitación incluye matemáticas avanzadas, matemática borrosa, estadística no paramétrica e inglés.

Competencias para la fuerza de ventas

Hace dos años, cuando uno de los directores contrató a la consultora internacional para el programa de *assessment* destinado a gerentes de primer nivel, se consultó al mismo tiempo a una consultora local que ofreció, entre otras cosas, programas específicos para la fuerza de ventas. En aquel entonces el titular de esta consultora había publicado un libro de gran éxito, *De las ventas al resultado,* y como el director en cuestión pensaba que a través de la fuerza de ventas se lograban los mejores resultados, quedó muy bien impresionado y decidió contratar a la consultora para capacitar a sus vendedores.

El equipo de asesores presentó un diseño, muy atractivo por cierto, sobre las siguientes temáticas:

- Comunicación para cerrar una venta.

- Capacidad para convencer a otros.

- Detección de necesidades.

- Presentación de soluciones a clientes.

- Impacto e influencia.

- Intercambio para el mutuo beneficio.

Los consultores presentaron un plan de capacitación que implicó en una primera instancia la evaluación de las competencias de todos los integrantes del equipo de ventas:

- Gerente Nacional de Ventas –que también participa en el programa de *assessment* para gerentes de primer nivel–.

- Gerentes de la Región Norte y la Región Sur.

- Supervisores.

- Vendedores.

El año pasado se integró al programa de ventas a la mitad de los jóvenes profesionales del programa de fábrica como un modo de integrarlos con la fuerza de ventas.

Valores corporativos

El grupo de empresas "Hijos de La María" ha definido con un consultor una serie de conceptos que han tomado el formato de *Valores de la organización*. La tarea realizada generó un gran entusiasmo entre todos los dueños del grupo empresarial, de fuertes convicciones religiosas y morales.

A partir de la definición de estos *valores*, que se realizó hace cinco años, se llevó a cabo una serie de actividades para presentarlos a todas las personas que integran el grupo empresarial, desde festivales benéficos donde se compartieron los valores con los habitantes de la comunidad, hasta una campaña publicitaria interna.

Entre otras cosas se publicitaron los *valores* en cuadernos escolares destinados a los hijos de los empleados y se imprimieron láminas que fueron enmarcadas e incluso pegadas sobre los escritorios y en los vidrios de las ventanas de las oficinas. La difusión fue muy amplia.

Luego de que, hace cinco años, se hicieran estas acciones de difusión, no se realizaron otras. Hoy quedan varias de las láminas pegadas aquí y allá, y cuadros con los *valores*. Se pueden encontrar algunos de estos cuadros en las oficinas de los gerentes generales y de los gerentes de Recursos Humanos de cada una de las empresas del grupo.

La labor del consultor concluyó después de la campaña de difusión, que, como ya se dijo, fue muy intensa.

Los valores del grupo "Hijos de La María" son:

- Ética.

- Integridad.

- Conciencia social.

- Preocupación por el medio ambiente.

Se le preguntó al responsable de Recursos Humanos de "Alimentos envasados La María" qué tipo de aplicación o uso se les da a los *valores,* es decir, si integran de algún modo los procedimientos administrativos de la empresa, a lo cual, no sin cierta turbación, respondió: "En realidad no se usan; la campaña, como ya se dijo, fue muy intensa pero luego quedaron allí. Todos estamos de acuerdo con los valores, pero no siempre se actúa en consecuencia". El año pasado ingresó a la organización un nuevo responsable de Selección e incorporó algunas preguntas en la entrevista para evaluar aspectos de "conciencia social y preocupación por el medio ambiente de los postulantes".

Competencias para el personal administrativo

El mismo año que se contrató a la consultora internacional para la realización del programa de *assessment* para gerentes de primer nivel y la capacitación para la fuerza de ventas, el director a cargo del área administrativa definió, con la ayuda de uno de sus hijos –que estudiaba por entonces Recursos Humanos–, las competencias para su sector:

- Capacidad de planificación y organización.

- Pensamiento analítico.

- Calidad y mejora continua.

- Productividad.

- Responsabilidad.

- Compromiso.

Consignas a resolver

Antes de contestar los interrogantes planteados a continuación se sugiere una lectura profunda del Capítulo 2 de *Dirección estratégica de Recursos Humanos. Gestión por competencias. Volumen 1* (2015), donde se trata esta temática con relación a la Metodología Martha Alles, así como el Capítulo 0 de esta obra.

1. ¿Qué debería hacer el director de Recursos Humanos de Superdescuento con la información recolectada relativa a las distintas herramientas en uso en materia de competencias en "Alimentos envasados La María"?

2. ¿Cuál sería un buen consejo de la consultora al director de Recursos Humanos de Superdescuento? La respuesta a este punto puede ser del mismo tenor –o no– que la del punto anterior.

3. ¿Qué plan de acción pondría en marcha frente a la situación existente en "Alimentos envasados La María"?

4. ¿Cuáles pueden ser los motivos o la justificación de la situación descrita con relación a la temática de competencias de la empresa "Alimentos envasados La María"?

5. ¿Qué relación puede/debe existir entre las competencias de Superdescuento y "Alimentos envasados La María"?

Fundamentar las respuestas a cada uno de los puntos planteados relacionándolos a su vez con los distintos aspectos de la Metodología Martha Alles.

La resolución de las consignas puede realizarse de dos formas:

• Mediante un debate en clase, dividiendo a los alumnos en grupos de trabajo.

• Con equipos de trabajo domiciliario que luego presentarán sus resultados en clase, para ponerlos en debate.

Obras de Martha Alles relacionadas con este capítulo

El armado del modelo de competencias, así como la mejor forma de llevarlo a la práctica, ha sido tratado en un gran número de obras.

Para el armado del modelo, la obra más completa es la denominada *Trilogía*, compuesta por los siguientes libros: *Diccionario de competencias. La trilogía. Tomo 1*; *Diccionario de comportamientos. La trilogía. Tomo 2*, y *Diccionario de preguntas. La trilogía. Tomo 3*.

En cada uno de los capítulos siguientes se hará una mención específica a obras directamente relacionadas con cada uno de ellos.

La temática de competencias también es mencionada en *Comportamiento organizacional, 5 pasos para transformar una oficina de personal en un área de Recursos Humanos*.

Por último, y como síntesis de toda la obra, son de vital importancia el *Diccionario de términos de Recursos Humanos* y *Las 50 herramientas de Recursos Humanos que todo profesional debe conocer*.

Los casos prácticos y ejercicios de esta obra han sido preparados, orientados a lograr una mejor comprensión de los temas tratados en *Dirección estratégica de Recursos Humanos. Volumen 1* (2015).

PARA TODOS LOS LECTORES

Se encuentra disponible en formato digital un Anexo donde se ha realizado un análisis detallado de libros y subsistemas que complementa las temáticas abordadas en esta obra.

PARA PROFESORES

Para cada uno de los capítulos de esta obra hemos preparado:

☞ Material de apoyo para el dictado de clases.

Los profesores que hayan adoptado esta obra para sus cursos tanto de grado como de posgrado podrán solicitar de manera gratuita:

Dirección estratégica de Recursos Humanos. CLASES

Únicamente disponibles en formato digital:
www.marthaalles.com

o bien escribiendo a:
profesores@marthaalles.com

Anexos
Herramientas recomendadas para la gestión de recursos humanos por competencias

Asignación de competencias a puestos (Documento) **Herramienta N° 2**	Procedimiento interno por el cual se asignan competencias junto con sus grados a los distintos puestos de trabajo. La asignación se refleja en un documento interno donde se indica, para los distintos puestos de trabajo, las competencias requeridas junto con los grados en que se necesitan. Para que la asignación de competencias sea posible, primero se debe diseñar un modelo de competencias.
Descriptivo de puesto **Herramienta N° 10**	Documento interno donde se consignan las principales responsabilidades y tareas de un puesto de trabajo. Adicionalmente se registran los requisitos necesarios para desempeñarlo con éxito: conocimientos, experiencia y competencias.
Determinación temprana de brechas (Inventario) **Herramienta N° 11**	Proceso interno de medición de competencias por el cual se compara lo requerido por el puesto con las competencias de su ocupante. La eventual diferencia entre ambos se denomina "brecha". Cuando esta medición se realiza al inicio de la implantación del modelo de competencias, se la denomina "temprana", ya que permite realizar a tiempo acciones de desarrollo y, de este modo, achicar las referidas brechas antes de que la situación plantee dificultades en el desempeño.
Diccionario de competencias **Herramienta N° 14**	Documento interno organizacional en el cual se presentan las competencias definidas en función de la estrategia.
Diccionario de comportamientos **Herramienta N° 15**	Documento interno en el cual se consignan ejemplos de los comportamientos observables asociados o relacionados con las competencias del modelo organizacional. El diccionario de comportamientos organizacional se diseña en función del diccionario de competencias que, en todos los casos, se confecciona a medida de cada organización.
Diccionario de preguntas **Herramienta N° 16**	Documento interno de la organización en el cual se consignan ejemplos de preguntas que permiten evaluar las competencias del modelo en una entrevista.
Estructura de puestos **Herramienta N° 23**	Documento interno en el cual se exponen los diferentes niveles organizacionales junto con las principales responsabilidades y requisitos para ocuparlos. Este documento es la base para la asignación de competencias a puestos.

Mapa del modelo de competencias **Herramienta Nº 34**	Documento organizacional que facilita la comprensión del modelo de competencias al explicar la interrelación de las distintas competencias que lo componen.
Modelo de competencias **Herramienta Nº 37**	Conjunto de procesos relacionados con las personas que integran la organización y que tienen como propósito alinearlas en pos de los objetivos organizacionales. Un modelo de competencias permite seleccionar, evaluar y desarrollar a las personas en relación con las competencias necesarias para alcanzar la estrategia organizacional.
Programa de difusión del modelo *de competencias* **Herramienta Nº 44 A y B**	Conjunto de acciones tendientes a que la organización en su conjunto conozca el modelo de competencias adoptado y comprenda cabalmente su aplicación en los distintos subsistemas de RRHH.

Podrá encontrar mayor detalle sobre las herramientas aquí mencionadas en la obra *Las 50 herramientas de Recursos Humanos que todo profesional debe conocer.*

Términos a tener en cuenta para la gestión de recursos humanos por competencias

Capacidades	El término incluye conocimientos, competencias y experiencia.
Competencia	Hace referencia a las características de personalidad, devenidas en comportamientos, que generan un desempeño exitoso en un puesto de trabajo.
Competencia cardinal	Competencia aplicable a todos los integrantes de la organización. Las competencias cardinales representan la esencia de la organización y permiten alcanzar su visión.
Competencia específica	Competencia aplicable a colectivos específicos, por ejemplo, un área de la organización o un cierto nivel, como el gerencial.
Comportamiento	Aquello que una persona hace (acción física) o dice (discurso). Sinónimo: conducta.
Comportamiento observable	Aquel comportamiento que puede ser visto (acción física) u oído (en un discurso).

Conocimiento	Conjunto de saberes ordenados sobre un tema en particular, materia o disciplina.
Estrategia	Conjunto de acciones coordinadas y planeadas para conseguir un fin (en el ámbito de las organizaciones, alcanzar los fines u objetivos organizacionales).
Experiencia	Práctica prolongada de una actividad (laboral, deportiva, etc.) que permite incorporar nuevos conocimientos e incrementar la eficacia en la aplicación de los conocimientos y las competencias existentes, todo lo cual redunda en la optimización de los resultados de dicha actividad.
Gestión por competencias	Modelo de gestión que permite alinear a las personas que integran una organización (directivos y demás niveles organizacionales) en pos de los objetivos estratégicos. Para que sea eficaz la gestión por competencias, esta se lleva a cabo a través de un modelo sistémico en el cual todos los subsistemas de Recursos Humanos de la organización las consideran.
Herramientas	Cuestionarios, manuales, guías y otros materiales de apoyo de probada eficacia para la resolución práctica de un determinado problema o situación.
Herramental	Conjunto de herramientas relacionadas con una disciplina o un tema en particular. Ejemplo: herramental de RRHH, herramental disponible para selección de personas.
Método	Conjunto de procedimientos ordenados y sistemáticos en relación con un determinado tema.
Metodología	Conjunto de métodos que se siguen en una determinada disciplina.
Misión	El porqué de lo que la empresa hace, la razón de ser de la organización, su propósito. Expresa aquello por lo cual, en última instancia, la organización quiere ser recordada.
Modelo de competencias	Conjunto de procesos relacionados con las personas que integran la organización y que tienen como propósito alinearlas en pos de los objetivos organizacionales. Un modelo de competencias permite seleccionar, evaluar y desarrollar a las personas en relación con las competencias necesarias para alcanzar la estrategia organizacional.
Modelo de competencias. Esquema	Documento interno organizacional en el cual se refleja la totalidad de las competencias que integran el modelo de competencias y su relación con las distintas áreas y funciones de la organización.

Motivación	Razón, causa o motivo para hacer algo: trabajar, cambiar de empleo, de carrera, etc. El estudio de la motivación o motivaciones de las personas en relación con la disciplina de Recursos Humanos es un tema complejo, dado que dichas motivaciones pueden obedecer a causas diversas y abarcan otras razones o motivos más allá de los aspectos económicos que implica toda relación laboral.
Valores	Aquellos principios que representan el sentir de la organización, sus objetivos y prioridades estratégicas.
Visión	La imagen del futuro deseado por la organización.

Podrá encontrar mayor detalle sobre estos y otros términos en la obra *Diccionario de términos de Recursos Humanos.*

Capítulo 3

Análisis y descripción de puestos

Atracción,
selección
e incorporación

Análisis
y descripción
de puestos

Desarrollo
y planes
de sucesión

**DIRECCIÓN
ESTRATÉGICA
DE RECURSOS
HUMANOS**

Remuneraciones
y
beneficios

Formación

Evaluación
de
desempeño

Temas tratados en el Capítulo 3 de *Dirección estratégica de Recursos Humanos. Gestión por competencias. Volumen 1*

- Esquema de la descripción de puestos
- Análisis de puestos
- Métodos para reunir información
- Cómo redactar los descriptivos de puestos
- La utilización de entrevistas y cuestionarios
- Adecuación persona-puesto
- Relación de los descriptivos de puestos con otras funciones de Recursos Humanos
- Cuando una organización ha adoptado la Gestión por competencias
- Aplicar Gestión por competencias a la descripción del puesto
- La importancia de los descriptivos de puestos en un proceso de selección
- El teletrabajo

Descripción de puestos por competencias

Caso Superdescuento

Superdescuento, como ya se comentó en los capítulos anteriores, es una cadena de pequeñas tiendas que se diferencia de otras por su política de precios. Sin sofisticaciones aparentes a los ojos de los clientes, se ofrecen, en un ambiente despojado, productos de alta calidad y bajo precio sin sumar ningún servicio adicional. No tienen en sus locales música funcional, ni entregan los productos a domicilio. El foco del negocio se centra en aquellos clientes de menores recursos que valoran el precio bajo con muy buena calidad y está dispuesto a prescindir de otros servicios.

Superdescuento solicitó a *La Consultora* la confección del descriptivo de un puesto.

Para la confección del descriptivo de puesto se tomaron en cuenta las competencias del modelo de Superdescuento, competencias cardinales, competencias específicas gerenciales y competencias específicas por área, de acuerdo con la solución del primer caso del Capítulo 2. Adicionalmente, se realizaron reuniones con la utilización de los formularios de entrevista y análisis. De la información recolectada surgió la siguiente descripción del puesto.

DESCRIPTIVO DEL PUESTO *JEFE DE PRODUCTOS*

Empresa	*Superdescuento*	Puesto	*Jefe de Productos*
Nombre y apellido del titular del puesto			
Área/Dirección	*Comercial*		
Departamento	*Ventas*	Puesto superior	*Director Comercial*

Aprobaciones	Fecha
Titular del puesto	Analista de RRHH
Superior	Responsable de RRHH

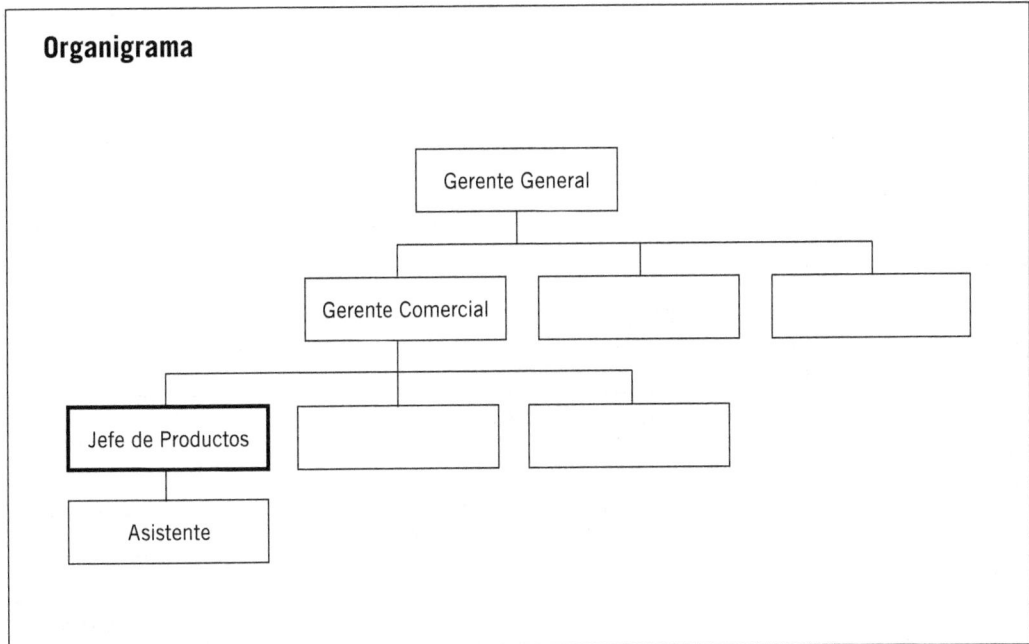

Organigrama

```
                        Gerente General
                              |
        ┌─────────────────────┼─────────────────────┐
   Gerente Comercial      [        ]            [        ]
        |
  ┌─────┼─────────┐
Jefe de      [      ]    [      ]
Productos
  |
Asistente
```

DESCRIPTIVO DEL PUESTO *JEFE DE PRODUCTOS* (hoja 2)

Síntesis del puesto
Es responsable por el producto o línea de productos a su cargo, desde el desarrollo de nuevas marcas y marcas propias hasta su resultado final.
Los resultados de cada línea de productos en conjunto serán los resultados finales de la dirección a la cual pertenece.

Responsabilidades del puesto Actividades/Tareas/Responsabilidades	Grado de relevancia
Negociar con proveedores y altos directivos de la compañía.	Alto
Desarrollar marcas tradicionales y propias.	Alto
Responsabilidad sobre resultados.	Alto
Analizar estudios de mercado.	Alto
Definir estrategias comerciales.	Alto
Responsabilidad por el presupuesto de gastos que se le asigne.	Alto

Requisitos del puesto	
Formación básica	*Título de grado en formación comercial*
Otra formación complementaria	
Experiencia requerida	*Experiencia en consumo masivo, en supermercados con pequeñas tiendas y dirigidos a segmentos de bajos recursos*
Idioma	
PC (detallar)	*Muy buenos conocimientos de PC: Excel, Word, Power Point, redes sociales*

DESCRIPTIVO DEL PUESTO *JEFE DE PRODUCTOS* (hoja 3)

Competencias requeridas

Nombre de la competencia	A	B	C	D
Competencias cardinales				
Compromiso con la calidad de trabajo			X	
Iniciativa		X		
Integridad			X	
Orientación al cliente interno y externo		X		
Competencias específicas gerenciales				
Conducción de personas		X		
Liderar con el ejemplo		X		
Competencias específicas por área				
Calidad y mejora continua		X		
Capacidad de planificación y organización			X	
Conocimiento de la industria y el mercado			X	
Influencia y negociación			X	
Temple y dinamismo		X		
Trabajo en equipo		X		

Las definiciones de las competencias junto con sus grados podrá encontrarlas en la obra *Diccionario de competencias. La trilogía. Tomo 1,* Ediciones Granica, 2015.

Descripción de puestos de teletrabajadores

Caso Superdescuento

Superdescuento necesita crear tres puestos nuevos. Las características de los mismos y las tareas inherentes hacen que sea factible desempeñarlos mediante el teletrabajo.

La responsable del tema, una señora muy actualizada en tendencias de management y que conoce el desarrollo de estas prácticas en Europa, tiene claro lo que está proponiendo. No obstante, un representante de *La Consultora* explica detalladamente los pros y contras de esta modalidad de trabajo.

En la página siguiente se detalla la información recolectada[1], para luego analizar y confeccionar la "descripción del puesto".

Teletrabajador. Trabajador en relación de dependencia (de una organización) que realiza sus tareas a distancia utilizando las telecomunicaciones.

Teletrabajo. Trabajo remunerado en relación de dependencia en el cual el empleado realiza sus tareas a distancia, utilizando las telecomunicaciones.
Para la Real Academia Española (RAE) su significado es: *Utilización de las redes de telecomunicación para trabajar desde un lugar fuera de la empresa usando sus sistemas informáticos.*
Dentro del área de Recursos Humanos, el término teletrabajo se utiliza para designar la situación en que personas que pertenecen a la organización desempeñan sus tareas fuera de sus instalaciones. No es aplicable a aquellos trabajadores que se desempeñan desde su hogar utilizando las comunicaciones pero que ofrecen servicios a terceros, bajo modalidades de autoempleo, sin pertenecer a la plantilla o nómina de empleados en relación de dependencia con la organización.

Teletrabajo. Paliativos. Acciones que puede llevar a cabo el teletrabajador para neutralizar los eventuales aspectos negativos del teletrabajo. Ejemplos:
• Combinar días o semanas de teletrabajo con períodos de desempeño presencial en las oficinas.
• Antes de comenzar a trabajar y luego de finalizar sus tareas como teletrabajador, caminar unas cuadras como si "entrara" y "saliera" –respectivamente– de su lugar de trabajo.
Ver *Teletrabajo.*

---

1 **Métodos de descripción y análisis de puestos**
Observación directa: en los casos más simples, el entrevistador observa y completa el formulario a partir de lo que ve, sin la participación directa del empleado.
Entrevista: el analista entrevista al ocupante del puesto.
Cuestionario: el ocupante del puesto completa un cuestionario.
Mixta: administración conjunta de por lo menos dos de estas variantes.
(Párrafos de la obra *Dirección estratégica de Recursos Humanos. Gestión por competencias, op. cit.,* Capítulo 3).

Posición 1: Telemarketer

Sus principales funciones serán las siguientes:

- Atención telefónica de los clientes, que se comunicarán a través de una línea gratuita.

- Concretar las ventas telefónicas.

- Acordar formas de pago.

- Imputar cada compra a la tarjeta de crédito correspondiente.

- Remitir el pedido a casa central para que efectúe el envío.

El ambiente organizacional en el que deberá desenvolverse es el de una empresa con una conducción exigente que valora y premia el trabajo y el esfuerzo constante.

Para ocupar este cargo se sugiere contratar a una persona que posea las siguientes características:

- Habilidad para comunicarse telefónicamente.

- Voz clara, agradable, con buena dicción y vocabulario.

- Amabilidad en el trato.

- Habilidad para convencer al otro telefónicamente.

- Persistencia y habilidad para reaccionar ante un rechazo.

- Flexibilidad para adaptarse a situaciones nuevas y distintos tipos de cliente.

- Capacidad para resolver problemas.

- Demostrar ser una persona organizada.

Entre otros requisitos, debe ser –preferentemente– un técnico en ventas egresado de la Universidad Católica de Santiago del Estero[2], con cierto conocimiento del inglés, que le permita identificar los productos provenientes del exterior que venderá, y manejo de procesador de textos, hoja de cálculo electrónica, Internet y redes sociales.

Edad preferida, entre 25 y 30 años.

No es importante la experiencia previa, ya que se desea incorporar personas para formarlas dentro de la cultura de Superdescuento.

---

2 Este requisito –no excluyente– surge porque la señora de referencia es egresada de esa casa de altos estudios.

Posición 2: Asistente de Ventas

Sus principales funciones serán:

- Organizar la base de datos de clientes.

- Efectuar seguimiento a clientes a fin de establecer qué productos compran y con qué frecuencia.

- Llevar un listado de *mailing* depurado, actualizado y segmentado.

- Redactar cartas o correos electrónicos dirigidos a clientes.

- Recibir los pedidos que se efectúen por fax o Internet, concretar las ventas e imputarlas a la tarjeta de crédito del cliente.

- Remitir los pedidos a la casa central para que efectúe los envíos.

El ambiente organizacional es el mismo que en el caso anterior.

Para ocupar este cargo, se sugiere buscar una persona que tenga las siguientes características:

- Capacidad de organización y de síntesis; buena planificación de sus tareas.

- Excelente redacción.

- Capacidad para trabajar en equipo, aun cuando desarrollará tareas desde su casa; para llevarlas adelante con éxito debe informarse con otras personas y requerir colaboración.

- Flexibilidad para resolver diversas situaciones.

Se dará preferencia a un técnico en ventas egresado de la Universidad Católica de Santiago del Estero, con un cierto conocimiento del inglés, que le permita identificar los distintos productos que venderá, y manejo de procesador de textos, hoja de cálculo electrónica, Internet y redes sociales.

La edad preferida es entre 25 y 30 años. No es importante la experiencia previa, ya que se desea incorporar personas para formarlas en la cultura de Superdescuento.

Posición 3: Diseñador gráfico

Su principal función será el diseño de catálogos y material de promoción.

Se busca una persona:

- Creativa.

- Innovadora.

- Flexible.

- Segura.

- Deberá tratarse de un diseñador gráfico con título universitario.

- Su conocimiento del idioma inglés debe ser suficiente como para interpretar los textos que acompañan los productos que llegan del extranjero.

- Debe tener conocimiento de diversas herramientas informáticas.

Edad ideal, entre 25 y 30 años.

En todos los casos descritos los ocupantes desempeñarán las tareas desde su hogar, por lo cual es importante considerar:

- Si por alguna situación particular (familiar, discapacidad, etc.) les resulta conveniente trabajar desde su domicilio.

- Controlar si tienen un lugar cómodo y aislado en su casa.

- Deben ser responsables y confiables.

- Deben tener capacidad para organizar su tiempo y ser autodisciplinados.

- No los debe afectar el aislamiento.

- No deben tener mucha necesidad de establecer contactos sociales.

- No deben necesitar supervisión.

- No deben depender de la ayuda y el apoyo de los compañeros.

Unas palabras con respecto al jefe

La responsable del área donde trabajarán los nuevos colaboradores nos manifestó, no sin expresar una cierta pena, que uno de sus principales problemas –que ella se está esforzando por mejorar– es que le cuesta delegar responsabilidades en otras personas, y que esta nueva forma de relacionarse con sus colaboradores– que trabajarán desde su hogar– la obligará a delegar en mayor medida que lo habitual. Esta nueva modalidad de trabajo será también para ella un aprendizaje. Deberá aprender a delegar, a controlar a personas que no ve, a confiar. La base de una buena relación estará dada por la responsabilidad del trabajador y la confianza del empleador.

La cultura de la empresa

Al redactar las descripciones de puestos es importante informar acerca de la cultura de la organización a la que se incorporarán las personas seleccionadas.

Otras características sobre Superdescuento, además de la información suministrada en el Capítulo 1:

- La responsable del sector considerada es una jefa justa y exigente.

- El factor de cohesión está dado por la mística en torno a Superdescuento, el logro de objetivos. La agresividad en el mercado es frecuente.

- En cuanto al clima organizacional, se enfatiza la permanencia y la estabilidad laboral. Las expectativas respecto de los procedimientos son claras y deben ser cumplidas.

DESCRIPTIVO DEL PUESTO *TELEMARKETER*

Empresa	*Superdescuento*	Puesto	*Telemarketer*

Nombre y apellido del titular del puesto

Área/Dirección   *Comercial*

Departamento   *Ventas*   Puesto superior   *Responsable Comercial*

Aprobaciones	Fecha
Titular del puesto	Analista de RRHH
Superior	Responsable de RRHH

Organigrama

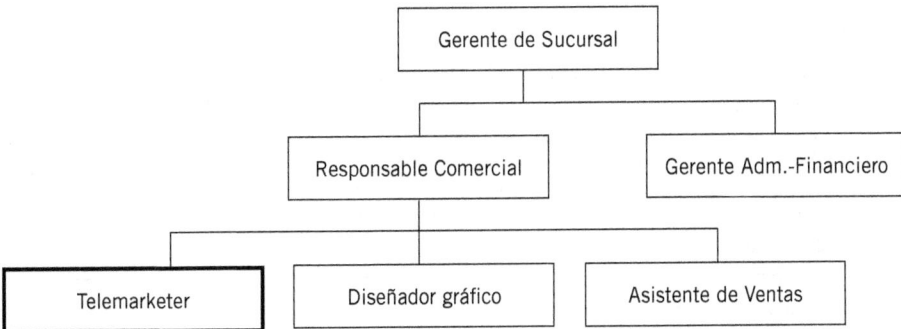

DESCRIPTIVO DEL PUESTO *TELEMARKETER* (hoja 2)

Síntesis del puesto
Será responsable de concretar ventas por teléfono acordando formas de pago.
Esta tarea puede realizarla en la empresa o en su casa, trabajando con la modalidad de teletrabajador siempre y cuando cumpla con ciertos requisitos, tales como: contar con un lugar cómodo y aislado en la casa; ser responsable y confiable; tener capacidad para organizar su tiempo; ser autodisciplinado; no tener mucha necesidad de establecer contactos sociales ni de supervisión; no depender de la ayuda y el apoyo de sus compañeros.

Responsabilidades del puesto Actividades/Tareas /Responsabilidades	Grado de relevancia
Atraer a los clientes que se comunicarán a través de una línea gratuita.	Alto
Concretar las ventas telefónicas.	Alto
Acordar formas de pago.	Alto
Imputar cada compra a la tarjeta de crédito correspondiente.	Alto
Remitir el pedido a casa central para que efectúe el envío.	Alto

Requisitos del puesto	
Formación básica	*Técnico en Ventas. No excluyente: egresado de la Universidad Católica de Santiago del Estero*
Otra formación complementaria	---
Experiencia requerida	*No se requiere*
Idioma	*Inglés. Buena comprensión de textos*
PC (detallar)	*Manejo de procesador de textos, hoja de cálculo electrónica, Internet y redes sociales*

DESCRIPTIVO DEL PUESTO *TELEMARKETER* (hoja 3)

Competencias requeridas

Nombre de la competencia	A	B	C	D
Competencias cardinales				
Compromiso con la calidad de trabajo				X
Iniciativa		X		
Integridad				X
Orientación al cliente interno y externo				X
Competencias específicas por área				
Calidad y mejora continua			X	
Capacidad de planificación y organización				X
Conocimiento de la industria y el mercado				X
Influencia y negociación				X
Temple y dinamismo			X	
Trabajo en equipo				X

Las definiciones de las competencias junto con sus grados podrá encontrarlas en la obra *Diccionario de competencias. La trilogía. Tomo 1,* Ediciones Granica, 2015.

Otras habilidades requeridas por el puesto:	
Habilidad para comunicarse telefónicamente	Alto
Voz clara, agradable, con buena dicción y vocabulario	Alto
Amabilidad en el trato	Alto
Habilidad para convencer al otro telefónicamente	Alto

Otros requisitos del puesto bajo la modalidad de teletrabajo:
Lugar cómodo y aislado en la casa del teletrabajador
Instalación telefónica y equipamiento necesario: PC, módem, conexión a Internet
Instalación eléctrica y climatización del ambiente

DESCRIPTIVO DEL PUESTO *ASISTENTE DE VENTAS*

Empresa	*Superdescuento*	Puesto	*Asistente de Ventas*
Nombre y apellido del titular del puesto			
Área/Dirección	*Comercial*		
Departamento	*Ventas*	Puesto superior	*Responsable Comercial*

Aprobaciones	Fecha
Titular del puesto	Analista de RRHH
Superior	Responsable de RRHH

Organigrama

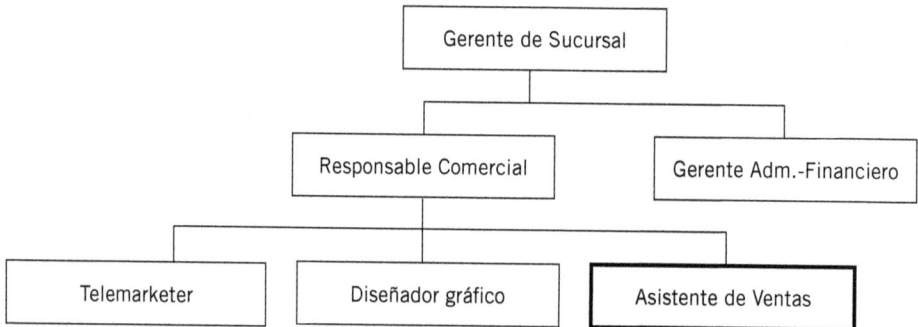

DESCRIPTIVO DEL PUESTO *ASISTENTE DE VENTAS* (hoja 2)

Síntesis del puesto
Será responsable de realizar seguimientos a clientes, llevar un *mailing* actualizado.
Deberá redactar cartas y correos electrónicos, recibir pedidos y concretar ventas.
Esta tarea puede realizarla en la empresa o en su casa, trabajando con la modalidad de teletrabajador, siempre y cuando cumpla con ciertos requisitos como: lugar cómodo y aislado en la casa; ser responsable y confiable; capaz de organizar su tiempo; autodisciplinado; sin mucha necesidad de contactos sociales ni supervisión; no depender de la ayuda y el apoyo de sus compañeros.

Responsabilidades del puesto Actividades/Tareas /Responsabilidades	Grado de relevancia
Organizar la base de datos de clientes.	Alto
Efectuar seguimientos a clientes que permitan establecer qué productos compran y con qué frecuencia.	Alto
Llevar un listado de *mailing* depurado, actualizado y segmentado.	Alto
Redactar cartas.	Alto
Recibir los pedidos y correos electrónicos, concretar ventas e imputarlas a la tarjeta de crédito del cliente.	Alto
Remitir el pedido a la casa central para que efectúe el envío.	Alto

Requisitos del puesto	
Formación básica	*Técnico en Ventas. No excluyente: egresado de la Universidad Católica de Santiago del Estero*
Otra formación complementaria	
Experiencia requerida	*Excelente redacción*
Idioma	*Inglés. Buena comprensión de textos*
PC (detallar)	*Manejo de procesador de textos, hoja de cálculo electrónica, Internet y redes sociales.*

DESCRIPTIVO DEL PUESTO *ASISTENTE DE VENTAS*

Competencias requeridas

Nombre de la competencia	A	B	C	D
Competencias cardinales				
Compromiso con la calidad de trabajo				X
Iniciativa				X
Integridad				X
Orientación al cliente interno y externo				X
Competencias específicas por área				
Calidad y mejora continua				X
Capacidad de planificación y organización				X
Conocimiento de la industria y el mercado				X
Influencia y negociación				X
Temple y dinamismo				X
Trabajo en equipo				X

Las definiciones de las competencias junto con sus grados podrá encontrarlas en la obra *Diccionario de competencias. La trilogía. Tomo 1,* Ediciones Granica, 2015.

Otros requisitos del puesto bajo la modalidad de teletrabajo
Lugar cómodo y aislado en la casa del teletrabajador
Instalación telefónica y equipamiento necesario: PC, módem, conexión a Internet
Instalación eléctrica y climatización del ambiente

DESCRIPTIVO DEL PUESTO *DISEÑADOR GRÁFICO*

Empresa	*Superdescuento*	Puesto	*Diseñador gráfico*
Nombre y apellido del titular del puesto			
Área/Dirección	*Comercial*		
Departamento	*Ventas*	Puesto superior	*Responsable Comercial*

Aprobaciones	Fecha
Titular del puesto	Analista de RRHH
Superior	Responsable de RRHH

Organigrama

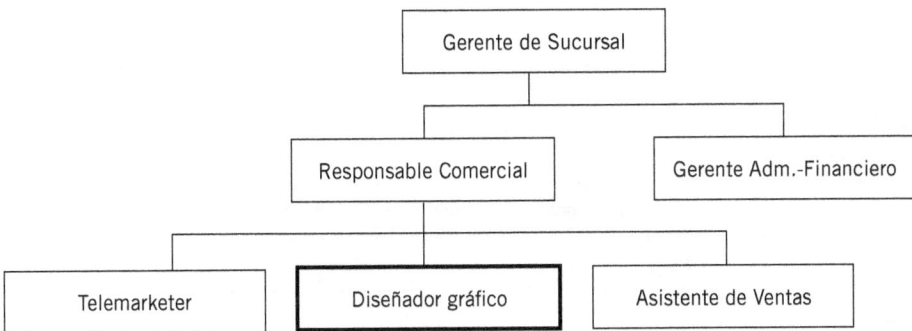

DESCRIPTIVO DEL PUESTO *DISEÑADOR GRÁFICO* (hoja 2)

Síntesis del puesto
Será responsable del diseño de catálogos y material de promoción.
Esta tarea puede realizarla en la empresa o desde su casa, trabajando con la modalidad de teletrabajo, siempre y cuando cumpla con ciertos requisitos: contar con un lugar cómodo y aislado en la casa; ser responsable y confiable; ser capaz de organizar su tiempo, autodisciplinado; sin mucha necesidad de contactos sociales ni supervisión; no depender de la ayuda y el apoyo de sus compañeros.

Responsabilidades del puesto Actividades/Tareas /Responsabilidades	Grado de relevancia
Su principal función será el diseño de catálogos y material de promoción.	Alto

Requisitos del puesto	
Formación básica	*Diseñador gráfico con título universitario*
Otra formación complementaria	
Experiencia requerida	
Idioma	*Conocimiento del idioma inglés; buena comprensión de textos*
PC (detallar)	*Conocimiento de herramientas informáticas*

DESCRIPTIVO DEL PUESTO *DISEÑADOR GRÁFICO* (hoja 3)

Competencias requeridas

Nombre de la competencia	A	B	C	D
Competencias cardinales				
Compromiso con la calidad de trabajo				X
Iniciativa				X
Integridad				X
Orientación al cliente interno y externo				X
Competencias específicas por área				
Calidad y mejora continua			X	
Capacidad de planificación y organización			X	
Conocimiento de la industria y el mercado			X	
Influencia y negociación				X
Temple y dinamismo				X
Trabajo en equipo			X	

Las definiciones de las competencias junto con sus grados podrá encontrarlas en la obra *Diccionario de competencias. La trilogía. Tomo 1,* Ediciones Granica, 2015.

Otros requisitos del puesto bajo la modalidad de teletrabajo
Lugar cómodo y aislado en la casa del teletrabajador
Instalación telefónica y equipamiento necesario: PC, módem, conexión a Internet
Instalación eléctrica y climatización del ambiente

CUESTIONARIO PARA REALIZAR EL ANÁLISIS DE PUESTO - Nivel empleado

NOMBRE Y APELLIDO DEL EMPLEADO _____

FECHA _____

TÍTULO DEL PUESTO _____

DEPARTAMENTO/ ÁREA / SECTOR _____

SUPERVISOR _____

EXPLICACIÓN

El análisis de puesto es el proceso de determinar y reportar información pertinente en relación con la naturaleza de una posición en particular. Es la determinación de tareas que abarca el puesto, junto con competencias, conocimientos, responsabilidades, etc., necesarios para el buen desempeño y que diferencian ese puesto de otros. Los datos se utilizarán para preparar un descriptivo del puesto. Pídale a su supervisor o al analista del puesto una explicación de los usos de las descripciones de puestos y formule cualquier pregunta que le surja.

PROCEDIMIENTO

EMPLEADO: Complete la información requerida al inicio de este formulario y en la Sección I (ver página siguiente). Describa en detalle las tareas más importantes que usted realiza. Mencione las tareas laborales en oraciones claras y concisas. Indique la frecuencia (día, semana, mes) y el tiempo que utiliza para realizar estas tareas. Asegúrese de proveer suficiente información acerca de cada tarea para que las personas que no conocen su trabajo comprendan lo que su puesto implica. Si tiene cualquier tipo de pregunta sobre este cuestionario debe dirigirse a su supervisor.

SUPERVISOR: Complete los espacios de la Sección II.

CUESTIONARIO PARA REALIZAR EL ANÁLISIS DE PUESTO - Nivel empleado (Continuación)
SECCIÓN I

1. Tarea (qué) _____

Procedimiento (cómo) _____

Propósito de la tarea (por qué) _____

Frecuencia con que realiza la tarea _____

Porcentaje de tiempo utilizado para realizar la tarea _____

2. Tarea (qué) _____

Procedimiento (cómo) _____

Propósito de la tarea (por qué) _____

Frecuencia con que realiza la tarea _____

Porcentaje de tiempo utilizado para realizar la tarea _____

3. Tarea (qué) _____

Procedimiento (cómo) _____

Propósito de la tarea (por qué) _____

Frecuencia con que realiza la tarea _____

Porcentaje de tiempo utilizado para realizar la tarea _____

4. Tarea (qué) _____

Procedimiento (cómo) _____

Propósito de la tarea (por qué) _____

Frecuencia con que realiza la tarea _____

Porcentaje de tiempo utilizado para realizar la tarea _____

5. Tarea (qué) _____

Procedimiento (cómo) _____

Propósito de la tarea (por qué) _____

Frecuencia con que realiza la tarea _____

Porcentaje de tiempo utilizado para realizar la tarea _____

6. Tarea (qué) _____

Procedimiento (cómo) _____

Propósito de la tarea (por qué) _____

Frecuencia con que realiza la tarea _____

Porcentaje de tiempo utilizado para realizar la tarea _____

CUESTIONARIO PARA REALIZAR EL ANÁLISIS DE PUESTO - Nivel empleado
(Sección I) (Continuación)

¿Qué tipo de máquinas/equipo/software debe utilizar en su puesto? ¿Cuánto tiempo dedica por día o semana utilizando cada máquina/equipo/software mencionado?

Máquina/equipo/software   Tiempo en uso (aclarar por día o semana)

¿Cuáles son las tareas que considera más importantes en su puesto?

Describa las condiciones laborales que pueden causarle presión o disconformidad. Considere el entorno, distracciones e interferencias que pueden dificultar el desempeño de la(s) tarea(s).

Describa los contactos personales que debe tener para desempeñarse en el puesto.

Nombre (cargo)   Razón

Nombre (cargo)   Razón

Nombre (cargo)   Razón

....
Firma empleado

CUESTIONARIO PARA REALIZAR EL ANÁLISIS DE PUESTO - Nivel empleado
(Continuación)
SECCIÓN II

Sección del empleado revisada y aprobada por _____
Supervisor inmediato

Comentarios: _____

_____

_____

_____

_____

_____

(Indicar con una cruz lo que corresponda)
Los *errores* que pueden suceder en el desempeño de este puesto:

❏ son fáciles de detectar en la rutina común de revisión de los resultados.

Por ejemplo: _____

_____

❏ no se detectan hasta que causan inconvenientes en otros departamentos.

Por ejemplo: _____

_____

❏ no se detectan hasta que causan inconvenientes importantes a un cliente.

Por ejemplo: _____

_____

Describa la *responsabilidad* de la persona que ocupa esta posición con respecto al trabajo de otros empleados.

❏ No es responsable del trabajo de los demás. Eventualmente, puede mostrarles a los otros empleados cómo realizar una tarea o asistir en la capacitación de nuevos empleados.

❏ Guía y capacita a otros empleados. Asigna, controla y mantiene la calidad del trabajo.

ENTREVISTA PARA EL ANÁLISIS DE UN PUESTO

Entrevistador
Fecha
Persona entrevistada

Título actual del puesto
Título sugerido del puesto
Superior inmediato
Título del puesto del superior inmediato
Departamento/área/sector
Localización del puesto
Número de empleados en este puesto

Describir las tareas más importantes que el/los empleado/s realiza/n diariamente. Si se realizan tareas importantes con menos frecuencia, describirlas y especificar la frecuencia.
Describir las tareas secundarias que el empleado realiza semanal, mensual, trimestralmente, etc., y establecer la frecuencia.

ENTREVISTA PARA EL ANÁLISIS DE UN PUESTO (Hoja 2)

Describir el equipo de computación y/o software que se requiere.

Describir máquinas y otros equipos requeridos.

Describir las condiciones laborales.

Describir la educación formal o su equivalente considerada como el mínimo requisito para un desempeño laboral satisfactorio.

Especificar la capacitación o educación necesarias antes de que un empleado ingrese al puesto o capacitación necesaria inmediatamente después del ingreso.

Describir la experiencia laboral requerida e indicar la cantidad de semanas, meses o años necesaria para obtener esa experiencia, y establecer si se la adquirió en esa organización o en otro lado.

ENTREVISTA PARA EL ANÁLISIS DE UN PUESTO (Hoja 3)

Describir la proximidad y extensión de la supervisión que recibe un empleado en este puesto. ¿En qué grado el supervisor inmediato hace hincapié en los métodos a seguir, los resultados a alcanzar, controla el progreso y desempeño laboral y maneja los casos excepcionales?

Describir la clase de supervisión que el/los empleado/s en este puesto debe/n brindar a otros empleados. ¿Qué grado de responsabilidad por los resultados tiene el empleado en cuanto a métodos, trabajo realizado y personal?

¿Cuántos empleados se supervisan directamente?

¿Indirectamente?

Responsabilidad por precisión y gravedad de errores. ¿Cuál es la gravedad de los errores en este puesto? ¿Los errores afectan el trabajo del empleado que los comete, y/o el de otros en el mismo departamento/área/sector, otros departamentos, personas fuera de la organización?

ENTREVISTA PARA EL ANÁLISIS DE UN PUESTO (Hoja 4)

Responsabilidad por los datos confidenciales. Establecer la clase de datos confidenciales manejados: si son personales, salariales, de política, secretos de negocio, etc.
Responsabilidad por el dinero o valores. Establecer la clase de responsabilidad y el monto aproximado que el empleado debe manejar.

Describir la clase de contactos personales que debe manejar el empleado en el puesto. ¿El contacto debe ser con personas dentro del departamento/área/sector, con otros departamentos, fuera de la organización? Describir la importancia de esos contactos para la organización.
Describir la complejidad del puesto. ¿Hasta qué grado se le permite al empleado independencia de acción? ¿Qué tipo de decisiones se le permite tomar?
Describir la clase y la cantidad de habilidad física requerida en el desempeño laboral. Indicar las tareas laborales en las que se requiere agilidad.
Describir el grado de repeticiones que el empleado debe realizar. Determinar la posibilidad de aburrimiento en el puesto.
Mencionar cualquier requisito físico del puesto fuera de lo común: visión, fuerza, etc.

ANÁLISIS DEL PUESTO

Identificación del puesto

Nombre del departamento/área/sector

Título actual del puesto

Localización

Reporta a

Trabajo a desempeñar

Tareas específicas y comunes _____

Responsabilidades _____

Supervisa a _____

Interacción con _____

Qué tareas se supervisan _____

Qué tareas no se supervisan _____

Cómo se controla la calidad _____

Condiciones físicas
Condiciones que rodean el área laboral _____

En qué horas se trabaja _____
Períodos de descanso _____
Condiciones del entorno _____

ANÁLISIS DEL PUESTO (Hoja 2)

Habilidades requeridas
Intelectuales
Manuales
Interpersonales

Conocimientos requeridos
Universidad/Cursos especiales/Experiencia/Capacitación

Requisitos especiales (describir)
Viajes
Trabajo nocturno
Horas extras
Fines de semana
Otros

Responsables (describir)
De equipo
De los márgenes de ganancia
De gastos
De relaciones exteriores
Otros

DESCRIPTIVO DEL PUESTO

Empresa	Puesto
Nombre y apellido del titular	
Departamento/área/sector	
Departamento	Puesto superior

Aprobaciones	Fecha
Titular del puesto	Analista de RRHH
Superior	Responsable de RRHH

Organigrama

DESCRIPTIVO DEL PUESTO (Hoja 2)

Síntesis del puesto

Responsabilidades del puesto Actividades/tareas/obligaciones	Grado de relevancia (alto-medio-bajo)

Requisitos del puesto
Formación básica
Otra formación complementaria
Experiencia requerida
Idioma
PC (detallar)

DESCRIPTIVO DEL PUESTO (Hoja 3)

Competencias	Nivel de requerimiento

Obras de Martha Alles relacionadas con este capítulo

Para la etapa de armado del modelo de competencias se utilizan las siguientes obras: *Diccionario de competencias. La trilogía. Tomo 1*; *Diccionario de comportamientos. La trilogía. Tomo 2*.

Los casos prácticos y ejercicios de esta obra han sido preparados, orientados a lograr una mejor comprensión de los temas tratados en *Dirección estratégica de Recursos Humanos. Volumen 1* (2015).

PARA TODOS LOS LECTORES

Se encuentra disponible en formato digital un Anexo donde se ha realizado un análisis detallado de libros y subsistemas que complementa las temáticas abordadas en esta obra.

PARA PROFESORES

Para cada uno de los capítulos de esta obra hemos preparado:

☞ Material de apoyo para el dictado de clases.

Los profesores que hayan adoptado esta obra para sus cursos tanto de grado como de posgrado podrán solicitar de manera gratuita:

Dirección estratégica de Recursos Humanos. CLASES

Únicamente disponibles en formato digital:
www.marthaalles.com

o bien escribiendo a:
profesores@marthaalles.com

Anexos
Herramientas recomendadas para el análisis y la descripción de puestos

Adecuación persona-puesto (Diagnóstico) Herramienta N° 1	Conjunto de evaluaciones necesarias para determinar la relación que se establece entre los conocimientos, la experiencia y las competencias que un puesto requiere, y los del ocupante de esa posición. Para la determinación de la adecuación persona-puesto deberán primero establecerse los requisitos del puesto y luego habrá que evaluar a su ocupante, considerando como mínimo tres elementos: conocimientos, experiencia, competencias.
Asignación de competencias a puestos (documento) Herramienta N° 2	Procedimiento interno por el cual se asignan competencias junto con sus grados a los distintos puestos de trabajo. La asignación se refleja en un documento interno donde se indica, para los distintos puestos de trabajo, las competencias requeridas junto con los grados en que se necesitan. Para que la asignación de competencias sea posible, primero se debe diseñar un modelo de competencias.
Descriptivo de puesto Herramienta N° 10	Documento interno donde se consignan las principales responsabilidades y tareas de un puesto de trabajo. Adicionalmente se registran los requisitos necesarios para desempeñarlo con éxito: conocimientos, experiencia y competencias.
Diccionario de competencias Herramienta N° 14	Documento interno organizacional en el cual se presentan las competencias definidas en función de la estrategia.
Estructura de puestos Herramienta N° 23	Documento interno en el cual se exponen los diferentes niveles organizacionales junto con las principales responsabilidades y requisitos para ocuparlos. Este documento es la base para la asignación de competencias a puestos.
Promociones internas Herramienta N° 50 A y 50 B.	Acciones mediante las cuales los colaboradores de la organización son elevados a un nivel superior al que poseían. Por extensión, la herramienta se utiliza en el caso de desplazamientos laterales o de otro tipo, dentro de la organización.

Podrá encontrar mayor detalle sobre las herramientas aquí mencionadas en la obra *Las 50 herramientas de Recursos Humanos que todo profesional debe conocer.*

Términos a tener en cuenta para el análisis y la descripción de puestos

Colaborador	Persona que coopera con otra. En el ámbito de las organizaciones el término se utiliza para denominar a las personas que trabajan bajo la conducción de otra/s.
Jefe	Persona que tiene a otras a su cargo dentro de una estructura jerárquica. Los jefes pueden tener niveles muy diversos, desde el número 1 de la organización hasta otro con pocos colaboradores a su cargo.
Jefe del jefe	Expresión que se utiliza para denominar a los superiores (jefes) de personas que, a su vez, tienen a su cargo colaboradores, es decir que ellos mismos son jefes. Ver *Jefe, Jefe entrenador,* entre otros.
Puesto	Lugar que una persona ocupa en una organización. Implica cumplir responsabilidades y tareas claramente definidas. La información necesaria para conocer acerca de un puesto es la siguiente: • Tareas y responsabilidades del puesto. • Estándares de rendimiento. • Elementos necesarios: maquinarias, softwares, etc. • Conocimientos, experiencia y competencias necesarios para un desempeño exitoso.
Puntuación de puestos	Se denomina "puntuación de puestos" a una manera de valorar las posiciones de la organización a través de asignar un cierto puntaje a determinados factores definidos previamente. De este modo es posible llegar a un valor numérico total por cada puesto, con el propósito de poder compararlos tanto internamente –los distintos puestos entre sí– como externamente, con el mercado. Esto último solo será posible si las otras compañías utilizan valores similares para la realización de la mencionada puntuación.
Tarea	Trabajo que debe realizarse, usualmente, con algunas características predeterminadas, como plazos, contenidos, etc.
Teletrabajador	Trabajador en relación de dependencia (de una organización) que realiza sus tareas a distancia utilizando las telecomunicaciones.

Teletrabajo	Trabajo remunerado en relación de dependencia en el cual el empleado realiza sus tareas a distancia, utilizando las telecomunicaciones. Dentro del área de Recursos Humanos, el término teletrabajo se utiliza para designar la situación en que personas que pertenecen a la organización desempeñan sus tareas fuera de sus instalaciones. No es aplicable a aquellos trabajadores que se desempeñan desde su hogar utilizando las comunicaciones pero que ofrecen servicios a terceros, bajo modalidades de autoempleo, sin pertenecer a la plantilla o nómina de empleados en relación de dependencia con la organización. Para la Real Academia Española (RAE) su significado es: *Trabajo que se realiza desde un lugar fuera de la empresa utilizando las redes de telecomunicación para cumplir con las cargas laborales asignadas.*

Podrá encontrar mayor detalle sobre estos y otros términos en la obra *Diccionario de términos de Recursos Humanos.*

Atracción, selección
e incorporación de
los mejores candidatos

Temas tratados en el Capítulo 4 de *Dirección estratégica*
de Recursos Humanos. Gestión por competencias. Volumen 1

- La importancia de una buena selección para las organizaciones
- Empleo externo *versus* promoción interna
- Definir el perfil
- Planificación de una búsqueda
- Reclutamiento
- Pasos del proceso de selección
- La redacción del anuncio
- La entrevista
- La entrevista por competencias
- Claves de una buena decisión
- La comunicación en el proceso de selección
- La inducción

Atracción de candidatos: perfil, anuncios y planificación

Ejercicios

Solicitar a los alumnos o participantes que identifiquen en los periódicos los anuncios bien y mal redactados según el Capítulo 4 de *Dirección estratégica de Recursos Humanos. Volumen 1* (2015).

Solicitar a los alumnos o participantes identificar los sitios web laborales más usuales en su país y analizar tanto las ofertas de empleo como los métodos de postulación observados en ellos.

Relevamiento de un perfil por competencias

Caso Superdescuento

Superdescuento es una cadena de tiendas, comercios minoristas bajo la modalidad de autoservicio, que ofrecen productos de calidad a bajo precio. Las tiendas no cuentan con música funcional ni entregan los productos a domicilio; su accionar se orienta al cliente de menores recursos que valora el precio bajo con muy buena calidad, dispuesto a prescindir de otros servicios.

La primera reunión de *La Consultora* con Superdescuento tuvo como propósito relevar el perfil de una búsqueda.

Versión del ejercicio para entregar a los alumnos

A continuación se expondrá una entrevista en la que el cliente, Superdescuento, hace un pedido de búsqueda a *La Consultora.*

C: consultor
S: cliente (Superdescuento)

La asistente de *La Consultora* recibe un llamado de una persona que se desempeña en Superdescuento (cliente de la firma), con la cual no habían tenido contacto con anterioridad.

Después de la presentación y saludos, la conversación entre la responsable por el cliente y el representante de la consultora fue la siguiente:

S: … Me dijo Juan Antonio que hablara con usted porque necesito cubrir una posición en mi equipo.

C: Muy bien, deberíamos reunirnos para que me comente sobre el perfil…

S: El tema es muy urgente, quizá lo mejor sería…

C: Natalia, si el tema es muy urgente le sugiero que me describa el perfil ahora y luego nos reunimos con más tiempo.

S: Me parece una buena idea. La posición a cubrir es la de un jefe de producto; quiero una persona con gran experiencia comercial, no necesariamente dentro del negocio del supermercadismo.

C: Le ruego comenzar por los aspectos básicos: edad, estudios, años de experiencia…

S: Como podrá ver, aquí somos todos jóvenes, y ese es un primer dato: entre 27 y 29 años, preferentemente entre 28 y 29. Otro dato importante que usted debe conocer es que aquí se trabaja mucho, por lo tanto el nuevo colaborador no debería tener problemas de horario y tendría que estar dispuesto a trabajar largas jornadas. En cuanto a estudios, no tenemos nada pensado, lo importante es la actitud y la experiencia. Es importante alguna experiencia comercial con relación a productos de consumo masivo: que sepa qué es una punta de góndola, cómo se maneja, cómo se hace publicidad en un local, que pueda manejar marcas propias, que pueda leer un informe sobre el mercado. Además debe tener un buen manejo de números…

C: Los comerciales son difíciles con los números…

S: Puede que tenga razón, pero aquí se manejan muchos números, se analizan resultados por producto, por línea de producto, etc. El nuevo jefe de producto deberá ser responsable por los resultados. Por lo tanto, si bien no tiene que ser un experto en contabilidad o matemáticas financieras, sí tiene que poder *manejarse con números*, entenderlos.

C: ¿Qué otras características son necesarias para la función?

S: Buena presencia y, por sobre todo, iniciativa, ser proactivo, deberá interactuar con directores de compañía y proveedores de alto nivel. Y muy importante: muy buen manejo de PC. ¿Qué significa esto para nosotros? Que tenga "muchas horas de uso" de PC; como las horas de vuelo para un piloto de avión. Nos hemos encontrado con gente que dice que sabe y luego no es así. Además, un buen manejo de redes sociales, con un enfoque comercial.

Adicionalmente, para trabajar en Superdescuento se debe ser íntegro y tener siempre en mente la calidad de todo lo que se hace; el trabajo en este negocio es duro, y ayuda hacer las cosas bien, siempre, en todo momento.

Deberá ser además un buen negociador.

C: Cuénteme sobre los aspectos remunerativos de la posición.

S: Antes de eso quiero comentarle sobre nuestra compañía: nosotros queremos que nuestra gente, por sobre todo, *compre* el proyecto de empresa, que nos mire con un enfoque de largo plazo y que vea su propio proyecto a largo plazo; las personas que solo miran el salario a cobrar en el mes próximo no son los candidatos que queremos incorporar.

Dentro de este esquema, la idea de salario inicial es de $ 2.500 brutos mensuales.

C: Bueno, con esta información ya nos ponemos manos a la obra y, si le parece bien, pasaría por su oficina el viernes con una propuesta de la mejor forma de encarar el reclutamiento. Para ese día, además, habremos analizado nuestra base de postulantes.

S: Me parece bien, a eso de las 16... Hay un último dato importante que quiero que tenga en cuenta: preferimos a una mujer para esta posición; yo soy mujer y los otros jefes de producto son varones, no sé si porque en el mercado no hay mujeres o porque, de alguna manera, los que hacen las búsquedas suponen que son mejores los varones para la posición. Nosotros preferimos a una mujer, sin descartar por ello a un varón.

C: Nos vemos el viernes.

S: ¡Hasta ese momento!

Versión del ejercicio con las frases destacadas (subrayadas) para el docente

C: Mucho gusto, le habla Martha Alles.

S: Encantada, soy Natalia. Me dijo Juan Antonio que hablara con usted porque necesito cubrir una posición en mi equipo.

C: Muy bien, deberíamos reunirnos para que me comente sobre el perfil...

S: El tema es muy urgente, quizá lo mejor sería...

C: Natalia, si el tema es muy urgente le sugiero que me describa el perfil ahora y luego nos reunimos con más tiempo.

S: Me parece una buena idea. La posición a cubrir es la de un jefe de producto; quiero una persona con gran experiencia comercial, no necesariamente dentro del negocio del supermercadismo.

C: Le ruego comenzar por los aspectos básicos: edad, estudios, años de experiencia...

S: Como podrá ver, aquí somos todos jóvenes, y ese es un primer dato: **entre 27 y 29 años**, preferentemente entre 28 y 29. Otro dato importante que usted debe conocer es que aquí se trabaja mucho, por lo tanto el nuevo colaborador no debería tener problemas de horario y tendría que estar dispuesto a trabajar largas jornadas. En cuanto a estudios, no tenemos nada pensado, lo importante es la actitud y la experiencia. Es importante alguna experiencia comercial con relación a productos de consumo masivo: que sepa qué es una punta de góndola, cómo se maneja, cómo se hace publicidad en un local, que pueda manejar marcas propias, que pueda leer un informe sobre el mercado. Además debe tener un buen manejo de números...

C: Los comerciales son difíciles con los números...

S: Puede que tengas razón, pero aquí se manejan muchos números, se analizan resultados por producto, por línea de producto, etc. El nuevo jefe de producto deberá ser responsable por los resultados. Por lo tanto, si bien no tiene que ser un experto en contabilidad o matemáticas financieras, sí tiene que poder manejarse con números, entenderlos.

C: ¿Qué otras características son necesarias para la función?

S: Buena presencia y, por sobre todo, iniciativa, ser proactivo, deberá interactuar con directores de compañía y proveedores de alto nivel. Y muy importante: muy buen manejo de PC. ¿Qué significa esto para nosotros? Que tenga "muchas horas de uso" de PC; como las horas de vuelo para un piloto de avión. Nos hemos encontrado con gente que dice que sabe y luego no es así. Además, un buen manejo de redes sociales, con un enfoque comercial.

Adicionalmente, para trabajar en Superdescuento se debe ser íntegro y tener siempre en mente la calidad de todo lo que se hace; el trabajo en este negocio es duro, y ayuda hacer las cosas bien, siempre, en todo momento.

Deberá ser además un buen negociador.

C: Cuénteme sobre los aspectos remunerativos de la posición.

S: Antes de eso quiero comentarle sobre nuestra compañía: nosotros queremos que nuestra gente, por sobre todo, *compre* el proyecto de empresa, que nos mire con un enfoque de largo plazo y que vea su propio proyecto a largo plazo; las personas que solo miran el salario a cobrar en el mes próximo no son los candidatos que queremos incorporar.

Dentro de este esquema, la idea de salario inicial es de $2.500 brutos mensuales.

C: Bueno, con esta información ya nos ponemos manos a la obra y, si le parece bien, pasaría por su oficina el viernes con una propuesta de la mejor forma de encarar el reclutamiento. Para ese día, además, habremos analizado nuestra base de postulantes.

S: Me parece bien, a eso de las 16... Hay un último dato importante que quiero que tenga en cuenta: preferimos a una mujer para esta posición; yo soy mujer y los otros jefes de producto son varones, no sé si porque en el mercado no hay mujeres o porque, de alguna manera, los que hacen las búsquedas suponen que son mejores los varones para la posición. <u>Nosotros preferimos a una mujer, sin descartar por ello a un varón.</u>

C: Nos vemos el viernes.

S: ¡Hasta ese momento!

PERFIL. VERSIÓN RESUMIDA

Cliente (interno o externo): *Superdescuento.*

Posición: *Jefe de Productos.*

Objetivo básico de la posición (misión): *desarrollo de productos.*

DESCRIPCIÓN DEL PUESTO

Dependencia: *Gerente de Productos.*

Sectores a cargo: *1 asistente .*

Principales funciones: *negociación con proveedores y altos directivos de la compañía, desarrollo de marcas tradicionales y propias, responsabilidad sobre resultados, análisis de estudios de mercado, definición de estrategias comerciales.*

REQUISITOS DEL PUESTO

Experiencia: *experiencia en el área comercial en productos de consumo masivo.*

Educación: *universitaria, graduado.*

Otros conocimientos: *muy buen manejo de PC (Excel, Word, Power Point, redes sociales).*

Otros requisitos: *Entre 27 y 29 años, sexo femenino preferentemente (no excluyente), disponibilidad horaria.*

Personalidad: *proactivo, comprometido (con el trabajo y con la calidad), con influencia sobre otros y negociador, y poseer valores personales.*

Remuneración: *$ 2.500*

Fecha: .../.../...

RELEVAMIENTO DEL PERFIL POR COMPETENCIAS

......	......	......

Cliente (interno o externo):	*Superdescuento*
Búsqueda:	*Jefe de Productos*
Contacto:	*Señor J.A. Giménez Ruiz*

OBJETIVO DE LA POSICIÓN
Responsable del desarrollo de productos (marcas tradicionales y propias)

DESCRIPTIVO DEL PUESTO
Dependencia
   Línea: *Gerente de Productos, línea Alimentos*
   Funcional: *Director Comercial*
Sectores a cargo: *1 asistente*

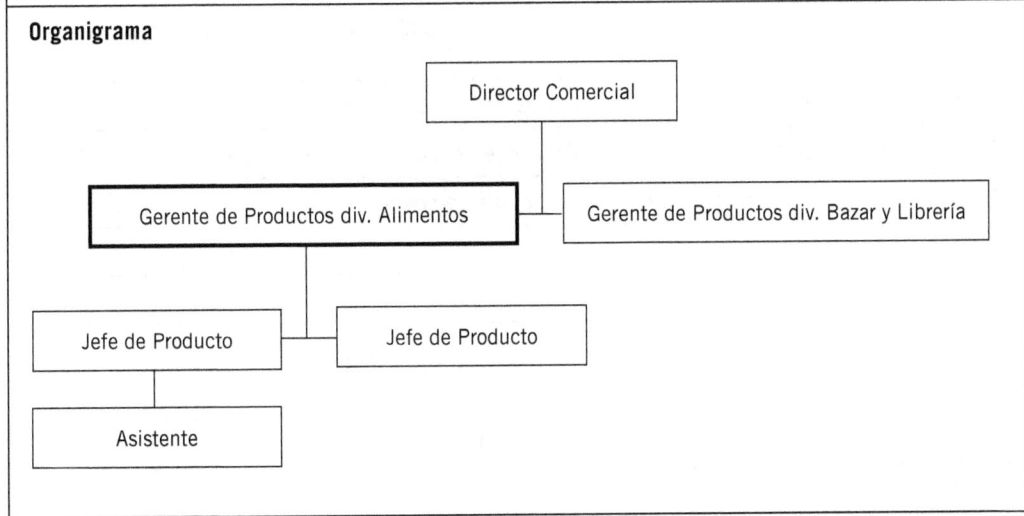

Organigrama

```
                    ┌──────────────────┐
                    │ Director Comercial│
                    └──────────────────┘
                              │
         ┌────────────────────────────────┐
┌─────────────────────────────┐   ┌──────────────────────────────────────┐
│ Gerente de Productos div.    │───│ Gerente de Productos div. Bazar y     │
│ Alimentos                    │   │ Librería                              │
└─────────────────────────────┘   └──────────────────────────────────────┘
         │
┌──────────────────┐   ┌──────────────────┐
│ Jefe de Producto │───│ Jefe de Producto │
└──────────────────┘   └──────────────────┘
         │
┌──────────────────┐
│ Asistente        │
└──────────────────┘
```

RELEVAMIENTO DEL PERFIL POR COMPETENCIAS (Hoja 2)

DESCRIPTIVO DEL PUESTO (continuación)

Principales funciones:

Negociación con proveedores para obtener las mejores condiciones en la comercialización de marcas tradicionales y el desarrollo de marcas propias.

Manejo total del producto a su cargo, con responsabilidad en los resultados.

Análisis de mercado y de la competencia.

Definición de estrategias comerciales (precios, packaging, ubicación en góndola, etc.).

Presentación de proyectos ante los directivos de la compañía.

PLAN DE CARRERA

En años

En años

En años

Del diálogo mantenido con la responsable de Superdescuento no se desprende que la empresa tenga definido un plan de carrera específico para la posición, aunque el crecimiento actual de la compañía lo permitirá.

REQUISITOS

Experiencia (tipo de empresa, funciones, número de años)

Excluyente: experiencia en el área comercial (ventas, desarrollo de productos, planeamiento comercial, promociones, etc.).

Experiencia como jefe de productos en empresas de consumo masivo.

Buena experiencia en tareas de análisis y planeamiento, con aplicación de cálculos matemáticos.

Experiencia en interactuar con distintas áreas de una compañía.

RELEVAMIENTO DEL PERFIL POR COMPETENCIAS (Hoja 3)

EDUCACIÓN
Secundaria
Sí.
Universitaria
Graduado universitario. No se requiere una carrera en particular, aunque carreras de ingeniería son preferidas.
Posgrados
Conocimientos especiales

PC: Muy buen dominio de herramientas informáticas. Excluyente dominio de Excel.				
Idioma	**Lee**	**Escribe**	**Habla**	**Bilingüe**
Inglés	*bien*	*bien*	*bien*	
Francés				
Portugués				
Alemán				
Otro				
Indicar: muy bien / bien / regular				
Otros requisitos				
Edad (rango) Entre *27* y *29* años				
Sexo: Varón ☐ Mujer ☐ Indistinto **X**				
Domicilio:				
Disponibilidad para viajar:				
Disponibilidad para mudarse:				

RELEVAMIENTO DEL PERFIL POR COMPETENCIAS (Hoja 4)

RESPONSABILIDADES DEL CARGO

	Informar	Colaborar	Controlar	Convencer
Superiores	X	X		X
Colegas	X	X		
Colaboradores				
Clientes				
Proveedores	X	X		X
Gremios				

CARACTERÍSTICAS DEL ENTORNO SOCIAL

Jefe: *es un expatriado, muy exigente en cuanto a los resultados que deben obtener sus colaboradores.*

Clientes más importantes:

Colegas: *es un grupo de trabajo de reciente conformación, todavía no hay características relevantes para destacar.*

Proveedores: *son grandes empresas de alimentos, difíciles a la hora de negociar, con los cuales la persona tendrá una fluida relación.*

Supervisados: *1 asistente.*

RELEVAMIENTO DEL PERFIL POR COMPETENCIAS (Hoja 5)

COMPETENCIAS REQUERIDAS				
Nombre de la competencia	**A**	**B**	**C**	**D**
Competencias cardinales				
Compromiso con la calidad de trabajo				
Iniciativa		X		
Integridad			X	
Orientación al cliente interno y externo		X		
Competencias específicas gerenciales				
Conducción de personas		X		
Liderar con el ejemplo		X		
Competencias específicas por área				
Calidad y mejora continua		X		
Capacidad de planificación y organización			X	
Conocimiento de la industria y el mercado			X	
Influencia y negociación			X	
Temple y dinamismo		X		
Trabajo en equipo		X		

Las definiciones de las competencias junto con sus grados podrá encontrarlas en la obra *Diccionario de competencias. La trilogía. Tomo 1,* Ediciones Granica, 2015.

ASPECTOS ECONÓMICOS DE LA POSICIÓN
Salario: *$ 2.500 bruto*
Variable:
Bonus:
Otros:

Ejercitación

Redacción de anuncios

Caso Superdescuento

Para los alumnos:

Sobre la base del perfil del puesto, preparar un anuncio de acuerdo con las sugerencias expuestas en el Capítulo 4 de *Dirección Estratégica de Recursos Humanos. Volumen 1* (2015).

Para el profesor:

Se presentará a continuación el texto de dos anuncios: uno sugerido y otro que no responde a las pautas sugeridas.

Aviso sugerido

Para empresa internacional del rubro supermercadista, requerimos:

JEFE DE PRODUCTOS

Reportando a la Gerencia de Producto, división Alimentos, serán sus responsabilidades la negociación con proveedores y el desarrollo de productos a través de marcas tradicionales y propias. Definirá estrategias comerciales para las distintas líneas de productos, con responsabilidad directa sobre los resultados del negocio.

Nos orientamos preferentemente a un profesional graduado de las carreras de Ingeniería Industrial o Licenciatura en Administración, con una experiencia no menor a 3 años en áreas comerciales en empresas de consumo masivo. Será indispensable acreditar experiencia en análisis y armado de información estadística. Excluyente el dominio absoluto de planillas de cálculo. Buen dominio del idioma inglés. Edad entre 27 y 29 años.

La posición implica un fuerte desafío profesional, integrándose el nuevo colaborador a un equipo profesional de reconocido prestigio.

Rogamos el envío urgente de antecedentes completos indicando referencia (Dirección - teléfono - e-mail). Absoluta reserva.

A los interesados se les solicita enviar su currículum, indicando remuneración pretendida a la siguiente dirección de correo electrónico: **jefedeproductos@superdescuento.com**.

Aviso que no responde a las pautas sugeridas[1]

JEFE DE PRODUCTOS

Requisitos:

- Ingeniero industrial o licenciado en Administración
- Experiencia en áreas comerciales
- Productos de consumo masivo
- Análisis de información
- Excluyente: dominio de Excel
- Edad: 27-29 años

A los interesados se les solicita enviar su currículum, indicando remuneración pretendida a la siguiente dirección de correo electrónico: **jefedeproductos@superdescuento.com**.

---

1 Componentes indispensables de un anuncio:
- Definir la empresa. Si no está dispuesto a publicar el nombre, es aconsejable recurrir a un consultor externo. Recuerde que muchos buenos candidatos que estén empleados no responderán si no saben a quién lo hacen. Es cierto que cuando el anuncio lo publica una consultora por lo general no se consigna el nombre de la empresa, pero el postulante en ese caso conoce el nombre del consultor y es a él a quien le escribe. En los casos en que el anuncio lo coloque una consultora, debe definir lo más precisamente posible el tipo de empresa, sin incluir detalles que impliquen "descubrir" al cliente.
- Describir la posición: contenido, responsabilidades, lugar de trabajo cuando se trata de un sitio alejado, número de viajes si fuese pertinente y cualquier otro dato relevante.
- Requisitos excluyentes y no excluyentes.
- Frase indicando qué se ofrece: desarrollo de carrera, buen salario, coche y vivienda si correspondiera, etcétera. En países como el Reino Unido es usual indicar el paquete anual de compensaciones. Esta no es una práctica frecuente en la Argentina y otros países de habla hispana.
- Indicaciones finales: adónde escribir o presentarse, plazo de recepción de CV, si hay que indicar número de referencia o pretensiones económicas, si se requiere presentar foto, etcétera. Dirección y teléfono. Indicar fax y e-mail solo si está dispuesto a recibir postulaciones por ese medio.
(Párrafos de la obra *Dirección estratégica de Recursos Humanos. Volumen 1.* Ediciones Granica, Buenos Aires. Nueva edición 2015. Capítulo 4).

La entrevista (ejercicio)

Realizar un *role playing* de entrevista para el caso Superdescuento y su búsqueda, utilizando el anuncio, el perfil y el CV de una postulante a la posición, cuyo nombre es Alejandra Castro. Ver página siguiente.

Un *role playing* es un ejercicio de simulación. Para un mejor aprovechamiento del mismo será recomendable que el profesor o instructor proporcione al entrevistado y al entrevistador diferentes consignas, por ejemplo, indicar al entrevistador que actúe de un determinado modo, sin que el entrevistado conozca las instrucciones que el entrevistador ha recibido.

Para ejercitar la entrevista por competencias: primero, leer las definiciones de cada una de las competencias y sus grados en *Diccionario de competencias. La trilogía. Tomo 1*. Luego, se podrán formular preguntas de acuerdo con la obra *Diccionario de preguntas. La trilogía. Tomo 3*. Por último, durante la entrevista, se podrá tomar nota de las conductas observables (comportamientos) y luego cotejarlos con los comportamientos de la obra *Diccionario de comportamientos. La trilogía. Tomo 2*.

A continuación se incluye el formulario "Registro de la entrevista" relacionado con el caso.

Role playing - **Juego de roles.** Situación simulada de la vida laboral en la cual los participantes juegan un determinado papel asignado previamente. Se utiliza tanto para fines formativos como para la evaluación de personas.

Se utiliza la denominación en inglés dado que es de uso frecuente y se la menciona en muchas obras sobre, por ejemplo, Recursos Humanos, desarrollo y selección, en diferentes lenguas.

Alejandra Castro
Av. Santa Fe 7894 - Capital Federal
Tel.: 472-4554

ANTECEDENTES LABORALES

Coca-Cola de Argentina SA
Analista de Planeamiento Comercial   *Actual, desde hace 3 años*
Coordinación y seguimiento de acciones comerciales para los distintos canales de distribución. Interacción con Marketing, Ventas y Producción. Seguimiento de ventas. Análisis de precios. Participación en la confección del plan anual de ventas. Seguimiento y análisis de las acciones de la competencia.

Isenbeck de Argentina
Ejecutiva de Cuentas   *1 año y 6 meses*
Atención de cuentas del canal minorista y distribuidores. Negociación de condiciones de venta. Implementación de acciones promocionales.

Productos Roche SAQ e I
Analista del Departamento de Comercio Exterior   *2 años*
Planeamiento de importación de insumos y productos terminados. Desarrollo de gestión operativa y logística.

Asistente de Compras   *2 años y 4 meses*
Compras no productivas. Negociación con proveedores. Preadjudicación de ofertas.

Estudios
Licenciada en Administración de Empresas, Universidad de Buenos Aires.
Buen dominio oral y escrito del idioma inglés.
Dominio de Word, Excel, Power Point.

Datos personales
Edad: 28 años
DNI: 51.224.363
Estado civil: casada

REGISTRO DE LA ENTREVISTA POR COMPETENCIAS

		......	......	......

Entrevistado:	*Alejandra Castro*
Título:	*Licenciada en Administración*
Idiomas:	*Inglés, buen dominio*
Edad:	*28*
Posición requerida:	*Jefe de Productos*

TRABAJO ACTUAL (o último)

EMPRESA:	*Coca-Cola de Argentina*	
Ramo:	*Bebidas*	Facturación anual:
N° de empleados:		Otros:

DESCRIPTIVO DEL PUESTO
Dependencia
     Línea: *Jefe de Planeamiento Comercial*
     Funcional: *Gerente comercial*

Sectores a cargo:

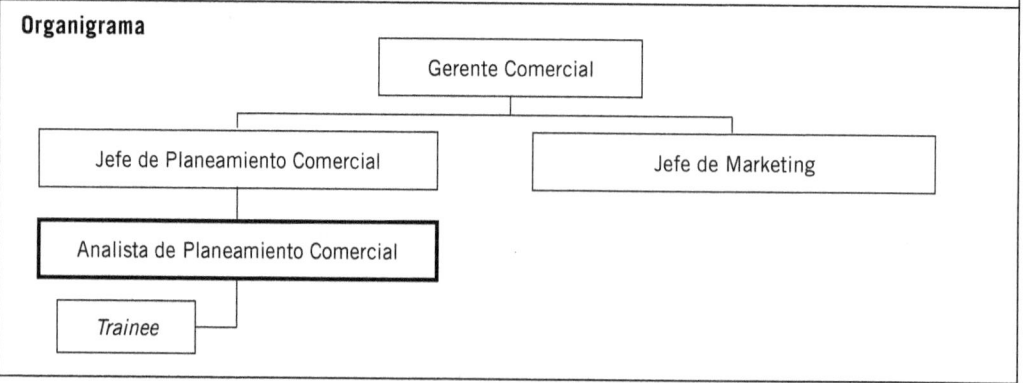

Organigrama

```
                    ┌─────────────────────┐
                    │   Gerente Comercial  │
                    └──────────┬──────────┘
           ┌───────────────────┴───────────────────┐
┌──────────────────────────────┐      ┌──────────────────────────┐
│ Jefe de Planeamiento Comercial│      │    Jefe de Marketing     │
└───────────────┬──────────────┘      └──────────────────────────┘
┌───────────────────────────────────┐
│ Analista de Planeamiento Comercial │
└───────────────┬───────────────────┘
    ┌──────────────┐
    │   Trainee    │
    └──────────────┘
```

REGISTRO DE LA ENTREVISTA POR COMPETENCIAS (Hoja 2)

Entrevistado: *Alejandra Castro*
DESCRIPTIVO DEL PUESTO (continuación)
Principales funciones
Coordinación de acciones comerciales junto con Marketing, Ventas y Producción
Implementación de acciones hacia los distintos canales (supermercados, mayoristas, minoristas, distribuidores, etc.)
Planificación y proyecciones de ventas por línea de producto
Estudios de mercado y análisis de la competencia. Pricing
Trade marketing
PLAN DE CARRERA: Personal ☐   En la organización ☒
En ....*3*..... años   *Posiblemente como jefe de varios productos*
En .... años
En .... años

Es interesante su experiencia en Isenbeck como ejecutiva de Cuentas. Allí adquirió agilidad en su capacidad de negociación.

REGISTRO DE LA ENTREVISTA POR COMPETENCIAS (Hoja 3)

Entrevistado: *Alejandra Castro*

RESPONSABILIDADES DEL CARGO

	Informar	Colaborar	Controlar	Convencer
Superiores	X	X		X
Colegas		X		
Colaboradores	X	X	X	
Clientes				
Proveedores	X			
Gremios				

CARACTERÍSTICAS DEL ENTORNO SOCIAL

Jefe: *muy buena comunicación. Generoso en la transmisión de información, ella aprendió todo de él. Es a la vez muy exigente, especialmente en el cumplimiento de los tiempos.*

Clientes más importantes: *considera sus clientes (internos) a las áreas de Marketing, Ventas y Producción. Las tres áreas son igualmente exigentes y hay que realizar una cuidadosa tarea de equilibrio entre las tres, ya que en muchos casos tienen intereses contrapuestos.*

Colegas: *se suele intercambiar información valiosa entre pares para la consecución de los objetivos. Mucha interacción.*

Proveedores:

Supervisados: *una sola persona a cargo, nivel junior, cuya función principal es formarse. En general, estudiantes avanzados de carreras de Administración o Comercialización.*

REGISTRO DE LA ENTREVISTA POR COMPETENCIAS (Hoja 4)

Entrevistado: *Alejandra Castro*

EDUCACIÓN

Secundaria: *Bachiller, Colegio Nacional Carlos Pellegrini*

Universitaria: *Licenciada en Administración, Universidad de Buenos Aires*

Posgrados:

Conocimientos especiales:

PC: *Word, Excel, Power Point, redes sociales*

Idioma	Lee	Escribe	Habla	Bilingüe
Inglés	*Bien*	*Bien*	*Bien*	
Francés				
Portugués				
Alemán				
Otro				

Lugar de residencia: *Av. Santa Fe 7894 (Barrio Norte, Ciudad Autónoma de Buenos Aires)*

Disponibilidad para viajar: *sí*

Disponibilidad para mudarse: *no*

Movilidad propia: *sí*

Estado civil: *casada*   Cantidad de hijos: –

REGISTRO DE LA ENTREVISTA POR COMPETENCIAS (Hoja 5)

Entrevistado: *Alejandra Castro*
COMENTARIOS FINALES
Presentación general: *muy buena, estilo formal.*
Expresión verbal: *ordenada en la exposición de conceptos, aunque por momentos olvida el tema central de la conversación.*
Contacto: *buen intercambio, fluida en su conversación.*

Nombre de la competencia	Grado requerido por el puesto	Grado observado en el entrevistado				
		A	B	C	D	ND
Competencias cardinales						
Compromiso con la calidad de trabajo	C			X		
Iniciativa	B			X		
Integridad	C			X		
Orientación al cliente interno y externo	B		X			
Competencias específicas gerenciales						
Conducción de personas	B		X			
Liderar con el ejemplo	B		X			
Competencias específicas por área						
Calidad y mejora continua	B		X			
Capacidad de planificación y organización	C			X		
Conocimiento de la industria y el mercado	C			X		
Influencia y negociación	C			X		
Temple y dinamismo	B		X			
Trabajo en equipo	B		X			

Las definiciones de las competencias junto con sus grados podrá encontrarlas en la obra *Diccionario de competencias. La trilogía. Tomo 1,* Ediciones Granica, 2015.

MOTIVACIÓN PARA EL CAMBIO			
Económica	X	Problemas con el jefe	
Desarrollo de carrera		La empresa se muda lejos de su domicilio	
Tipo de empresa		Excesivos viajes	
Está sin trabajo		No está buscando trabajo	
Teme quedarse sin trabajo		Otros	
Comentarios:			

REGISTRO DE LA ENTREVISTA POR COMPETENCIAS (Hoja 6)

Entrevistado: *Alejandra Castro*
Disponibilidad para el cambio: *15 días desde presentada la renuncia al puesto actual*
ASPECTOS ECONÓMICOS
REMUNERACIÓN ACTUAL
Salario mensual: $ 2.000 bruto.
Variable:
Auto (Sí / No):   Gastos pagos:
Bonus: 1 a 2 sueldos anuales por cumplimiento de objetivos.
Otros:
PRETENSIONES
$ 2.500 bruto + beneficios
CONCLUSIONES
Es interesante su experiencia en consumo masivo. Su actual posición le ha permitido fortalecerse en lo que a herramientas de análisis de información se refiere.
Acostumbrada a trabajar bajo presión, está en el momento justo para pegar un salto cualitativo en su carrera, obteniendo mayores responsabilidades. Le falta un poco de autonomía en su gestión.
Entrevistó: Fecha:
2ª entrevista: Fecha:

Negociación, oferta y comunicación a los descartados

La ejercitación de este capítulo (siempre sobre el caso Superdescuento) se centrará en:

- La negociación de una oferta.

- La oferta por escrito.

- La comunicación a los postulantes descartados.

La negociación

Tras el proceso de evaluación de los diversos candidatos, Superdescuento decidió avanzar en una negociación con la candidata Alejandra Castro, con vistas a su incorporación a la empresa como Jefa de Productos. La negociación fue muy ardua. Se verá a continuación su desarrollo.

> Se relacionará cada paso de la negociación entre Alejandra Castro y el Gerente de Productos de Superdescuento con el correspondiente encuadre teórico.[2]

La *posición* es la primera aproximación a la negociación. El postulante dice lo que querría obtener y la empresa plantea su opción mínima. Es decir, el primero puede estar dispuesto a percibir algo menos y la empresa puede tener algo más para ofrecer.

La *posición* de Superdescuento: ofrece $ 2.300 y restantes condiciones según marcan las leyes vigentes.

La *posición* de Alejandra Castro: pretende $ 3.000 y una semana extra de vacaciones.

El *interés* es aquello que realmente el postulante quiere o el nivel mínimo que está dispuesto a percibir en materia de compensaciones y beneficios. Y desde la empresa, será el nivel a ofrecer que no le origine problemas en su estructura salarial.

El *interés* de Superdescuento: el margen salarial que puede ofrecer es el previsible para la posición, en este caso hasta $ 2.500, y no puede ofrecer semanas extra de vacaciones en ningún caso.

---

2 Capítulo 4 del libro *Dirección estratégica de Recursos Humanos. Volumen 1.* Ediciones Granica, 2015.

El *interés* de Alejandra Castro: desea ingresar al supermercadismo y le interesa la posición de Jefe de Productos más allá de las condiciones puntuales ofrecidas para esta búsqueda.

Las *opciones*, como su nombre lo indica, son la exploración de variantes para acercar a las partes y limar las diferencias.

Las *opciones* fueron presentadas por Superdescuento: mejorar la oferta salarial; en cuanto a la semana extra de vacaciones, se le planteó a Alejandra Castro que no era posible, ya que no se pueden otorgar beneficios especiales en este aspecto a las personas que ingresan. Sin embargo, en la empresa es posible sumar las horas extra trabajadas y compensarlas extendiendo los fines de semana una o dos veces al año. Si bien esto no equivale a tener una semana extra de vacaciones, los empleados adhieren con entusiasmo a la posibilidad que se les brinda.

Estándar objetivo o criterios objetivos. Son aquellos elementos que, al estar fuera de la negociación, pueden brindar información objetiva para el desarrollo de esta. En el caso de negociar una búsqueda, los estándares objetivos o criterios objetivos pueden ser, por ejemplo, salarios de mercado para esa posición en particular, salarios de mercado para esa posición y esa industria en particular, salarios para posiciones similares dentro de la misma empresa, algún antecedente de negociación similar dentro de la misma empresa, etcétera.

Los *criterios objetivos* que se llevaron a la mesa de negociaciones fueron encuestas salariales de mercado, pero finalmente no fueron expuestas, ya que el verdadero interés de Alejandra Castro no era el salario. Ella no lo dice, pero lo revela al aceptar rápidamente las opciones planteadas.

La *alternativa* es la otra opción de que se dispone, además de la que se está negociando. Para el postulante, será su trabajo actual u otra búsqueda en la cual esté participando, y para la empresa, otro candidato igualmente interesante para cubrir la posición.

La *alternativa* para Superdescuento son los otros participantes de la búsqueda. Si bien Alejandra Castro es la seleccionada, hay otros dos finalistas interesantes que podrían ocupar su lugar; por ello, la empresa mejora su oferta solo hasta llegar al nivel de salario del perfil.

La *alternativa* para Alejandra Castro es su trabajo actual, donde está bien posicionada. Ella acepta una oferta menor que su *posición* porque su interés real no es económico, sino ingresar al supermercadismo.

Cierre de la negociación: Alejandra Castro acepta la posición de Jefa de Productos por un salario de $ 2.500. *Hay acuerdo* porque ambas partes alcanzan *su interés:* Superdescuento logra manejarse dentro de los límites del perfil y Alejandra Castro consigue ingresar al supermercadismo como Jefa de Productos.

SUPERDESCUENTO
Av. Libertador 153 - Capital Federal

Buenos Aires, 16 de febrero de 20XX

Señora
Alejandra Castro
Av. Santa Fe 7894 - Capital Federal

De mi consideración:
Por medio de la presente queremos confirmarle el ofrecimiento laboral realizado el día jueves de la semana pasada. En este sentido nos es grato ofrecerle la posición de Jefe de Producto. El salario será de $2.500 brutos mensuales.
Cabe aclarar que los exámenes médicos y psicotécnicos han sido satisfactorios.
Según lo conversado en nuestra última reunión, esperaremos hasta el martes 21 para conocer su decisión, y si esta fuere positiva prevemos tenerla trabajando para la segunda semana de marzo. Esperamos con expectativa su incorporación, con la certeza de que esta será una enriquecedora experiencia para ambos.
La saluda cordialmente,

Jorge Ibáñez
Director comercial

La oferta

Continuando con el caso Superdescuento, se presenta una oferta por escrito realizada a la señora Alejandra Castro, seleccionada para la posición de Jefe de Productos (ver cuadro precedente).

En la segunda parte de este ejercicio se reproducirá un diálogo telefónico y una carta de comunicación a las personas que participaron en la búsqueda y no fueron seleccionadas.

Comunicando los "NO"

En la misma búsqueda de Jefe de Productos para Superdescuento, se presentó una situación muy frecuente: la del finalista o participante en un proceso de búsqueda que llama para conocer el estado de la búsqueda y su situación particular.

A *La Consultora* llama Juan Aguirre, quien participa como finalista en la búsqueda para el puesto de Jefe de Productos de Superdescuento.

El jefe de la búsqueda sabe que en estos días Superdescuento le está haciendo la oferta por escrito a Alejandra Castro, pero ella aún no respondió que sí; él cree que aceptará la propuesta porque estaba muy interesada en la posición, pero ella todavía no dijo la última palabra.

Después de los saludos...

Juan A.: Soy Juan Aguirre, estoy participando en la búsqueda para Superdescuento... ¿Tiene usted alguna novedad?

Consultor: ¿Cómo está, Juan? Las novedades hasta ahora son las siguientes: se comunicaron con nosotros desde Superdescuento esta semana, y nos informaron que la búsqueda está próxima a definirse; por lo que sabemos hasta aquí, han avanzado con una candidata, pero la búsqueda no está cerrada aún. Lo tendré informado. Como usted sabe, hasta que no se cierra una búsqueda, siempre puede haber novedades.

Cuando el postulante seleccionado acepta la propuesta es el momento de realizar las comunicaciones formales a los restantes participantes de la selección. Si usted desea estar absolutamente seguro de que la búsqueda ha finalizado, se sugiere efectuar las comunicaciones cuando el candidato elegido haya comenzado a trabajar.

Buenos Aires, 20 de marzo de 20XX

Señor
Juan Aguirre
Presente

De nuestra consideración:

Nos dirigimos a usted para comunicarle, con referencia a la búsqueda de Jefe de Productos para Superdescuento, en la cual usted participó, que nuestro cliente optó por otro de los candidatos presentados. Queremos hacerle presente que retomaremos el contacto en la primera ocasión en que otra búsqueda similar lo permita.

Agradecemos su valiosa colaboración y lo saludamos muy atentamente.

(Firma)

Obras de Martha Alles relacionadas con este capítulo

Para reclutamiento y selección a través de las redes sociales se sugiere consultar la obra *Social Media y Recursos Humanos*.

La selección de personas y las entrevistas por competencias son temáticas desarrolladas en profundidad en las siguientes obras: *Selección por competencias; Elija al mejor. Cómo entrevistar por competencias; Diccionario de preguntas. La trilogía. Tomo 3*, y *Diccionario de comportamientos. La trilogía. Tomo 2*.

Los aspectos principales en materia de selección que deben conocer los jefes de todos los niveles están tratados en *Rol del jefe* y *12 pasos para ser un buen jefe*. Como ya hemos dicho en el Capítulo 2, para las evaluaciones de competencias Martha Alles Capital Humano ha desarrollado una serie de herramientas, especialmente diseñados para la medición del grado de desarrollo de las competencias en las personas, así como "Manuales de Assessment" (*Assessment Center Method*) en sus versiones estándar y a medida del modelo de competencias de la organización.

También la *Entrevista estructurada*, igualmente en sus versiones estándar y a medida. Por último, estas herramientas se complementan con el *Manual para detectar valores personales en el proceso de selección*.

Los casos prácticos y ejercicios de esta obra han sido preparados, orientados a lograr una mejor comprensión de los temas tratados en *Dirección estratégica de Recursos Humanos. Volumen 1* (2015).

PARA TODOS LOS LECTORES

Se encuentra disponible en formato digital un Anexo donde se ha realizado un análisis detallado de libros y subsistemas que complementa las temáticas abordadas en esta obra.

PARA PROFESORES

Para cada uno de los capítulos de esta obra hemos preparado:

☞ Material de apoyo para el dictado de clases.

Los profesores que hayan adoptado esta obra para sus cursos tanto de grado como de posgrado podrán solicitar de manera gratuita:

Dirección estratégica de Recursos Humanos. CLASES

Únicamente disponibles en formato digital:
www.marthaalles.com

o bien escribiendo a:
profesores@marthaalles.com

Herramientas recomendadas para la atracción, selección e incorporación de los mejores candidatos

Asignación de competencias a puestos (documento) **Herramienta Nº 2**	Procedimiento interno por el cual se asignan competencias junto con sus grados a los distintos puestos de trabajo. La asignación se refleja en un documento interno donde se indica, para los distintos puestos de trabajo, las competencias requeridas junto con los grados en que se necesitan. Para que la asignación de competencias sea posible, primero se debe diseñar un modelo de competencias.
Assessment Center Method *(ACM)* **Herramientas Nº 3 A y 3 B**	Método o herramienta situacional para evaluar competencias mediante el cual, a través de la administración de casos y ejercicios, se plantea a los participantes la resolución práctica de situaciones conflictivas similares a las que deberán enfrentar en sus puestos de trabajo. Durante un Assessment se utilizan casos y ejercicios que permiten poner a las personas a evaluar en un contexto similar al que deberán afrontar en el puesto para el cual son evaluadas.
Autopostulación – **Job posting** **Herramienta Nº 5**	Práctica organizacional mediante la cual una persona puede postularse a búsquedas internas que la organización publicita en su intranet o carteleras. Usualmente se definen requisitos para participar, además de los inherentes al puesto en sí mismo.
Descriptivo de puesto **Herramienta Nº 10**	Documento interno donde se consignan las principales responsabilidades y tareas de un puesto de trabajo. Adicionalmente se registran los requisitos necesarios para desempeñarlo con éxito: conocimientos, experiencia y competencias.
Diccionario de competencias **Herramienta Nº 14**	Documento interno organizacional en el cual se presentan las competencias definidas en función de la estrategia.
Diccionario de comportamientos **Herramienta Nº 15**	Documento interno en el cual se consignan ejemplos de los comportamientos observables asociados o relacionados con las competencias del modelo organizacional. El diccionario de comportamientos organizacional se diseña en función del diccionario de competencias que, en todos los casos, se confecciona a medida de cada organización.
Diccionario de preguntas **Herramienta Nº 16**	Documento interno de la organización en el cual se consignan ejemplos de preguntas que permiten evaluar las competencias del modelo en una entrevista.
Entrevista estructurada – Selección **Herramienta Nº 21**	Entrevista basada en un conjunto de preguntas e indicaciones previamente definidas para indagar sobre una serie de aspectos determinados.

Manual para detectar valores ***personales en selección*** **Herramienta Nº 39 C**	Conjunto de teoría, casos, ejercicios y formularios que permiten la aplicación práctica de las distintas herramientas necesarias para la detección de valores personales en selección de personas, diseñado de acuerdo con la Metodología Martha Alles International.
Promociones internas **Herramientas Nº 50 A y 50 B**	Acciones mediante las cuales los colaboradores de la organización son elevados a un nivel superior al que poseían. Por extensión, la herramienta se utiliza en el caso de desplazamientos laterales o de otro tipo, dentro de la organización.

Podrá encontrar mayor detalle sobre las herramientas aquí mencionadas en la obra *Las 50 herramientas de Recursos Humanos que todo profesional debe conocer.*

Términos a tener en cuenta para la atracción, selección e incorporación de los mejores candidatos

Colaborador	Persona que coopera con otra. En el ámbito de las organizaciones el término se utiliza para denominar a las personas que trabajan bajo la conducción de otra/s.
Entrevista por competencias	Entrevista estructurada que permite evaluar a un candidato que participa en un proceso de selección considerando, especialmente, sus competencias, a través de preguntas específicas.
Headhunting	Método de selección de personas basado en la realización de una investigación acerca de los mejores profesionales del mercado que ocupan puestos similares al que se desea cubrir en la organización que lleva a cabo la búsqueda, la cual usualmente se realiza entre las compañías que tienen un estilo de gestión similar a la demandante. El método incluye el posterior llamado a los candidatos detectados, para ofrecerles participar en un proceso de selección. No se convoca a personas que buscan trabajo sino que se les ofrece una posición a aquellos que ya lo tienen y que, en principio, no desean cambiar.
Jefe	Persona que tiene a otras a su cargo dentro de una estructura jerárquica. Los jefes pueden tener niveles muy diversos, desde el número 1 de la organización hasta otro con pocos colaboradores a su cargo.
Jefe del jefe	Expresión que se utiliza para denominar a los superiores (jefes) de personas que, a su vez, tienen a su cargo colaboradores, es decir, que ellos mismos son jefes. Ver *Jefe, Jefe entrenador,* entre otros.

Perfil de la búsqueda	Conjunto de capacidades requeridas para un puesto de trabajo, necesario para realizar la selección de su futuro ocupante. Puede incluir, además, factores adicionales. La elaboración del perfi l de la búsqueda es, en general, una responsabilidad de la persona que llevará a cabo el proceso de selección, con sus etapas de reclutamiento y selección. Si esa tarea está a cargo del área de Recursos Humanos, debe participar, en todos los casos, el cliente interno, futuro jefe del nuevo colaborador.
Perfil del postulante	Conjunto de capacidades de una persona, incluyendo sus estudios formales, conocimientos, competencias y experiencia, así como su motivación tanto en relación con su carrera como para el cambio laboral.
Puesto	Lugar que una persona ocupa en una organización. Implica cumplir responsabilidades y tareas claramente defi nidas. La información necesaria para conocer acerca de un puesto es la siguiente: • Tareas y responsabilidades del puesto. • Estándares de rendimiento. • Elementos necesarios: maquinarias, software, etc. • Conocimientos, experiencia y competencias necesarios para un desempeño exitoso.
Requisitos excluyentes	Conjunto de características imprescindibles para desempeñar un determinado puesto con efi cacia, que serán tomados en cuenta –especialmente– en los procesos de selección de nuevos colaboradores. Implica que si una persona no los posee, no será considerada para cubrir esa posición.
Requisitos no excluyentes	Conjunto de características deseables, pero no imprescindibles, para desempeñar un determinado puesto con eficacia. Implica que si la persona no los posee, podrá de todos modos ser considerada y, eventualmente, elegida para cubrir la posición en cuestión.

Podrá encontrar mayor detalle sobre estos y otros términos en la obra *Diccionario de términos de Recursos Humanos*.

Capítulo **5**

Formación

Temas tratados en el Capítulo 5 de *Dirección estratégica de Recursos Humanos. Gestión por competencias. Volumen 1*

- Formación. Capacitación. Desarrollo. Aprendizaje. Definiciones
- Los distintos métodos para el desarrollo de personas
- Métodos para el desarrollo de personas fuera del trabajo
- La formación en el ámbito de las organizaciones
- Las bases del aprendizaje de adultos
- Espiral creciente y el proceso de aprendizaje
- Aprendizaje inteligente y no aprendizaje
- La función de Formación en las organizaciones y su relación con la estrategia organizacional
- Codesarrollo. Un método de aprendizaje de la Metodología Martha Alles
- Autodesarrollo
- Medir las capacidades de los participantes como un paso previo a la formación

Caso Superdescuento:
Plan de Formación para el próximo año

Como ya se comentó en capítulos anteriores, Superdescuento es una cadena de tiendas minoristas que funcionan bajo la modalidad de autoservicio y ofrecen productos de calidad a bajo precio.

El responsable del área de Formación de Superdescuento se encuentra preparando el *Plan Anual de Formación*, por lo cual debe considerar y resolver varias cuestiones. Algunas de ellas surgen de los resultados y análisis de las *evaluaciones de desempeño* y otras, del relevamiento de necesidades requerido oportunamente a directivos, gerentes y jefes de la empresa.

Luego de realizar todas las consideraciones pertinentes, el Plan de Formación será presentado para su aprobación final al Comité Ejecutivo de la compañía, integrado por el CEO[1] y los directores generales de las distintas áreas de la organización.

A continuación se detallan las cuestiones a considerar y analizar previo a la elaboración del Plan de Formación.

Programas específicos para gerentes de tiendas

De acuerdo con el resultado de las últimas evaluaciones de desempeño, el director al cual reportan las tiendas ha solicitado un programa de formación para los gerentes de cada una de ellas. La idea es que estos presenten fluidas capacidades para conducir los equipos de trabajo a su cargo, y que puedan poner énfasis en la calidad de atención a los clientes a través de la competencia *Orientación al cliente interno y externo*.

Según el Modelo de Competencias de Superdescuento, los descriptivos de puestos de los directivos, gerentes y jefes de todos los niveles organizacionales tienen asignada como competencia cardinal la mencionada *Orientación al cliente interno y externo*, y como competencias específicas gerenciales las denominadas *Conducción de personas* y *Liderar con el ejemplo*.

El Modelo de Competencias de Superdescuento fue definido en el caso práctico del Capítulo 2 de esta obra. Las definiciones de competencias mencionadas en el presente ejercicio –que pertenecen a la denominada *Trilogía*[2]– son:

---

1 Chief Executive Officer.

2 *Diccionario de competencias. La trilogía. Tomo 1; Diccionario de comportamientos. La trilogía. Tomo 2; Diccionario de preguntas. La trilogía. Tomo 3.* Ediciones Granica, Buenos Aires, 2015.

Orientación al cliente interno y externo. Capacidad para actuar con sensibilidad ante las necesidades de un cliente y/o conjunto de clientes, actuales o potenciales, externos o internos, que pueda/n presentar en la actualidad o en el futuro. Implica una vocación permanente de servicio al cliente interno y externo, comprender adecuadamente sus demandas y generar soluciones efectivas a sus necesidades.

Conducción de personas. Capacidad para dirigir un grupo de colaboradores, distribuir tareas y delegar autoridad, además de proveer oportunidades de aprendizaje y crecimiento. Implica la capacidad para desarrollar el talento y potencial de su gente, brindar retroalimentación oportuna sobre su desempeño y adaptar los estilos de dirección a las características individuales y de grupo, al identificar y reconocer aquello que motiva, estimula e inspira a sus colaboradores, con la finalidad de permitirles realizar sus mejores contribuciones.

Liderar con el ejemplo. Capacidad para comunicar la visión estratégica y los valores de la organización a través de un modelo de conducción personal acorde con la ética, y motivar a los colaboradores a alcanzar los objetivos planteados con sentido de pertenencia y real compromiso. Capacidad para promover la innovación y la creatividad, en un ambiente de trabajo confortable.

Reforzar en todos los colaboradores su calidad de trabajo

De acuerdo con las últimas evaluaciones de desempeño se ha detectado que la competencia con mayor brecha, en el conjunto de los colaboradores de Superdescuento, es *Compromiso con la calidad de trabajo.*

Este resultado no implica que las tiendas y la empresa en general estén funcionando mal o existan problemas graves relacionados con este aspecto del desempeño; sin embargo, la mayoría de los colaboradores evidencian algún grado de brecha en esta competencia. En resumen, no cuentan con el nivel requerido por sus respectivos puestos de trabajo.

Desde la alta dirección se ha solicitado al área de Recursos Humanos prestar especial atención a esta circunstancia y ofrecer una solución amplia y efectiva, que permita a todos los colaboradores mejorar en esta competencia, poniendo un especial énfasis en los niveles directivos y gerenciales. En el correo electrónico que ha enviado con referencia a este pedido, la alta dirección realiza una consideración muy acertada: "Si todos los jefes poseen la competencia *Compromiso con la calidad de trabajo* en su nivel requerido, el comportamiento de todos ellos será una guía para sus equipos de trabajo".

Al mismo tiempo se debe tener en cuenta que, si todos los niveles directivos y gerenciales se transforman en entrenadores de sus colaboradores, el problema detectado se irá atenuando y resolviendo de manera más eficaz.

La definición de la competencia es la siguiente:

Compromiso con la calidad de trabajo. Capacidad para actuar con velocidad y sentido de urgencia y tomar decisiones para alcanzar los objetivos organizacionales, o del área, o bien los propios del puesto de trabajo, y obtener, además, altos niveles de desempeño. Capacidad para administrar procesos y políticas organizacionales a fin de facilitar la consecución de los resultados esperados. Implica un compromiso constante por mantenerse actualizado en los temas de su especialidad y aportar soluciones para alcanzar los estándares de calidad adecuados.

Una competencia se abre en grados o niveles. La apertura en grados de esta competencia la encontrará en la obra *Diccionario de competencias. La trilogía. Tomo 1.*

Asimismo, para cada competencia que conforma un modelo de competencias deben elaborarse ejemplos de comportamientos observables siguiendo la misma apertura en grados o niveles utilizada en el diseño del *Diccionario de competencias.* Ejemplos de comportamientos en relación con esta competencia los encontrará en la obra *Diccionario de comportamientos. La trilogía. Tomo 2.*

Para el diseño de las actividades de formación se debe utilizar, en todos los casos, el *Diccionario de comportamientos.*

Resolver la solicitud de pedidos especiales de varias áreas

Para la confección del Plan de Formación se deben analizar las solicitudes presentadas por diferentes áreas y/o gerentes, las cuales habrán sido analizadas y aprobadas, a su vez, por los respectivos jefes y responsables. Solo resta el análisis final por parte del responsable de Formación junto con el director de Recursos Humanos.

Tiendas de Zona Norte

Los gerentes de Zona Norte, por pedido de los equipos que la integran, presentaron una solicitud para recibir clases de idioma inglés.

Gerente del área contable de Casa Central

El gerente del área contable de Superdescuento plantea dos requerimientos diferentes. Por un lado, que en función de las necesidades futuras de la empresa, parte de su equipo de contadores y asistentes del área contable reciba una formación específica sobre normas contables internacionales, y presenta como sugerencia una actividad de formación de seis meses que ofrece la Asociación de Contadores.

Adicionalmente, plantea que todos los gerentes de tienda necesitarían recibir algún tipo de formación básica para optimizar el envío de la información semanal que deben transmitir, a fin de mejorar la calidad de los reportes que envían. Estos reportes se realizan a través del software de la compañía, y el gerente del área contable sostiene que con una formación específica se mejoraría la calidad de la información que se registra en ese soporte.

Gerente de Logística y Distribución

El gerente responsable del área de Logística y Distribución ha manifestado en un correo electrónico dirigido al director de Recursos Humanos que, si bien él no sabe con exactitud en qué podrá ayudarlos el área de RRHH, entiende que el problema detectado tiene que ver con las personas y desde esta perspectiva lo plantea a ese sector de la organización.

En los últimos meses se han producido algunos robos y faltantes, y también se ha registrado un índice mayor de roturas en los productos. Cuando comenzaron a detectarse estos problemas se reforzaron las medidas de seguridad a través de la contratación de un servicio de rastreo de unidades y se controló de manera específica que todos los vehículos de la compañía cumplan estrictamente el plan de mantenimiento establecido. En resumen, ya se tomaron las medidas más adecuadas en cada caso. La consulta que se realiza al área de RRHH tiene relación directa con las personas que participan en estos procesos de distribución.

Inscripción de un colaborador en un posgrado

El director de Finanzas ha enviado un correo electrónico al área de Formación, con copia al CEO y al director de Recursos Humanos, solicitando que se incorpore al presupuesto de Formación del año próximo la inscripción de José Duarte Espinoza, jefe de Impuestos locales e internacionales de Superdescuento, en un posgrado de 10 meses de duración en una importante universidad cuya información adjunta. Manifiesta además que dicha inscripción cuenta con la aprobación verbal del CEO, dado que es de interés para la organización, además de merecida por José, por su excelente desempeño y compromiso personal con la especialidad.

En el mencionado correo se menciona, además, que José Duarte Espinoza es un posible sucesor del gerente de Impuestos y dicha capacitación especial está relacionada con esa situación.

Preocupación sobre el uso de los recursos informáticos

El director de Tecnología Informática, junto con el director general de Operaciones y el director de Administración, plantearon su preocupación por el uso de los recursos informáticos, y focalizaron su inquietud no tanto en las tiendas, sino particularmente en las áreas administrativas y de gestión, y más especialmente en la oficina central de Superdescuento.

No plantearon una cuestión específica ni ejemplos concretos de la problemática esbozada. Solo manifestaron su preocupación producto de ciertas percepciones, tanto propias como transmitidas por sus colaboradores directos, en cuanto al uso de equipos, conexiones a Internet y, en especial, las redes sociales a las cuales es posible acceder desde los respectivos puestos de trabajo a través de las computadoras asignadas a cada colaborador, y por medio de los teléfonos inteligentes, algunos de ellos provistos por Superdescuento y otros de uso personal, propiedad de los colaboradores.

Si bien no fue expresado claramente, el director de Recursos Humanos infirió que los directores estarían preocupados por la pérdida de tiempo en horas de trabajo y, quizá, también alguna filtración indebida de información de la compañía.

La Dirección de Recursos Humanos cuenta con las siguientes herramientas a ser utilizadas en el Plan de Formación para el próximo año

A partir del diseño del nuevo modelo de competencias, la empresa cuenta con las *guías de desarrollo,* documentos en los cuales se describen posibles acciones o caminos que se sugiere seguir con el propósito de mejorar. Por ejemplo: alcanzar comportamientos más altos en relación con una competencia que se desee desarrollar, o sumar nuevos conocimientos o incrementar los que ya se poseen, en una determinada disciplina o campo profesional.

Las guías de desarrollo pueden ser:

- Dentro del trabajo.

- Fuera del trabajo.

Las definiciones de estos conceptos son las siguientes:

Guías de desarrollo dentro del trabajo para todas las competencias del modelo. Documento interno organizacional en el cual se describen las posibles acciones que se sugiere incorporar en la actividad cotidiana, a fin de alcanzar comportamientos más altos en relación con la competencia a desarrollar o incrementar/mejorar conocimientos, según corresponda.

Guías de desarrollo fuera del trabajo para todas las competencias del modelo. Documento interno organizacional en el cual se describen las posibles ideas que permiten desarrollar las competencias del modelo organizacional en otras actividades no relacionadas con el ámbito laboral, poniendo en juego la competencia, o incrementar/mejorar conocimientos, según corresponda.

Codesarrollo: *Jefe entrenador*

El año anterior, la alta dirección aprobó la adquisición –bajo la modalidad "formador de formadores"– de un programa de desarrollo *para jefes*, con el propósito de que todos mejoren su actuación en este rol y, al mismo tiempo, alcancen un nivel más alto de la competencia *Entrenador*.

> **Jefe entrenador.** El concepto implica que el jefe es una persona que al mismo tiempo que cumple el *rol de jefe* lleva adelante otra función respecto de sus colaboradores: ser guía y consejero en una relación orientada al aprendizaje. Lo asume de manera deliberada, desea hacerlo y está convencido de los resultados a obtener.

Para que un jefe se transforme en jefe entrenador o, ya siéndolo, mejore aún más esta capacidad, el camino sugerido es el desarrollo de la competencia *Entrenador*.

Convertirse en jefe entrenador no implica adicionar tareas a la actividad que ya se lleva a cabo. Por el contrario, se trata de un comportamiento permanente que un jefe lleva a cabo en su relación cotidiana con sus colaboradores.

Definición de la competencia *Entrenador:*

> Capacidad para formar a otros tanto en conocimientos como en competencias. Implica un genuino esfuerzo para fomentar el aprendizaje a largo plazo y/o desarrollo de otros, más allá de su responsabilidad específica y cotidiana. El desarrollo a lograr en otros será sobre la base del esfuerzo individual y según el puesto que la otra persona ocupe en la actualidad o se prevé que ocupará en el futuro.

Método Codesarrollo para ciertas competencias

Un especialista del área de Formación ha participado de una capacitación sobre el método Codesarrollo y ya se llevaron a cabo varias implementaciones exitosas de esta metodología. Por lo tanto, Superdescuento está en condiciones de utilizar el mencionado método para el desarrollo de las capacidades de sus colaboradores.

Definición:

> **Codesarrollo.** Método para el desarrollo de personas, aplicable tanto a competencias como a conocimientos.

Dicho método implica: acciones concretas que de manera conjunta realiza el sujeto que asiste a una actividad de formación guiado por un instructor para el desarrollo de sus competencias y/o conocimientos. El Codesarrollo implica un ciclo: 1) taller de Codesarrollo; 2) seguimiento; 3) segundo taller de Codesarrollo.

Método 12 pasos para el autodesarrollo

Adicionalmente a lo mencionado, si bien no está aprobado aún, se tomará en cuenta la posibilidad de sumar a los métodos de autodesarrollo mencionados el *Método 12 pasos para el autodesarrollo*. El director de Recursos Humanos ha presentado la propuesta al número 1 de Superdescuento, quien en principio ha autorizado la implementación de esta herramienta, en especial dentro de los programas para jefes, y esperan poder adoptarlo para desarrollar diversas competencias.

El *Método 12 pasos* permite desarrollar tanto un conocimiento como una competencia y podría aplicarse dentro o fuera del trabajo o, según el caso, de manera mixta. Es decir, tanto dentro como fuera del trabajo.

Consignas a resolver

- De acuerdo con la información expuesta, ¿todos los temas descritos deberían formar parte del Plan de Formación del próximo año?

- Describir las acciones a realizar en cada caso y los métodos a utilizar.

- Con la información disponible, confeccionar un cronograma de Plan de Formación, dividiendo el año en trimestres. Usualmente, se realiza una revisión del Plan de Formación a mitad de año, es decir, antes de finalizar el segundo trimestre, de modo de incluir cambios antes de que concluya el plan anual, si corresponde.

Una posible solución al caso planteado

El Plan de Formación para el año próximo incluiría los siguientes aspectos de acuerdo con la información suministrada en el presente caso práctico.

Se analizarán los distintos puntos siguiendo el mismo orden en que fueron expuestos en las páginas previas.

Programas específicos para gerentes de tiendas

- Los gerentes de tiendas con brechas en las competencias *Orientación al cliente interno y externo, Conducción de personas* y *Liderar con el ejemplo* participarán en talleres de Codesarrollo con su posterior seguimiento.

- Los gerentes de tiendas que no posean brechas en las competencias mencionadas en el párrafo anterior podrán asistir a los talleres de Codesarrollo mencionados. Para ello deberán inscribirse en la intranet de la organización, en la sección respectiva, y se les ofrecerán las opciones disponibles.

- También asistirán a los talleres organizados para desarrollar las competencias *Conducción de personas* y *Liderar con el ejemplo* los integrantes de *planes de carrera* a los cuales les corresponda asistir a estas actividades, según lo definido en dichos planes.

En el primer trimestre se armarán los grupos de participantes a los talleres de Codesarrollo. Se prevé que como mínimo los gerentes de tiendas asistan a uno de los talleres de Codesarrollo en el curso del año e, idealmente, a tres, es

Caso Superdescuento
Plan de Formación para el próximo año

Programas específicos para gerentes de tiendas

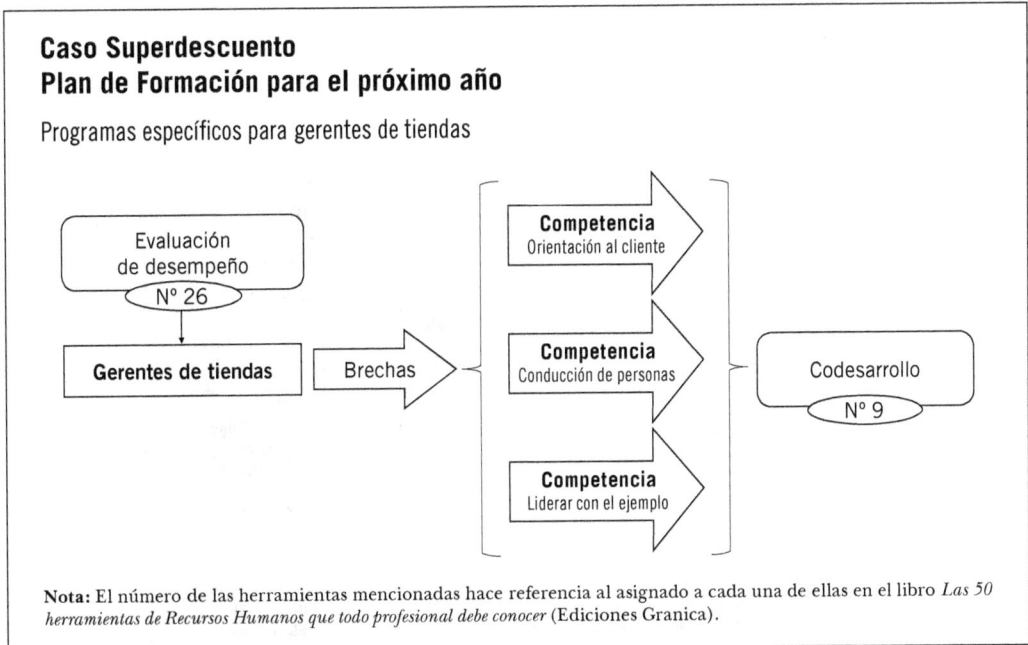

Nota: El número de las herramientas mencionadas hace referencia al asignado a cada una de ellas en el libro *Las 50 herramientas de Recursos Humanos que todo profesional debe conocer* (Ediciones Granica).

decir, uno de cada temática. En el armado de los grupos se dará preferencia a aquellos que posean una brecha de dos grados o más en relación con lo requerido para el puesto.

A partir del segundo trimestre se comenzarán a impartir los talleres de Codesarrollo. Luego, y a partir del tercer trimestre, comenzarán las acciones de seguimiento a los participantes de las actividades de Codesarrollo del segundo trimestre.

- Para todos los gerentes de tiendas se realizará una acción de promoción específica a fin de que desarrollen sus capacidades a través de las *guías de desarrollo* que Superdescuento ofrece en la intranet de la organización.

  Se prevé hacer una campaña intensiva de promoción en el primer trimestre. En los trimestres siguientes se hará seguimiento de las consultas específicas recibidas. Asimismo, a partir del tercer trimestre se realizarán algunas acciones de promoción complementarias.

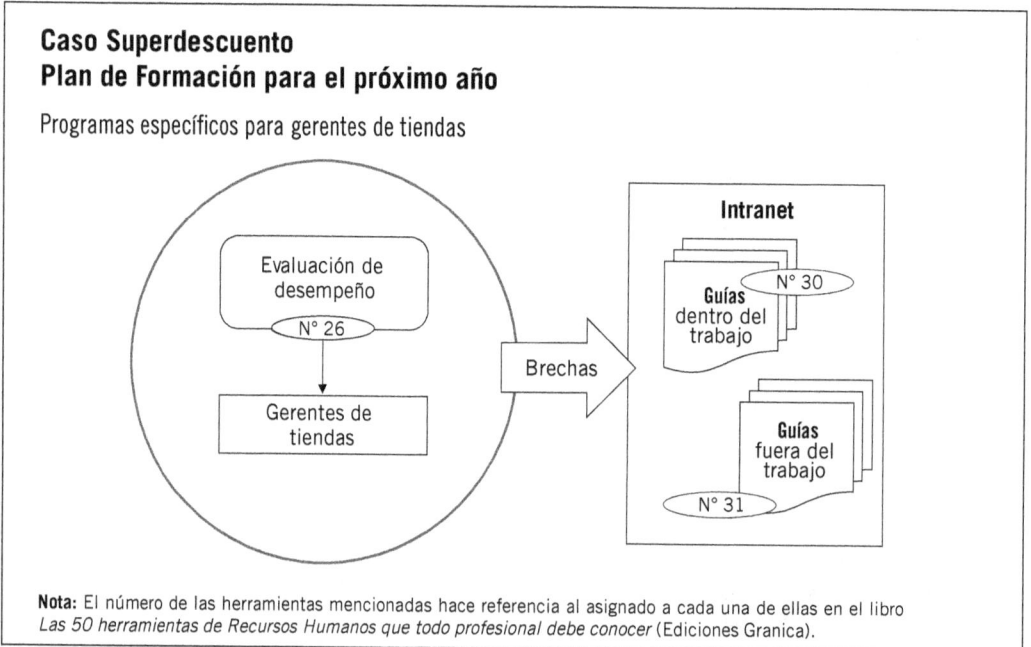

Caso Superdescuento
Plan de Formación para el próximo año

Programas específicos para gerentes de tiendas

Evaluación de desempeño — N° 26

Gerentes de tiendas

Brechas

Intranet

Guías dentro del trabajo — N° 30

Guías fuera del trabajo — N° 31

Nota: El número de las herramientas mencionadas hace referencia al asignado a cada una de ellas en el libro *Las 50 herramientas de Recursos Humanos que todo profesional debe conocer* (Ediciones Granica).

Acciones a realizar para *Programas específicos para gerentes de tiendas*			
Primer trimestre	**Segundo trimestre**	**Tercer trimestre**	**Cuarto trimestre**
Promover el autodesarrollo de las tres competencias utilizando las guías de desarrollo que se ofrecen en la intranet	Seguimiento de las consultas/dudas sobre el autodesarrollo y las guías que son expresadas en la intranet	Acciones complementarias de promoción para el autodesarrollo de las tres competencias	Acciones complementarias de promoción para el autodesarrollo de las tres competencias
Armado de grupos para la impartición de los talleres de Codesarrollo	Talleres de Codesarrollo para las tres competencias	Talleres de Codesarrollo sobre las tres competencias	Talleres de Codesarrollo sobre las tres competencias
		Inicio del seguimiento a los participantes de los talleres de Codesarrollo sobre las tres competencias del segundo trimestre	Inicio del seguimiento a los participantes de los talleres de Codesarrollo sobre las tres competencias del tercer trimestre

Reforzar en todos los colaboradores su calidad de trabajo

Dado que en las últimas evaluaciones de desempeño se ha detectado que la competencia con mayor brecha, en el conjunto de los colaboradores de Superdescuento, es *Compromiso con la calidad de trabajo,* se realizará un plan específico para abordar este tema en particular.

- Para todos los integrantes de Superdescuento se realizará una acción de promoción específica orientada a difundir el concepto de autodesarrollo, su importancia y la posibilidad de mejorar las propias capacidades a través de las *guías de desarrollo* que Superdescuento ofrece en la intranet de la organización.
Por lo antedicho, para todos los colaboradores de Superdescuento se realizará una acción de promoción específica sobre la competencia *Compromiso con la calidad de trabajo,* a fin de que todos puedan desarrollar, mejorar o fortalecer sus capacidades a través de las mencionadas *guías de desarrollo.*
Se prevé hacer una campaña intensiva de promoción en el primer trimestre. En los trimestres siguientes se hará seguimiento de las consultas específicas recibidas. Asimismo, a partir del tercer trimestre se harán algunas acciones de promoción complementarias.

**Caso Superdescuento
Plan de Formación para el próximo año**

Reforzar en todos los colaboradores su calidad de trabajo

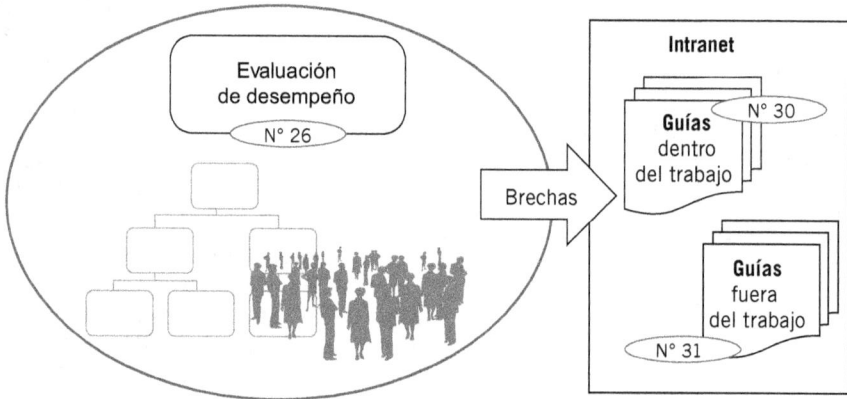

Evaluación
de desempeño

N° 26

Brechas

Intranet

Guías   N° 30
dentro
del trabajo

Guías
fuera
del trabajo

N° 31

Nota: El número de las herramientas mencionadas hace referencia al asignado a cada una de ellas en el libro *Las 50 herramientas de Recursos Humanos que todo profesional debe conocer* (Ediciones Granica).

- Seleccionar a los directivos y gerentes que participarán de esta etapa. Se estima elegir a unas 400 personas de este nivel. Con este colectivo se habrá de realizar dos acciones conjuntas y en paralelo. Por un lado, talleres de Codesarrollo sobre la competencia *Compromiso con la calidad de trabajo* y, al mismo tiempo, talleres de Codesarrollo sobre la competencia *Entrenador*. De este modo, se espera lograr que este grupo directivo se transforme en un referente en materia de *compromiso con la calidad de trabajo* y entrene a los equipos a su cargo con esa orientación.

En el primer trimestre se identificará a los 400 directivos, gerentes y jefes principales. En realidad la idea preliminar es que todos los directivos principales participen de estas actividades, por ello se estima que los participantes serán alrededor de 400 personas.

Luego se armarán los grupos de participantes a los talleres de Codesarrollo. Se prevé que todos puedan asistir, como mínimo, a los dos talleres previstos, uno de cada temática. En el armado de los grupos se dará preferencia –es decir, se incluirá en los primeros grupos– a aquellos que posean brechas en la competencia *Compromiso con la calidad de trabajo*, en relación con lo requerido para el puesto que ocupan. Cuanto más alto sea el nivel del participante, más atención debe ponerse ante la posibilidad de que evidencie brechas de significación en esta competencia en particular.

Caso Superdescuento
Plan de Formación para el próximo año

Reforzar en todos los colaboradores su calidad de trabajo

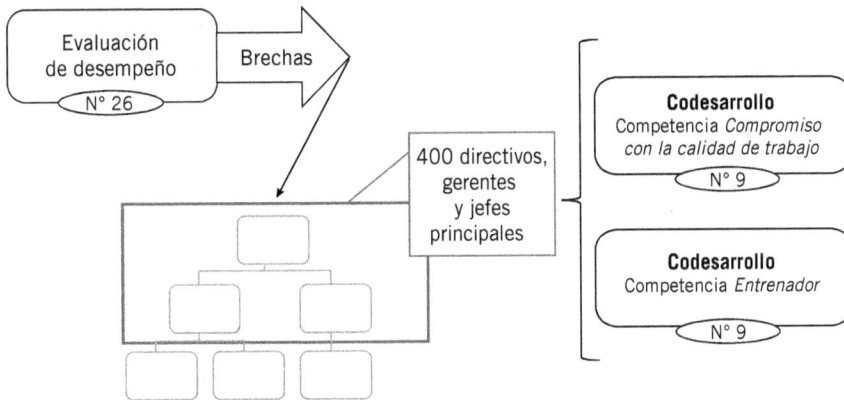

> Evaluación de desempeño
> N° 26
>
> Brechas
>
> 400 directivos, gerentes y jefes principales
>
> **Codesarrollo**
> Competencia *Compromiso con la calidad de trabajo*
> N° 9
>
> **Codesarrollo**
> Competencia *Entrenador*
> N° 9

Nota: El número de las herramientas mencionadas hace referencia al asignado a cada una de ellas en el libro *Las 50 herramientas de Recursos Humanos que todo profesional debe conocer* (Ediciones Granica).

A partir del segundo trimestre se comenzarán a impartir los talleres de Codesarrollo. Luego, a partir del tercer trimestre, se iniciarán las acciones de seguimiento a los participantes de las actividades de Codesarrollo de los trimestres anteriores.

• Para complementar las acciones previstas para los directivos, gerentes y jefes principales que fueron seleccionados para el programa mencionado en el ítem anterior, se propuso la implementación del *Método 12 pasos,* que si bien aún no se encuentra aprobado, se espera tenerlo disponible para el segundo semestre.

El grupo de directivos, gerentes y jefes principales que participarán en los talleres de Codesarrollo tendrán la posibilidad de realizar el autodesarrollo de sus capacidades a través de las guías disponibles en la intranet de la organización (primera sugerencia para todos los colaboradores de Superdescuento), conjuntamente con las acciones de formación y desarrollo resultantes de la aplicación del método Codesarrollo, que implica los mencionados talleres junto con acciones posteriores de seguimiento.

Caso Superdescuento
Plan de Formación para el próximo año

Reforzar en todos los colaboradores su calidad de trabajo al mejorar en todos los jefes su "Rol del jefe"

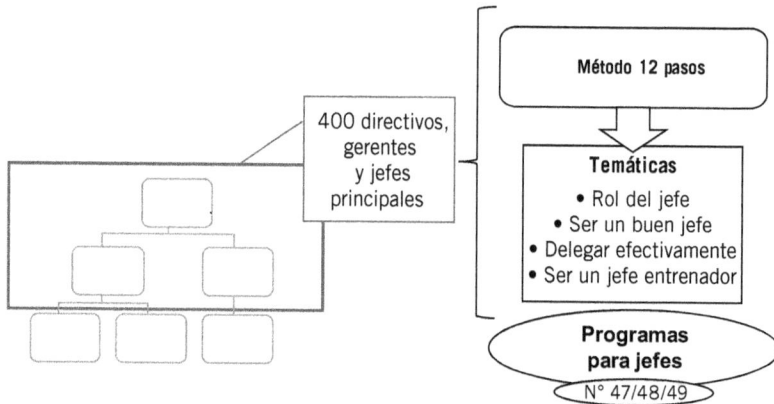

Método 12 pasos

400 directivos,
gerentes
y jefes
principales

Temáticas
• Rol del jefe
• Ser un buen jefe
• Delegar efectivamente
• Ser un jefe entrenador

**Programas
para jefes**
N° 47/48/49

Nota: El número de las herramientas mencionadas hace referencia al asignado a cada una de ellas en el libro *Las 50 herramientas de Recursos Humanos que todo profesional debe conocer* (Ediciones Granica).

En adición a todo lo anterior, se prevé, a partir del tercer trimestre, mejorar/reforzar sus capacidades como jefes a través del *Método 12 pasos para el autodesarrollo* sobre las temáticas *Rol del jefe, Ser un buen jefe, Delegar efectivamente* y *Ser un jefe entrenador*[3].

Acciones a realizar para *Reforzar en todos los colaboradores su calidad de trabajo*			
Primer trimestre	**Segundo trimestre**	**Tercer trimestre**	**Cuarto trimestre**
Promover el autodesarrollo de la competencia *Compromiso con la calidad de trabajo* utilizando las guías de desarrollo disponibles en la intranet	Seguimiento de las consultas/dudas sobre el autodesarrollo y las guías disponibles en la intranet	Acciones complementarias de promoción para el autodesarrollo	Acciones complementarias de promoción para el autodesarrollo

3 La autora, junto con Ediciones Granica, ha publicado una serie de libros donde se aplica el *Método 12 pasos* para el autodesarrollo.

Acciones a realizar para *Reforzar en todos los colaboradores su calidad de trabajo*			
Primer trimestre	**Segundo trimestre**	**Tercer trimestre**	**Cuarto trimestre**
Selección de los directivos, gerentes y jefes (y armado de grupos) para la impartición de los talleres de Codesarrollo	Talleres de Codesarrollo sobre las dos competencias	Talleres de Codesarrollo sobre las dos competencias	Talleres de Codesarrollo sobre las dos competencias
		Inicio del seguimiento a los participantes de los talleres de Codesarrollo sobre las dos competencias del segundo trimestre	Inicio del seguimiento a los participantes de los talleres de Codesarrollo sobre las dos competencias del tercer trimestre
		Promover el autodesarrollo a través del *Método 12 pasos* en el grupo de directivos, gerentes y jefes principales seleccionados para los talleres de Codesarrollo	Seguimiento de las consultas/dudas sobre el autodesarrollo a través del *Método 12 pasos*

Resolver la solicitud de pedidos especiales de varias áreas

Todos los años se reciben numerosas solicitudes de formación, pero no todas pueden ser atendidas. Para la elección de las personas y actividades que formarán parte del Plan de Formación han sido consideradas aquellas acciones que se relacionen con los puestos de trabajo que las personas ocupan en el presente o se prevé que ocuparán más adelante.

- *Tiendas de Zona Norte. Enseñanza de inglés para los colaboradores.* Esta solicitud no será incluida en el Plan de Formación, dado que el conocimiento del idioma inglés no es un requisito para desempeñarse en las tiendas. Se analizará con los gerentes de cada zona si en alguna de ellas ha cambiado la composición de los clientes y el dominio del inglés se ha convertido en necesario por esa razón. De haberse producido un cambio de esta naturaleza, se realizará una modificación en los descriptivos de puestos relacionados y, una vez que estos sean aprobados, se podrá incluir este requerimiento en la revisión del Plan de Formación que se realizará al finalizar el segundo trimestre.

- *Gerente del área contable de Casa Central. Formación para contadores y asistentes del área contable.* Esta sugerencia se considera pertinente y se incluirá en el Plan de Formación. Primero se confirmarán algunos datos disponibles, respecto de horarios y costos involucrados. También se hará un análisis de las personas que concurrirán a dichas actividades; fundamentalmente se confirmará con los jefes directos quiénes deberían concurrir y el interés de los participantes al respecto, dado que las clases mencionadas se impartirán fuera del horario laboral, e incluso en algunos días no laborables.
  Otros años se han realizado acciones similares con resultados altamente satisfactorios.
  En resumen, se establece incluir en el Plan de Formación los talleres ofrecidos por la Asociación de Contadores sobre Normas Contables Internacionales (duración: 6 meses).

- *Gerente del área contable de Casa Central. Formación a gerentes de tiendas sobre la elaboración de reportes a través del software específico de la compañía.* Esta solicitud será atendida desde dos perspectivas diferentes. Primero, se le explicará al gerente del área contable que se ha decidido implementar el programa sobre la competencia *Compromiso con la calidad de trabajo* para todos los gerentes de tiendas. Adicionalmente se le solicitará al área responsable que revea los procedimientos sobre el tema en cuestión y, a posteriori, envíe un correo electrónico a todos los gerentes de tiendas explicando dicho procedimiento y abriendo un canal para que estos despejen sus dudas. De ser necesaria alguna formación adicional, se analizará su inclusión antes de la finalización del segundo trimestre.

- *Gerente de Logística y Distribución. Preocupación por robos y roturas.* Este planteo se relaciona con el desarrollo en toda la organización de la competencia *Compromiso con la calidad de trabajo.* Por lo tanto, los distintos niveles del área de Logística y Distribución formarán parte de esa iniciativa, de un modo u otro, y entonces queda definido el camino para la superación de las cuestiones planteadas.
  Se le ofrecerá al gerente de Logística y Distribución la opción de participar él mismo –y elegir algunas personas de su equipo directo para que también lo hagan– de los talleres de Codesarrollo que se impartirán a partir del segundo trimestre sobre las competencias *Compromiso con la calidad de trabajo* y *Entrenador.* De aceptar esta sugerencia, luego podrán participar del autodesarrollo a través del *Método 12 pasos.* Estas soluciones se integran a las propuestas explicadas precedentemente.
  Adicionalmente, se decide realizar las siguientes acciones en relación con la competencia específica por área denominada *Calidad y mejora continua.*

- Analizar las evaluaciones de desempeño de todos los integrantes del área Logística y Distribución. A aquellos que evidencien brechas en la competencia *Calidad y mejora continua* se les ofrecerá la realización de talleres de Codesarrollo.

- Los gerentes y jefes del área que no posean brechas en la competencia mencionada en el párrafo anterior podrán asistir a los talleres de Codesarrollo mencionados.

- Para todos los integrantes del área Logística y Distribución se dispone realizar una acción de promoción específica orientada a que desarrollen sus capacidades a través de las *guías de desarrollo* que Superdescuento ofrece en la intranet de la organización.

El cronograma y las herramientas a utilizar serán similares a los propuestos para los gerentes de tiendas.

- *Inscripción a un posgrado para un colaborador.* Esta solicitud formará parte del capítulo *Asignaciones especiales* del Plan de Formación, dado que la solicitud se considera pertinente.

  José Duarte Espinoza, jefe de Impuestos locales e internacionales de Superdescuento, es un posible sucesor del gerente de Impuestos y dicha capacitación especial está relacionada con esa situación, por lo cual se informará de ello al responsable de la administración de este programa.

- *Preocupación sobre el uso de los recursos informáticos*

  Se considera que la preocupación del director de Tecnología Informática junto con el director general de Operaciones y el director de Administración es muy pertinente, por lo que se propondrá al número 1 de Superdescuento el diseño y la posterior puesta en práctica de políticas de Recursos Humanos específicas sobre el uso de la tecnología y los *social media* en particular.

  Para una aplicación más eficaz de dichas políticas se hará una revisión integral de las políticas de Recursos Humanos[4], incluyendo los temas mencionados en el párrafo anterior.

  Con frecuencia la implementación de nuevas políticas de Recursos Humanos implica la realización de talleres y/u otras actividades formativas. De presentarse alguna necesidad específica una vez diseñadas y aprobadas las mencionadas políticas, se podrá incluir alguna acción suplementaria en el Plan de Formación cuando se realice la revisión correspondiente, antes de finalizar el segundo trimestre.

---

4 Para conocer más acerca de políticas de Recursos Humanos, en especial en relación con tecnología y social media, se sugiere al lector consultar la obra *Social Media y Recursos Humanos*.

Pedido por	Acciones a realizar con relación a los pedidos especiales de varias áreas			
	Primer trimestre	Segundo trimestre	Tercer trimestre	Cuarto trimestre
Tiendas Zona Norte	-.-	-.-	-.-	-.-
Gerente del área contable. Formación de contadores y asistentes			Actividad sobre normas contables internacionales. Asociación de contadores	Actividad sobre normas contables internacionales. Asociación de contadores
Gerente del área contable. Formación de gerentes de tiendas	-.-	-.-	-.-	-.-
Gerente de Logística y Distribución – 1	Promover el autodesarrollo de la competencia *Calidad y mejora continua* utilizando las guías de desarrollo en intranet	Seguimiento de las consultas/ dudas sobre el autodesarrollo y las guías que se expresen en la intranet	Acciones complementarias de promoción para el autodesarrollo	Acciones complementarias de promoción para el autodesarrollo
Gerente de Logística y Distribución – 2	Selección de los participantes y armado de grupos para la impartición de los talleres de Codesarrollo	Talleres de Codesarrollo sobre la competencia *Calidad y mejora continua*	Talleres de Codesarrollo sobre la competencia *Calidad y mejora continua*	Talleres de Codesarrollo sobre la competencia *Calidad y mejora continua*
Gerente de Logística y Distribución – 2 (continuación)	-.-	-.-	Inicio del seguimiento a los participantes de los talleres de Codesarrollo del segundo trimestre	Inicio de seguimiento a los participantes de los talleres de Codesarrollo del tercer trimestre
Gerente de Logística y distribución – 3	-.-	-.-	Promover el autodesarrollo a través del *Método 12 pasos* en el grupo de directivos, gerentes y jefes principales seleccionados para los talleres de Codesarrollo	Seguimiento de las consultas/ dudas sobre el autodesarrollo a través del *Método 12 pasos*
Posgrado para un colaborador	-.-	-.-	-.-	-.-
Uso de recursos informáticos	-.-	-.-	-.-	-.-

En el resumen precedente no se incluyen todas las decisiones tomadas sobre los pedidos recibidos, en especial si las posibles actividades de formación no han sido aprobadas. E incluso en el caso de ser aprobadas, como el posgrado para un colaborador u otros que se sumarán a cursos de acción considerados frente a otras situaciones. Por ejemplo, la preocupación del gerente del área contable sobre la escasa calidad de trabajo, ya fue considerada en el programa que involucra a todos los gerentes de tiendas, por la misma problemática, evidenciada en las evaluaciones de desempeño.

Del mismo modo no se incluye en el resumen precedente la posibilidad ofrecida al gerente de Distribución y Logística de sumarse (él mismo y algunos de los integrantes de su equipo) al programa descrito con anterioridad, *Reforzar en todos los colaboradores la calidad de trabajo.*

Por último, igualmente no se incluyeron en el Plan de Formación otras acciones que surgieron; por ejemplo, la necesidad del diseño de nuevas políticas de Recursos Humanos y la revisión de procedimientos para las tiendas, dado que son acciones relacionadas con otras funciones del área de RRHH o, eventualmente, de otras áreas de la organización.

Caso Superdescuento: integrar empresas adquiridas a la cultura organizacional

Continuando con el caso expuesto en el Capítulo 2 –"Gestión por competencias para alinear a las personas de la organización con la estrategia"–, se desea elaborar un plan de acción para establecer un puente entre Superdescuento y las nuevas empresas adquiridas, Alimentos Envasados La María y Alimentos Envasados Dulce María.

En los últimos meses Superdescuento inició tratativas para la adquisición de las dos empresas industriales del grupo empresario Hijos de La María. Por el momento se ha cerrado el trato sobre una de las compañías y el otro acuerdo está próximo a concretarse, por lo cual se preparará un plan de trabajo que será aplicado en ambas empresas, comenzando por la primera de las mencionadas, la productora de vegetales y legumbres Alimentos Envasados La María.

Desde que se cerró el trato, se inició una implementación en etapas de diversos métodos y procedimientos organizacionales, así como de los sistemas informáticos más importantes.

Desde el área de Recursos Humanos se han propuesto acciones para alcanzar un cambio cultural a través del nuevo modelo de competencias de Superdescuento.

Entre los métodos y procedimientos que se han ido implementando en etapas se incluyen nuevas herramientas de selección y la evaluación de desempeño. La empresa adquirida también utilizaba un método de evaluación de desempeño similar a la implementada en Superdescuento, es decir, *evaluación vertical con fijación de objetivos*. La diferencia más relevante entre ambas empresas radica en la utilización de modelos de competencias distintos.

En la empresa recientemente adquirida, se está trabajando sin ningún inconveniente con los nuevos procedimientos de selección. No así con la evaluación de desempeño, donde se han presentado algunas dificultades.

También se ha implementado, con éxito, la nueva estructura de puestos junto con las nuevas escalas remunerativas. Si bien el supermercadismo con frecuencia no ofrece los mejores salarios, no se presentó ningún inconveniente en adaptar a Superdescuento las escalas salariales de las dos empresas, una ya adquirida y la otra a punto de concretarse la operación.

Para la elaboración del mencionado plan de acción deberán considerarse las competencias definidas para Superdescuento, en especial las competencias cardinales y específicas gerenciales.

De acuerdo con la posible solución al caso planteado en el Capítulo 2, estas competencias son:

Competencias cardinales
1. Compromiso con la calidad de trabajo
2. Iniciativa
3. Integridad
4. Orientación al cliente interno y externo
Competencias específicas gerenciales
5. Conducción de personas
6. Liderar con el ejemplo

La dirección de Recursos Humanos cuenta con diversas herramientas a ser utilizadas en el Plan de Formación para el próximo año

A partir del diseño del nuevo modelo de competencias, la empresa cuenta con las *guías de desarrollo,* documentos en los cuales se describen posibles acciones o caminos que se sugiere seguir con el propósito de mejorar el desempeño y las capacidades personales. Por ejemplo: alcanzar comportamientos más altos en relación con una competencia que se desee desarrollar, o sumar nuevos conocimientos o incrementar los que ya se poseen, en una determinada disciplina o campo profesional.

Las guías de desarrollo pueden ser:

- Dentro del trabajo.

- Fuera del trabajo.

Las definiciones de estos conceptos son las siguientes:

Guías de desarrollo dentro del trabajo para todas las competencias del modelo. Documento interno organizacional en el cual se describen las posibles acciones que se sugiere incorporar en la actividad cotidiana, a fin de alcanzar comportamientos más altos en relación con la competencia a desarrollar o incrementar/mejorar conocimientos, según corresponda.

Guías de desarrollo fuera del trabajo para todas las competencias del modelo. Documento interno organizacional en el cual se describen las posibles ideas que permiten desarrollar las competencias del modelo organizacional en otras actividades no relacionadas con el ámbito laboral, poniendo en juego la competencia, o incrementar/mejorar conocimientos, según corresponda.

Codesarrollo: *Jefe entrenador*

El año anterior, la alta dirección aprobó la adquisición –bajo la modalidad "formador de formadores"– de un programa de desarrollo *para jefes,* con el propósito de que todos mejoren su actuación en este rol y, al mismo tiempo, alcancen un nivel más alto de la competencia *Entrenador.*

Jefe entrenador. El concepto implica que el jefe es una persona que al mismo tiempo que cumple el *rol de jefe* lleva adelante otra función respecto de sus colaboradores: ser guía y consejero en una relación orientada al aprendizaje. Lo asume de manera deliberada, desea hacerlo y está convencido de los resultados a obtener.

Para que un jefe se transforme en jefe entrenador o, ya siéndolo, mejore aún más esta capacidad, el camino sugerido es el desarrollo de la competencia *Entrenador*.

Convertirse en jefe entrenador no implica adicionar tareas a la actividad que ya se lleva a cabo. Por el contrario, se trata de un comportamiento permanente que un jefe lleva a cabo en su relación cotidiana con sus colaboradores.

Definición de la competencia *Entrenador*:

Capacidad para formar a otros tanto en conocimientos como en competencias. Implica un genuino esfuerzo para fomentar el aprendizaje a largo plazo y/o desarrollo de otros, más allá de su responsabilidad específica y cotidiana. El desarrollo a lograr en otros será sobre la base del esfuerzo individual y según el puesto que la otra persona ocupe en la actualidad o se prevé que ocupará en el futuro.

Método Codesarrollo para ciertas competencias

Un especialista del área de Formación ha participado de una capacitación sobre el método Codesarrollo y ya se llevaron a cabo varias implementaciones exitosas de esta metodología. Por lo tanto, Superdescuento está en condiciones de utilizar el mencionado método para el desarrollo de las capacidades de sus colaboradores.

Definición:

Codesarrollo. Método para el desarrollo de personas, aplicable tanto a competencias como a conocimientos.

Dicho método implica: acciones concretas que de manera conjunta realiza el sujeto que asiste a una actividad de formación guiado por un instructor para el desarrollo de sus competencias y/o conocimientos. El Codesarrollo implica un ciclo: 1) taller de Codesarrollo; 2) seguimiento; 3) segundo taller de Codesarrollo.

Método 12 pasos para el autodesarrollo

Adicionalmente a lo mencionado, si bien no está aprobado aún, se tomará en cuenta la posibilidad de sumar a los métodos de autodesarrollo mencionados el *Método 12 pasos para el autodesarrollo*. El director de Recursos Humanos ha presentado la propuesta al número 1 de Superdescuento, quien en principio ha autorizado la implementación de esta herramienta, en especial dentro de los programas para jefes, y se espera poder adoptarlo para desarrollar diversas competencias.

El *Método 12 pasos* permite desarrollar tanto un conocimiento como una competencia y podría aplicarse dentro o fuera del trabajo o, según el caso, de manera mixta. Es decir, tanto dentro como fuera del trabajo.

Consignas a resolver

- Para la realización de un plan de acción dirigido a establecer un puente entre Superdescuento y las nuevas empresas adquiridas –Alimentos Envasados La María y Alimentos Envasados Dulce María–, e integrar a los integrantes de estas organizaciones a la cultura de Superdescuento, se ha seleccionado a un primer grupo de colaboradores, perteneciente a los niveles superiores del organigrama, tanto de Superdescuento como de cada una de las nuevas empresas adquiridas (aproximadamente 300 personas). Con este grupo se desea realizar acciones específicas.

- El plan a elaborar deberá incluir, además, algún tipo de acción para todos los colaboradores, aproximadamente 1.000 (en total, incluyendo en esta cantidad los 300 mencionados en el ítem anterior).

- De acuerdo con la información expuesta, ¿cuál sería el enfoque más adecuado a utilizar?

- Elaborar un plan de acción.

Una posible solución al caso planteado

Etapa 1. Realizar una activa difusión del modelo de competencias de Superdescuento entre todos los colaboradores de las empresas adquiridas, a través de folletos explicativos y talleres donde se explique cómo se ha armado el modelo de competencias de Superdescuento y sus principales aplicaciones, tal como se ha visto en el Capítulo 0 (introductorio) de esta obra (ver el gráfico superior en la página siguiente).

Etapa 2. Medición del grado de desarrollo de las competencias cardinales y gerenciales en el grupo seleccionado, de aproximadamente 300 directivos, gerentes y jefes principales.

La herramienta a utilizar es la denominada *determinación temprana de brechas.* Se sugiere comenzar por la autoevaluación, utilizando para ello *fichas de evaluación,* en talleres específicamente diseñados. Luego estas autoevaluaciones serán revisadas por un superior del evaluado (ver el gráfico inferior en la página siguiente).

Caso Superdescuento
Integrar empresas adquiridas a la cultura organizacional

Etapa 1

Programa de difusión
Modelo de competencias

N° 44

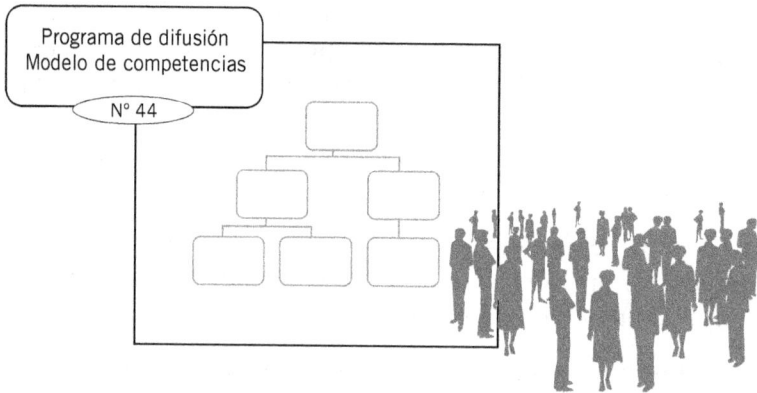

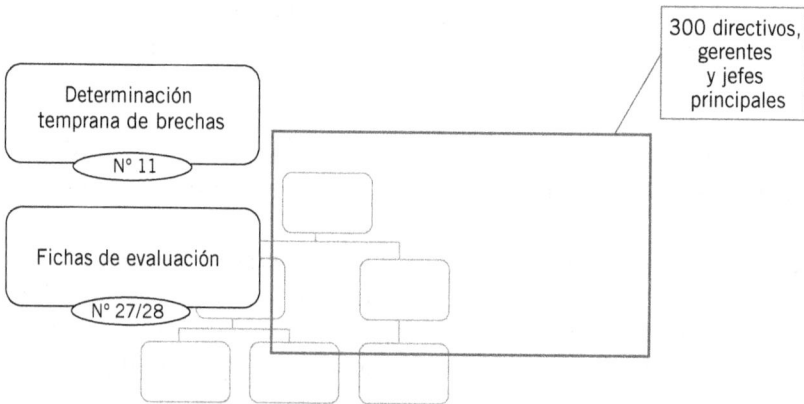

Nota: El número de las herramientas mencionadas hace referencia al asignado a cada una de ellas en el libro *Las 50 herramientas de Recursos Humanos que todo profesional debe conocer* (Ediciones Granica).

Caso Superdescuento
Integrar empresas adquiridas a la cultura organizacional

Etapa 2

300 directivos,
gerentes
y jefes
principales

Determinación
temprana de brechas

N° 11

Fichas de evaluación

N° 27/28

Nota: El número de las herramientas mencionadas hace referencia al asignado a cada una de ellas en el libro *Las 50 herramientas de Recursos Humanos que todo profesional debe conocer* (Ediciones Granica).

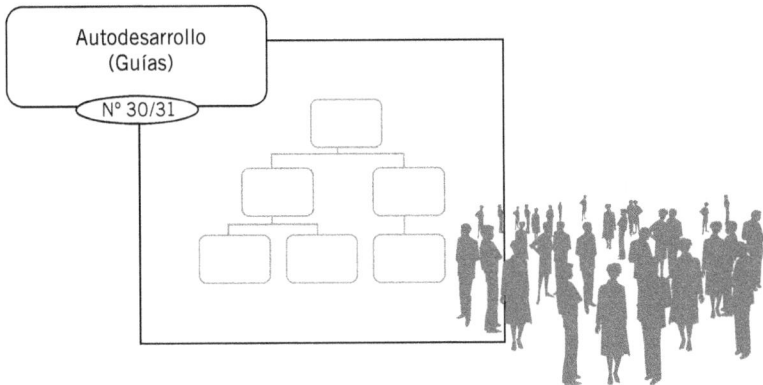

Caso Superdescuento
Integrar empresas adquiridas a la cultura organizacional

Etapa 3

Autodesarrollo
(Guías)

N° 30/31

Nota: El número de las herramientas mencionadas hace referencia al asignado a cada una de ellas en el libro *Las 50 herramientas de Recursos Humanos que todo profesional debe conocer* (Ediciones Granica).

Etapa 3. Promover el autodesarrollo a través de las *guías dentro y fuera del trabajo.* Superdescuento cuenta con dichas guías para todas las competencias del modelo.

Para que esta etapa sea eficaz primero se deberá difundir el autodesarrollo y su relación con el desarrollo de las competencias, desde la mirada del colaborador. Se deberá poner especial énfasis en el autodesarrollo de las competencias cardinales y, en los casos que corresponda, de las competencias específicas gerenciales.

Etapa 4. Programas específicos según las brechas detectadas en la Etapa 2. Para ello se deberá ofrecer la realización de talleres de Codesarrollo referidos tanto a las competencias cardinales como a las competencias específicas gerenciales.

Para alcanzar los resultados esperados en esta etapa será importante realizar una adecuada planificación de actividades. Las personas que hayan evidenciado brechas deberían participar en talleres de Codesarrollo junto con su posterior seguimiento (método Codesarrollo). Igualmente podrán asistir a estos talleres personas que no hayan evidenciado brechas, como una forma de fortalecer un desarrollo adecuado de las competencias requeridas.

Los jefes, entre otros roles que deben desempeñar, son modelos a seguir por sus colaboradores, por lo cual tanto desarrollar sus competencias cuando se evidencien brechas, así como fortalecer dichas capacidades, siempre será una buena idea, en especial frente a una situación como la planteada en el presente caso.

Caso Superdescuento
Integrar empresas adquiridas a la cultura organizacional

Etapa 4

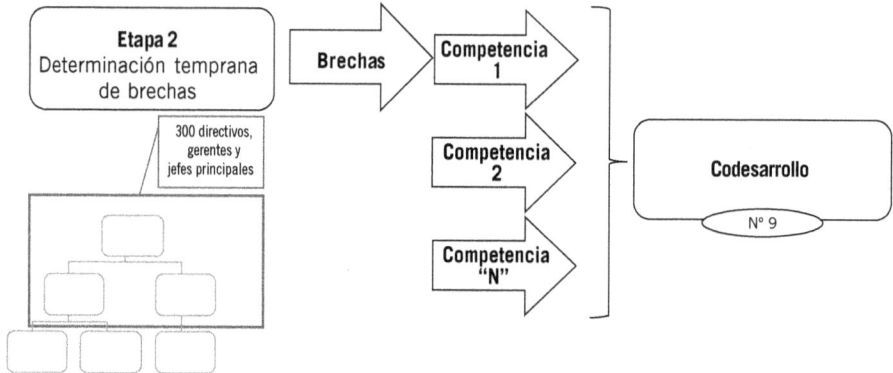

Nota: El número de las herramientas mencionadas hace referencia al asignado a cada una de ellas en el libro *Las 50 herramientas de Recursos Humanos que todo profesional debe conocer* (Ediciones Granica).

Obras de Martha Alles relacionadas con este capítulo

El desarrollo y la formación de personas son temas que se han tratado en varias de mis obras: *Desarrollo del talento humano. Basado en competencias; Codesarrollo. Una nueva forma de aprendizaje; Construyendo talento.*

Social Media y Recursos Humanos abarca la temática de las nuevas generaciones, y considera, entre otros aspectos, su desarrollo en el ámbito profesional. También, la obra expone la temática de formación y desarrollo utilizando las nuevas tecnologías y las redes sociales.

La temática de desarrollo también es mencionada en *Comportamiento organizacional* y *5 pasos para transformar una oficina de personal en un área de Recursos Humanos.*

Para los interesados en conocer más sobre las competencias *Entrenador, Conducción de personas (Delegación), Empowerment, Liderazgo para el cambio, Liderazgo ejecutivo,* entre otras, puede remitirse a los siguientes libros: *Diccionario de competencias. La trilogía. Tomo 1; Diccionario de comportamientos. La trilogía. Tomo 2,* y *Diccionario de preguntas. La trilogía. Tomo 3.*

Para profundizar temas de liderazgo, en todos los niveles, existe una colección específica, con títulos como *Rol del jefe; 12 pasos para ser un buen jefe; 12 pasos para transformarse en un jefe entrenador; 12 pasos para delegar efectivamente; Conciliar vida profesional y personal. Dos miradas, organizacional e individual;* y *12 pasos para conciliar vida profesional y personal. Desde la mirada individual.* En relación con estos temas y de la colección Bolsillo, *Cómo llevarme bien con mi jefe.*

Por último, y como una síntesis de toda la obra de mi autoría, son de vital importancia el *Diccionario de términos de Recursos Humanos* y *Las 50 herramientas de Recursos Humanos que todo profesional debe conocer.*

Los casos prácticos y ejercicios de esta obra han sido preparados, orientados a lograr una mejor comprensión de los temas tratados en *Dirección estratégica de Recursos Humanos. Volumen 1* (2015).

PARA TODOS LOS LECTORES

Se encuentra disponible en formato digital un Anexo donde se ha realizado un análisis detallado de libros y subsistemas que complementa las temáticas abordadas en esta obra.

PARA PROFESORES

Para cada uno de los capítulos de esta obra hemos preparado:

☞ Material de apoyo para el dictado de clases.

Los profesores que hayan adoptado esta obra para sus cursos tanto de grado como de posgrado podrán solicitar de manera gratuita:

Dirección estratégica de Recursos Humanos. CLASES

Únicamente disponibles en formato digital:
www.marthaalles.com

o bien escribiendo a:
profesores@marthaalles.com

Anexos
Herramientas recomendadas para formación

Capacitación **Herramienta Nº 7**	Actividades estructuradas, generalmente bajo la forma de un curso, con fechas y horarios conocidos y objetivos pre-determinados.
Codesarrollo **Herramienta Nº 9 A**	Método para el desarrollo de personas, aplicable tanto a competencias como a conocimientos. Codesarrollo implica acciones concretas que de manera conjunta realiza el sujeto que asiste a una actividad de formación guiado por un instructor para el desarrollo de sus competencias y/o conocimientos. El Codesarrollo implica un ciclo: 1) taller de Codesarrollo; 2) seguimiento; 3) segundo taller de Codesarrollo.
Codesarrollo. *Taller de codesarrollo* **Herramientas Nº 9 B y C**	Actividad estructurada donde el participante realiza acciones concretas de manera conjunta con su instructor para el desarrollo de sus competencias y/o conocimientos. *Codesarrollo. Manuales Metodología MACH.* Manuales para la puesta en práctica del método de Codesarrollo, aplicables a todas las actividades que comprende. Los mismos consisten en: 1) los materiales y manuales necesarios para llevar a cabo los talleres de Codesarrollo presenciales; 2) documentos e instructivos específicos y detallados que permiten a una organización poner en práctica la etapa de seguimiento de la metodología de Codesarrollo.
E-learning **Herramienta Nº 17**	Método de aprendizaje utilizando la tecnología, usualmente la intranet de la organización. Entre otras características se puede mencionar, además, que las actividades no son presenciales y los horarios de aplicación son flexibles.
Guías de desarrollo dentro del trabajo **Herramientas Nº 30 A y B**	Documento interno organizacional en el cual se describen las posibles acciones que se sugiere incorporar en la actividad cotidiana, a fin de alcanzar comportamientos más altos en relación con la competencia a desarrollar o incrementar/mejorar conocimientos, según corresponda. *Guías de desarrollo dentro del trabajo. Manual de desarrollo.* Conjunto de teoría, guías para el desarrollo e instructivos para el usuario y para el área de Recursos Humanos. Un manual de desarrollo puede estar integrado por – Guías de desarrollo dentro del trabajo. – Guías de desarrollo fuera del trabajo.

Guías de desarrollo fuera del trabajo **Herramientas Nº 31 A y B**	Documento interno organizacional en el cual se describen las posibles ideas que permiten desarrollar las competencias del modelo organizacional en actividades no relacionadas con el ámbito laboral, poniendo en juego la competencia, o incrementar/mejorar conocimientos, según corresponda.
Programas para jefes: *Cómo llevarme bien con mi jefe, Conciliar vida profesional y personal, Delegación, Jefe entrenador, Rol del jefe* **Herramientas Nº 45, 46, 47, 48 y 49**	Programas para jefes, todos diseñados utilizando el método de Codesarrollo. Todos los jefes, desde el número 1 de la organización hasta aquel que tiene a su cargo pocos colaboradores, debe cumplir un rol en relación con estos, una serie de tareas derivadas del hecho de contar con personas que le reportan. Una de estas tareas, muy especial, es el papel de guía y apoyo a los colaboradores para que realicen mejor sus tareas y, al mismo tiempo, incrementen su satisfacción personal al lograr un mejor desempeño. Para que este rol se verifique será necesario que la organización asuma una actitud activa al respecto, y nuestra sugerencia es hacerlo a través de programas específicos para jefes.

Podrá encontrar mayor detalle sobre las herramientas aquí mencionadas en la obra *Las 50 herramientas de Recursos Humanos que todo profesional debe conocer.*

Términos a tener en cuenta en formación

Aprendizaje	Proceso mediante el cual se adquieren (nuevos) conocimientos.
Autodesarrollo	Acciones que realiza una persona, por su propia iniciativa, para mejorar.
Autodesarrollo dirigido	La organización ofrece a su personal una serie de "ideas" para el autodesarrollo de competencias y/o conocimientos. Usualmente se realiza a través de las guías de desarrollo que se difunden en la intranet.
Capacitación	Actividades estructuradas, generalmente bajo la forma de un curso, con fechas y horarios conocidos y objetivos predeterminados.
Curso	Actividad de formación estructurada para la transmisión de conocimientos.
Desarrollo	Acción de hacer crecer algo, por ejemplo, una competencia o un conocimiento.

Desarrollo de competencias	Acciones tendientes a alcanzar el grado de madurez o perfección deseado en función del puesto de trabajo que la persona ocupa en el presente o se prevé que ocupará más adelante.
Diferentes denominaciones para la persona que está a cargo de una actividad formativa y su significado	*Experto reconocido.* Persona que domina un tema en toda su gama, extensión y profundidad, y posee experiencia, junto con el conocimiento teórico que la sustenta. Es considerado un referente en la materia debido a sus publicaciones, investigaciones, trayectoria profesional y/o sus aportes originales a la especialidad. *Experto.* Se trata de la persona que domina un tema en toda su gama y profundidad; tiene experiencia junto con el conocimiento teórico que la sustenta. *Instructor.* Al igual que el *experto*, es un conocedor del tema, pero sin llegar a su nivel. Imparte una actividad en base a un diseño propio o no; por ejemplo, puede basarse en una metodología que no ha diseñado personalmente o en un libro escrito por otro. *Facilitador.* Se trata de una persona con nivel y experiencia cuyo rol es conducir una reunión de trabajo donde los participantes deben producir un determinado resultado. Ejemplos: un plan estratégico, la visión y misión de la organización, o su modelo de valores y/o competencias. Un experto puede ser, además, un facilitador. Un experto puede diseñar una actividad que luego será impartida por un instructor. Un instructor puede ser, además, un facilitador. Un instructor y/o un facilitador no deben, necesariamente, ser expertos.
Entrenamiento	Proceso de aprendizaje mediante el cual los participantes adquieren competencias y conocimientos necesarios para alcanzar objetivos definidos.
Espiral creciente	Es un proceso mediante el cual una persona adquiere y/o perfecciona de manera progresiva sus competencias y conocimientos para tener éxito en sus puestos de trabajo.
Formación	Acción de educar y/o instruir a una persona con el propósito de perfeccionar sus facultades intelectuales a través de la explicación de conceptos, ejercicios, ejemplos, etc. Incluye conceptos tales como codesarrollo y capacitación.

Formador de formadores	Instructor que imparte una actividad a otros instructores para que estos puedan –a su vez– impartir una determinada actividad de acuerdo con materiales e instructivos específicos.
Formador de formadores. Manual	Documentos e instructivos específicos y detallados que permiten a una persona (instructor) la impartición de un determinado taller o curso.
Método de aprendizaje	Conjunto de acciones y/o pasos para alcanzar un nivel superior en una determinada disciplina (conocimiento) o competencia.
Taller	Actividad de formación estructurada durante la cual se intercalan exposiciones teóricas con ejercitación práctica, siendo esta última la predominante.

Podrá encontrar mayor detalle sobre estos y otros términos en la obra *Diccionario de términos de Recursos Humanos.*

Capítulo 6

Evaluación
de desempeño

**Temas tratados en el Capítulo 6 de *Dirección estratégica
de Recursos Humanos. Gestión por competencias. Volumen 1***

- ¿Por qué evaluar el desempeño? Beneficios y problemas más comunes
- La evaluación de desempeño se relaciona con otros subsistemas
- Pasos de una evaluación de desempeño
- Pasos de la reunión de retroalimentación
- Evaluar el desempeño en Gestión por competencias
- *360° feedback* o evaluación de 360 grados
- Evaluación de desempeño en un esquema sencillo o para una empresa pequeña
- La relación de las evaluaciones de desempeño con las remuneraciones
- El rol de Recursos Humanos en la evaluación de desempeño
- Cómo relacionar la estrategia de los negocios con el desempeño
- Las evaluaciones de desempeño y las carreras de las personas

Evaluación del desempeño y retroalimentación

Caso Superdescuento

Se incluye a continuación el descriptivo del puesto del Capítulo 3 y los comportamientos observables de una persona para así evaluar su desempeño.

Más adelante se transcriben algunos párrafos de la reunión de retroalimentación entre el jefe y la persona evaluada: Natalia Guzmán Hugarte (caso ficticio).

DESCRIPTIVO DEL PUESTO *JEFE DE PRODUCTOS*

Empresa	*Superdescuento*	Puesto	*Jefe de Productos*
Nombre y apellido del titular del puesto	*Natalia Guzmán Hugarte*		
Área/Dirección	*Comercial*		
Departamento	*Ventas*	Puesto superior	*Director Comercial*

Aprobaciones	Fecha
Titular del puesto	Analista de RRHH
Superior	Responsable de RRHH

Organigrama

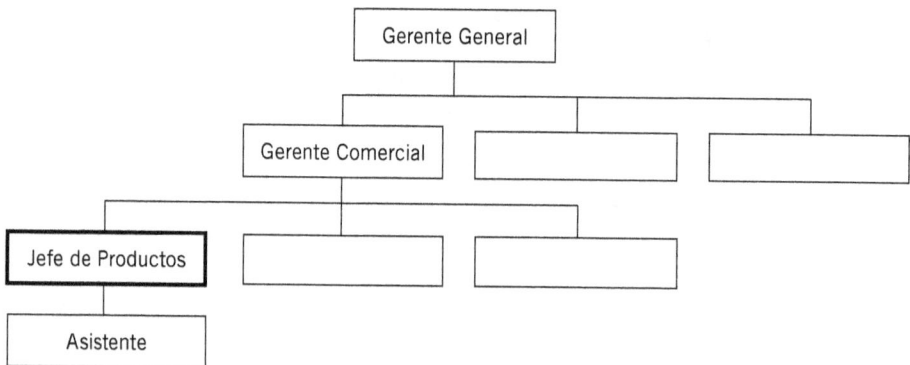

DESCRIPTIVO DEL PUESTO *JEFE DE PRODUCTOS* (Hoja 2)

Síntesis del puesto
Es responsable por el producto o línea de productos a su cargo, desde el desarrollo de nuevas marcas y marcas propias hasta su resultado final.
Los resultados de cada línea de productos en conjunto serán los resultados finales de la dirección a la cual pertenece.

Responsabilidades del puesto Actividades/Tareas/Responsabilidades	Grado de relevancia
Negociar con proveedores y altos directivos de la compañía.	Alto
Desarrollar marcas tradicionales y propias.	Alto
Responsabilidad sobre resultados.	Alto
Analizar estudios de mercado.	Alto
Definir estrategias comerciales.	Alto
Responsabilidad por el presupuesto de gastos que se le asigne.	Alto

REQUISITOS DEL PUESTO	
Formación básica	*Título de grado en formación comercial.*
Otra formación complementaria	
Experiencia requerida	*Experiencia en consumo masivo, en supermercados con cadena de pequeñas tiendas y dirigidos a segmentos de bajos recursos.*
PC (detallar)	*Muy buenos conocimientos de PC: Excel, Word, Power Point, redes sociales.*

DESCRIPTIVO DEL PUESTO *JEFE DE PRODUCTOS* (Hoja 3)

Competencias requeridas

Nombre de la competencia	A	B	C	D
Competencias cardinales				
Compromiso con la calidad de trabajo			X	
Iniciativa		X		
Integridad			X	
Orientación al cliente interno y externo		X		
Competencias específicas gerenciales				
Conducción de personas		X		
Liderar con el ejemplo		X		
Competencias específicas por área				
Calidad y mejora continua		X		
Capacidad de planificación y organización			X	
Conocimiento de la industria y el mercado			X	
Influencia y negociación			X	
Temple y dinamismo		X		
Trabajo en equipo		X		

Las definiciones de las competencias junto con sus grados podrá encontrarlas en la obra *Diccionario de competencias. La trilogía. Tomo 1,* Ediciones Granica, 2015.

Comportamientos observados de la persona a evaluar

El jefe de Natalia es quien tiene que realizar la evaluación. Habitualmente, antes de hacer las evaluaciones recaba información sobre el desempeño de cada uno de sus colaboradores con todas aquellas personas que hayan podido observar sus comportamientos, como una forma de contextualizar su propia evaluación. A continuación ofrecemos un breve resumen acerca de los comportamientos de Natalia.

Los clientes están muy contentos con Natalia, en todas las ocasiones manifiestan que es muy amable y está siempre dispuesta a escucharlos, atender sus sugerencias y reclamos. También des-

tacan su constante preocupación por que las cosas salgan bien, no acepta algo "más o menos", siempre busca alcanzar la calidad y la eficacia máximas en todo lo que se propone. También los clientes subrayan que cumple con lo que promete, no es de aquellas personas que dicen algo y luego hacen lo contrario o algo diferente. En resumen, no han manifestado objeción alguna respecto de su desempeño, con una excepción: varios de ellos "se han quejado", no muy enojados, de que Natalia no es proactiva, es decir, reacciona positivamente cuando recibe un llamado, pero no toma la iniciativa de, por ejemplo, llamarlos para preguntarles si todo está bien.

Sobre la base de la opinión de los clientes, y como él también ha observado aspectos similares en el desempeño de Natalia, su jefe decidió buscar más información.

El responsable del área de Formación y el gerente de Recursos Humanos confirmaron algunos comportamientos. Recordaron que en las actividades de Codesarrollo que se impartieron en los últimos meses, Natalia no se destacó por sobre los otros participantes ni evidenció estar por debajo de lo esperado, es decir, su desempeño fue en todos los casos dentro de lo esperado, quizá un poco por debajo. El responsable de Formación comentó que podía opinar sobre dos competencias en particular, Capacidad de planificación y organización *e* Influencia y negociación. *En los talleres dedicados al desarrollo de esas competencias él fue el instructor, y observó un comportamiento algo inferior al requerido en su nivel, pero nada que no se pueda mejorar; es más, recuerda que en el momento de la confección de los planes de acción de cada taller Natalia se mostró muy interesada en lograr mejoras en ambas competencias. En resumen, según su opinión, si bien ella debería mejorar en estas dos competencias, no ve que allí exista problema alguno.*

El gerente de Recursos Humanos aporta un comentario muy interesante sobre Natalia. Él fue el responsable de los talleres sobre Liderazgo y sobre varias temáticas en relación con el Modelo de Competencias de Superdescuento, y afirma: "Recuerdo muy bien a Natalia, ella es muy amable, simpática y siempre muy bien dispuesta; también recuerdo que quizá ella esté un poco por debajo de lo requerido por su puesto en las dos competencias gerenciales, Conducción de personas *y* Liderar con el ejemplo, *pero hay que tener en cuenta que solo tiene a su cargo a un asistente...".*

Para completar sus propias opiniones, el jefe de Natalia decidió conocer, con mucha discreción, la opinión de compañeros de trabajo de su colaboradora. Hablando con unos y otros, no obtuvo información que modificara sus propias opiniones u otras que ya había obtenido con anterioridad. Pareciera que todos opinan de manera similar.

Los compañeros de Natalia expresaron que para ella los clientes están primero, incluso, que el propio grupo de trabajo. En ningún caso dijeron sobre ella que sea una mala compa-

ñera, en absoluto, pero que siempre está orientada a los clientes y a su propio trabajo. Si un compañero le solicita algo, lo hace con muy buena disposición; desde ese punto de vista es muy buena compañera, pero no se anticipa, es decir, no "se ofrece" para ayudar, solo colabora cuando se lo piden… Sobre este punto, unos dijeron que es así porque no se preocupa demasiado por su equipo de trabajo y otros piensan que no es esta la razón, sino que ella no es muy proactiva en general, no solo en relación con las necesidades de sus compañeros de trabajo.

Haciendo su propio resumen para sumar a lo antedicho, que él comparte plenamente, el jefe ha observado algunos otros aspectos a tener en cuenta en la evaluación por competencias.

Natalia trabaja con compromiso, muy pendiente de los clientes y siempre brindando una imagen de gran dinamismo, aun en circunstancias difíciles, en las cuales otros quizá habrían claudicado. Sin duda, estas son sus fortalezas. También se observa en ella un comportamiento íntegro, con altos valores personales. Sin ningún lugar a dudas, su evaluación es altamente favorable.

No obstante, hay algunos aspectos que debería mejorar, como su iniciativa y proactividad, tanto con clientes como dentro de la organización, con sus compañeros de trabajo. Un aspecto que es de importancia para su función es la planificación; ese es un punto relevante, que ocasionó algunos problemas en la apertura de nuevas sucursales, respecto de los cuales Natalia tuvo responsabilidad.

También se requiere algún grado de mejora en otros aspectos, que no son de tanta importancia en el corto plazo, como su capacidad para influir en otros y negociar. Por último, debería mejorar sus conocimientos sobre la industria y el mercado ("pero quizá ese déficit sea mío", piensa el jefe, con un poco de culpa…).

Sobre la base de estos comportamientos, se ha completado el formulario siguiente.

Evaluación de desempeño

Período de observación: Del ....../....../...... al ..../....../......

Datos del evaluado

Apellidos y nombre: **Guzmán Hugarte, Natalia**

Puesto actual: **Jefe de Productos**

N° de legajo: **XXXX**

Área: **Comercial**

Datos del evaluador

Apellidos y nombre: **Jiménez Ruiz, Juan Antonio**

Puesto actual: **Director Comercial**

N° de legajo: **XXXX**

Área: **Comercial**

Fecha de la entrevista de fijación de objetivos: ....

Fecha de la reunión de progreso ...... /...... /......

Comentarios:
Su desempeño general es bueno. Debe mejorar en algunos aspectos, en especial su iniciativa en relación con clientes y compañeros.

Fecha de la entrevista anual de evaluación: ....

Análisis del rendimiento

Objetivos de gestión	Ponderación	Nivel de consecución (1 a 5)	Comentarios
1. Lanzamiento de tres nuevos productos	40%	2	Se cumplió el objetivo
2. Readecuación de envases de líneas propias	40%	2	Se cumplió el objetivo
3. Apoyo permanente en la apertura de nuevas tiendas	20%	4	Se requiere mayor nivel de iniciativa
4.			
5.			
6.			
7.			
8.			
9.			
10.			
	100%		

Recomendaciones

Debe mejorar	Acción propuesta	Fechas o plazos
1. Influencia y negociación	Formación: Taller de Codesarrollo	1 a 2 meses
2. Trabajo en equipo	Formación: Taller de Codesarrollo	1 a 2 meses
3. Conocimiento de la industria y el mercado (supermercadismo)	Entrenamiento por parte del jefe	0/4 meses
4. Iniciativa y Capacidad de planificación y organización	Designar un entrenador experto interno	
5.		

Evaluación por competencias

Nombre de la competencia	Grado requerido por el puesto	Evaluación. Grado observado				
		A 100%	B 75%	C 50%	D 25%	ND 0%
Competencias cardinales						
Compromiso con la calidad de trabajo	C			X		
Iniciativa	B				X	
Integridad	C			X		
Orientación al cliente interno y externo	B		X			
Competencias específicas gerenciales						
Conducción de personas	B			X		
Liderar con el ejemplo	B			X		
Competencias específicas por área						
Calidad y mejora continua	B			X		
Capacidad de planificación y organización	C				X	
Conocimiento de la industria y el mercado	C				X	
Influencia y negociación	C				X	
Temple y dinamismo	B		X			
Trabajo en equipo	B			X		

Las definiciones de las competencias junto con sus grados podrá encontrarlas en la obra *Diccionario de competencias. La trilogía. Tomo 1,* Ediciones Granica, 2015.

Autoevaluación

Nombre de la competencia	Grado requerido por el puesto	Autoevaluación. Grado observado				
		A 100%	B 75%	C 50%	D 25%	ND 0%
Competencias cardinales						
Compromiso con la calidad de trabajo	C			X		
Iniciativa	B			X		
Integridad	C			X		
Orientación al cliente interno y externo	B		X			
Competencias específicas gerenciales						
Conducción de personas	B			X		
Liderar con el ejemplo	B			X		
Competencias específicas por área						
Calidad y mejora continua	B			X		
Capacidad de planificación y organización	C				X	
Conocimiento de la industria y el mercado	C			X		
Influencia y negociación	C			X		
Temple y dinamismo	B		X			
Trabajo en equipo	B		X			

Las definiciones de las competencias junto con sus grados podrá encontrarlas en la obra *Diccionario de competencias. La trilogía. Tomo 1,* Ediciones Granica, 2015.

Nota final
1- Excepcional   4   (cuatro)
2- Destacado   (En número y letras)
3- Bueno
4- Necesita mejorar
5- Resultados inferiores a lo esperado
Describir brevemente las razones por las que se le ha asignado a la persona la nota final aquí indicada.

La evaluación general es buena con algunos aspectos a mejorar, por esta razón se le asigna 4. Igualmente, hay que destacar que el año anterior su evaluación fue de nivel 3 (Bueno), por lo tanto se recomienda un plan de acción para su mejora.

Firmas

Evaluado:
Fecha: .... / .... / ....
Firma: ....

Evaluador:
Fecha: .... / .... / ....
Firma: ....

Superior del evaluador
Nombre y apellido: ....
Puesto: ....
Fecha: .... / .... / ....
Firma: ....

La reunión de retroalimentación

Un aspecto central en la evaluación de desempeño es la retroalimentación. En muchas organizaciones se centra el foco en la herramienta de evaluación y eso es muy positivo, pero no se le da a la retroalimentación la importancia que requiere, lo que constituye un error muy relevante.

Algunas definiciones[1] antes de continuar:

Retroalimentación. Acción por la cual se le comunica a otro sobre aquello que hace bien y aquello que debe mejorar.

Muchas personas utilizan para denominar este tipo de comunicación el término en idioma inglés *feedback*.

Reunión de retroalimentación. Es uno de los pasos de la evaluación de desempeño, en el cual un jefe o superior le comunica al colaborador el resultado de dicha evaluación.

La entrevista de retroalimentación es uno de los aspectos más importantes en el proceso de evaluación de desempeño. Permite analizar la evaluación y, además, encontrar en conjunto, el jefe con su colaborador, áreas o zonas de posible mejora. Es un momento de reflexión compartida.

Una adecuada retroalimentación es buena tanto para el jefe como para el colaborador, y ofrece a ambos una situación del tipo "ganar-ganar" aun en los casos en que la evaluación no haya sido positiva.

A continuación transcribimos unos fragmentos de la reunión de retroalimentación entre Natalia y su jefe.

Jefe: *Buen día Natalia, pase... ¿Cómo está?*

Natalia: *Buen día, ansiosa por conocer mi evaluación... espero buenas noticias...*

Jefe: *No sé si son buenas o malas noticias, cada cosa depende del modo como se analicen. La nota final, según nuestra herramienta de evaluación, es 4 o "Debe mejorar", pero no se ponga mal, le leeré la frase que define la nota: "La evaluación general es buena, con algunos aspectos a mejorar, por esta razón se le asigna 4". Bajo ningún concepto pensamos que usted no haya llevado a cabo bien su trabajo. Sin embargo, no se ha cumplido uno de los objetivos y debe mejorar en algunas competencias, como puede ver en la evaluación...*

Natalia: *...No lo puedo creer... ¿Cómo he podido obtener 4 en la evaluación? ¿Cómo que debo mejorar? Usted mismo me felicitó hace un mes... El lanzamiento de los tres productos se llevó a cabo satisfactoriamente, la readecuación de los envases también... no entiendo...*

---

1 *Diccionario de términos de Recursos Humanos.* Ediciones Granica, Buenos Aires, 2011.

Jefe: *Usted tiene razón, y estamos muy satisfechos con estos logros, pero también hemos recibido algunas quejas de clientes porque usted no se comunica con ellos, no es proactiva; está muy pendiente de sus necesidades, pero le falta un poco de iniciativa. Algo así también creo percibir en relación con sus compañeros... Otro aspecto importante, Natalia, es la planificación. Usted bien sabe que no seguir adecuadamente la planificación fue el principal problema que tuvo en la apertura de nuevas sucursales; no alcanza con que todo parezca bonito y agradable, también hay que cumplir con las planificaciones establecidas y aprobadas. Este tipo de errores siempre ocasionan mayores costos. Y si bien este año no tuvimos problemas en torno a esa cuestión, de persistir la falta de planificación podrían llegar a ocurrir.*

Natalia: *Tiene razón con la planificación, en estas últimas aperturas tuvimos problemas, pero no fue siempre así, usted lo sabe. De todos modos, mi preocupación principal siempre fue alcanzar la excelencia, que todo salga bien, que los clientes aprecien estas cosas...*

Jefe: *Es cierto Natalia, pero no es suficiente. De todos modos, no es una mala nota final. Le sugiero que veamos juntos algunos detalles y las acciones sugeridas.*
Mi sugerencia es que asista a un taller de Codesarrollo sobre la competencia Influencia y negociación, *en la cual, según mi evaluación, tiene un grado de brecha. También debería asistir a un taller de Codesarrollo para mejorar la competencia* Trabajo en equipo, *en la cual también tiene una brecha de un grado.*
Respecto de las competencias Iniciativa *y* Capacidad de planificación y organización, *ya participó en un taller de Codesarrollo sobre cada una de ellas, y ahora se le asignará un entrenador experto interno, para ayudarla a mejorar en esos aspectos. Le recuerdo, además, que cuenta con guías de desarrollo para todas las competencias, disponibles en la intranet. Por último, también tiene una brecha en la competencia* Conocimiento de la industria y el mercado, *especialmente con relación a la temática "supermercadismo". Esta es mi especialidad, por lo cual tomaré a mi cargo la tarea de ayudarla a desarrollar esa competencia en particular. Natalia, usted se ha destacado siempre y las brechas no son significativas, estamos seguros de que con este plan de acción mejorará en todos los aspectos mencionados.*

Natalia: *Bueno, usted habrá visto mi autoevaluación, yo me veo a mí misma un poco mejor que la evaluación que me está comentando... De todos modos, acepto encantada el plan de acción que me propone, siempre es bueno recibir formación en los temas que tienen que ver con mi puesto de trabajo.*
Quería comentarle algo antes de finalizar: en el plan de acción que me propone no hay ningún tema de liderazgo, y es lo que más me interesa...

Jefe: *Es cierto Natalia, no hemos incluido temas de liderazgo y su puesto tiene asignadas dos competencias relacionadas con ese ítem,* Conducción de personas *y* Liderar con el ejemplo, *en las cuales también tiene una brecha de un grado. No obstante, deseo compartir con usted que este plan de acción fue también analizado por el gerente de Recursos Humanos, con quien usted tomó los talleres relativos a estas competencias, hace unos meses; en su opinión, si bien es cierto que se verifica una brecha, esta es pequeña y su desempeño durante dichos talleres fue muy bueno. Por lo tanto, en este momento, para mejorar su desempeño será mejor focalizarse en las competencias mencionadas anteriormente. Ya habrá tiempo para mejorar otros aspectos. Todos vemos en usted un potencial de desarrollo muy interesante.*

Se han incluido solo unos fragmentos de la reunión de retroalimentación. A continuación puede verse lo que sería un registro de ella.

REGISTRO DE LA REUNIÓN DE RETROALIMENTACIÓN

Empleado: **Natalia Guzmán Hugarte** Evaluado por: **Juan Antonio Giménez Ruiz** Fecha: .... / .... /		Departamento: **Comercial** Período de la evaluación: **año 20XX** Nota final: **4 (cuatro)**	
Objetivo	**Estándar de desempeño**	**Resultados**	**Comentarios**
Lanzamiento de tres nuevos productos	1	Destacado (2)	
Readecuación de envases de líneas propias	1	Destacado (2)	
Apoyo permanente en la apertura de nuevas tiendas	1	Inferior al esperado (4)	Iniciar las acciones sugeridas

Desempeño según competencias (se indican solo las que evidencian brechas entre lo requerido y la evaluación)

Competencias cardinales

• Iniciativa	Requerido: Grado B	Evaluado: Grado D	Brecha de 2 grados	Se le asigna un entrenador experto interno

Competencias específicas gerenciales

• Conducción de personas • Liderar con el ejemplo	Requerido: Grado B (en ambas competencias)	Evaluado: Grado C (en ambas competencias).	Brecha de 1 grado en cada una	

Competencias específicas por área:

• Calidad y mejora continua	Requerido: Grado B	Evaluado: Grado C	Brecha de 1 grado	
• Capacidad de planificación y organización	Requerido: Grado C	Evaluado: Grado D	Brecha de 1 grado	Se le asigna un entrenador experto interno

1: Alto   2: Destacado   3: Mínimo necesario
4: Necesita mejorar   5: Resultados claramente inferiores a lo esperado

Recomendaciones del jefe:

Hacer un seguimiento en los aspectos que debe mejorar.

Firma del jefe _____ Fecha _____

Firma del colaborador _____ Fecha _____

Obras de Martha Alles relacionadas con este capítulo

La evaluación de desempeño y las evaluaciones de 360 grados (y 180°) se sustentan en las obras *Desempeño por competencias. Evaluación de 360°* –donde el lector encontrará formularios y casos prácticos– y *Diccionario de comportamientos. La trilogía. Tomo II.*

Los aspectos principales en materia de evaluación de desempeño que deben conocer los jefes de todos los niveles están tratados en *Rol del jefe* y *12 pasos para ser un buen jefe.*

Como ya hemos dicho en el Capítulo 2, para las evaluaciones de competencias Martha Alles International ha elaborado una serie de herramientas, especialmente diseñadas para la medición del grado de desarrollo de las competencias en las personas.

- Las *fichas de evaluación* y *fichas de evaluación reducida* permiten medir competencias.

- Las *fichas de evaluación* pueden ser utilizadas, en su versión reducida, para evaluaciones de 180° o 360°.

Los casos prácticos y ejercicios de esta obra han sido preparados, orientados a lograr una mejor comprensión de los temas tratados en *Dirección estratégica de Recursos Humanos. Volumen 1* (2015).

PARA TODOS LOS LECTORES

Se encuentra disponible en formato digital un Anexo donde se ha realizado un análisis detallado de libros y subsistemas que complementa las temáticas abordadas en esta obra.

PARA PROFESORES

Para cada uno de los capítulos de esta obra hemos preparado:

☞ Material de apoyo para el dictado de clases.

Los profesores que hayan adoptado esta obra para sus cursos tanto de grado como de posgrado podrán solicitar de manera gratuita:

Dirección estratégica de Recursos Humanos. CLASES

Únicamente disponibles en formato digital:
www.marthaalles.com

o bien escribiendo a:
profesores@marthaalles.com

Anexos
Sobre retroalimentación

Incluimos a continuación una lista de control de los pasos a seguir antes, durante y después de una reunión de retroalimentación.

LISTA DE VERIFICACIÓN DE LA REUNIÓN DE RETROALIMENTACIÓN

Antes

1. Organice y planifique lo que desea decir y asegúrese que su colaborador esté informado de que se realizará la evaluación de desempeño al menos una semana antes de que se concrete. Si se trata de la primera evaluación del empleado, siéntese junto a él/ella y explíquele la forma y el procedimiento de la reunión de retroalimentación.

2. Revise los resultados del colaborador en los últimos 6-12 meses. a) Piense en ejemplos específicos que ayudarán a su colaborador; b) desarrolle alternativas para mejorar y corregir áreas problemáticas.

3. ¿Los objetivos acordados para los próximos 6-12 meses son comprensibles y específicos? a) Incluya criterio y medidas para el éxito; b) piense si necesitará algún tipo de asistencia, como recursos, información, consejo o consulta.

4. Planee la reunión. a) Desarrolle una secuencia provisoria, como por ejemplo resultados, objetivos y planes de desarrollo; b) trate de anticipar cuáles son las áreas problemáticas y las alternativas para manejarlas; c) elija bien el lugar donde se llevará a cabo la reunión y trate de eliminar posibles interrupciones.

Durante

1. Desarrolle un clima de empatía de "nosotros" (no "usted *versus* yo"), sin estar a la defensiva y con ánimo de resolver problemas. Utilice un lenguaje simple.

2. Utilice el feedback de una manera constructiva y orientado al desarrollo.

3. Evite argumentos que puedan generar rápidamente una situación difícil. Si esto ocurre, explique que usted le está aportando su mirada sobre el tema en cuestión y las eventuales consecuencias del mismo.

4. Sea flexible cuando pueda.

5. Verifique con frecuencia si la persona comprende bien lo que se está hablando.

Después

1. Una buena sugerencia: que el colaborador prepare un resumen de lo que se habló, en especial sobre los compromisos asumidos, como última verificación para determinar si se comprendió bien lo conversado. Tanto el empleado como el supervisor deben quedarse con una copia de dicho resumen.

2. El empleado y el supervisor deben conversar sobre cualquier cambio en los objetivos.

3. Se debe continuar con un seguimiento sobre el desempeño, regularmente y a medida que surjan asuntos específicos. No espere más de una semana o dos después de la entrevista formal para brindar feedback o discutir lo que haya surgido. No dejar pasar mucho tiempo es muy importante.

Herramientas recomendadas para la evaluación de desempeño

Asignación de competencias a puestos (documento) **Herramienta Nº 2**	Procedimiento interno por el cual se asignan competencias junto con sus grados a los distintos puestos de trabajo. La asignación se refleja en un documento interno donde se indica, para los distintos puestos de trabajo, las competencias requeridas junto con los grados en que se necesitan. Para que la asignación de competencias sea posible, primero se debe diseñar un modelo de competencias.
Diccionario de comportamientos **Herramienta Nº 15**	Documento interno en el cual se consignan ejemplos de los comportamientos observables asociados o relacionados con las competencias del modelo organizacional. El diccionario de comportamientos organizacional se diseña en función del diccionario de competencias que, en todos los casos, se confecciona a medida de cada organización.
Evaluación de 180º **Herramienta Nº 24**	Proceso estructurado para medir las competencias de los colaboradores de una organización, con un propósito de desarrollo, en el cual participan múltiples evaluadores. Similar a la *evaluación de 360º;* su propósito es el desarrollo. Toma el nombre de *180º* en alusión a que una persona es evaluada por sus superiores y pares, además de realizar su propia autoevaluación. En ocasiones puede incluir la opinión de clientes internos y/o externos.
Evaluación de 360º - Feedback 360° **Herramienta Nº 25**	Proceso estructurado para medir las competencias de los colaboradores de una organización, con un propósito de desarrollo, en el cual participan múltiples evaluadores. Toma el nombre de *360º* en alusión a que una persona es evaluada por sus superiores, pares y subordinados, además de por ella misma (autoevaluación). En ocasiones la evaluación incluye la opinión de clientes internos y/o externos.
Evaluación vertical (del desempeño) **Herramienta Nº 26**	Medición del desempeño realizada por el jefe o superior, que se complementa con la autoevaluación del propio colaborador y la revisión del nivel superior al jefe directo ("jefe del jefe").
Fichas de evaluación **Herramienta Nº 27**	Documento de medición de comportamientos/conocimientos estructurado y basado en el modelo de competencias/valores/conocimientos de la organización.
Promociones internas **Herramienta Nº 50 A y 50 B.**	Acciones mediante las cuales los colaboradores de la organización son elevados a un nivel superior al que poseían. Por extensión, la herramienta se utiliza en el caso de desplazamientos laterales o de otro tipo, dentro de la organización.

Podrá encontrar mayor detalle sobre las herramientas aquí mencionadas en la obra *Las 50 herramientas de Recursos Humanos que todo profesional debe conocer.*

Términos a tener en cuenta en relación con la evaluación de desempeño

Colaborador	Persona que coopera con otra. En el ámbito de las organizaciones el término se utiliza para denominar a las personas que trabajan bajo la conducción de otra/s.
Desempeño	Concepto integrador del conjunto de comportamientos y resultados obtenidos por un colaborador en un determinado período.
Jefe	Persona que tiene a otras a su cargo dentro de una estructura jerárquica. Los jefes pueden tener niveles muy diversos, desde el número 1 de la organización hasta otro con pocos colaboradores a su cargo.
Jefe del jefe	Expresión que se utiliza para denominar a los superiores (jefes) de personas que, a su vez, tienen a su cargo colaboradores, es decir, que ellos mismos son jefes. Ver *Jefe, Jefe entrenador,* entre otros.
Evaluación del desempeño por competencias	Conjunto de instrucciones y procedimientos organizacionales mediante los cuales tanto colaboradores como directivos son evaluados en relación con el modelo de competencias de la organización. La medición de competencias se realiza, en todos los casos, a través de la observación de comportamientos.
Firma	Rúbrica de una persona que indica la aceptación de lo suscripto. En los procedimientos de evaluación de desempeño se utiliza este término en un doble sentido. Por un lado, en algunos casos, efectivamente los participantes del proceso firman la referida evaluación: el jefe, el colaborador y, eventualmente, el jefe del jefe. En adición, al término se le asigna un significado adicional, ya que si bien en algunos casos la firma no es física –cuando todo el proceso es de tipo informático–, se utiliza esta palabra para referirse a la aprobación del involucrado.
Objetivos	Metas asignadas a una persona a cumplir en un determinado período de tiempo, usualmente un año. Deben ser –al mismo tiempo– cumplibles y retadores.
Rendimiento	Resultado del desempeño de una persona. Usualmente se utiliza este término en relación con objetivos cuantificables.
Retroalimentación	Acción por la cual se le comunica a otro sobre aquello que hace bien y aquello que debe mejorar. Muchas personas utilizan para denominar a este tipo de comunicación el término en idioma inglés *feedback*.

Reunión de retroalimentación	Es uno de los pasos de la evaluación del desempeño, en el cual un jefe o superior le comunica al colaborador el resultado de dicha evaluación. La entrevista de retroalimentación es uno de los aspectos más importante en el proceso de evaluación del desempeño. Permite analizar la evaluación y, además, encontrar en conjunto, el jefe con su colaborador, áreas o zonas de posible mejora. Es un momento de reflexión compartida.

Podrá encontrar mayor detalle sobre estos y otros términos en la obra
Diccionario de términos de Recursos Humanos.

Capítulo **7**

Desarrollo y planes de sucesión
La función de Desarrollo en el área de Recursos Humanos

Temas tratados en el Capítulo 7 de *Dirección estratégica de Recursos Humanos. Gestión por competencias. Volumen 1*

- El cuidado del capital intelectual
- Desarrollo del talento dentro de la organización
- Los distintos programas para el desarrollo de personas que ya integran la organización
- Modelo para construir talento organizacional
- Mapa y ruta de talentos
- Promociones internas
- Planes de sucesión
- Diagramas de reemplazo
- Planes de carrera
- Programas de mentoring
- Otros programas organizacionales para el desarrollo de las personas

Superdescuento.
Planes de carrera para tiendas

En la obra *Construyendo talento*[1] se presentan tres programas que hemos denominado "programas para generar el talento organizacional", con el objetivo central de que cada uno de ellos provea a la organización la creación de talento. A sus participantes no se les ha asignado aún ni un puesto determinado a ocupar en el futuro, ni un plazo para asumirlo. Uno de estos tres programas para crear talento es *planes de carrera*.

Los *planes de carrera* definen esquemas teóricos de crecimiento escalonado: las personas que los transitan van cumpliendo etapas y siguiendo una *ruta* dentro de ellos.

Este programa implica el diseño de una carrera estándar (teórica) desde el momento en que la persona ingresa y para ciertos puestos. En este esquema teórico se definen los requisitos para ir pasando de un nivel a otro y, sobre la base de estos requerimientos, se diseñan distintas actividades formativas a fin de lograr que los participantes vayan cubriendo los diferenciales existentes entre los distintos puestos.

Superdescuento es una cadena de tiendas minoristas que operan bajo la modalidad de autoservicio y ofrecen productos de calidad a bajo precio. El director de Recursos Humanos ha solicitado ayuda a *La Consultora* por un tema que genera constante preocupación: la necesidad de contar con posibles candidatos internos cuando se produce una vacante en tiendas (en especial, en las gerencias). Para responder a esta inquietud *La Consultora* ha trabajado en conjunto con el área de Operaciones para desarrollar *planes de carrera* aplicables a las tiendas de Superdescuento. Las tiendas pueden agruparse por su tamaño; la mayoría de ellas son las denominadas *de cercanía* y solo cuentan con tres niveles de colaboradores: Asistente, Cajero y Gerente de tienda. Otras son de mayor tamaño y cuentan con cuatro niveles: además de los tres ya mencionados se suma un Experto por línea de producto.

El caso práctico que se verá a continuación ha sido diseñado para las tiendas más pequeñas, de cercanía. Como puede apreciarse en la figura siguiente, para pasar de un nivel a otro hace falta adquirir y/o desarrollar conocimientos, competencias y experiencia.

---

1 Alles, Martha. *Construyendo talento*. Ediciones Granica, Buenos Aires, 2009.

Superdescuento
Planes de carrera para tiendas

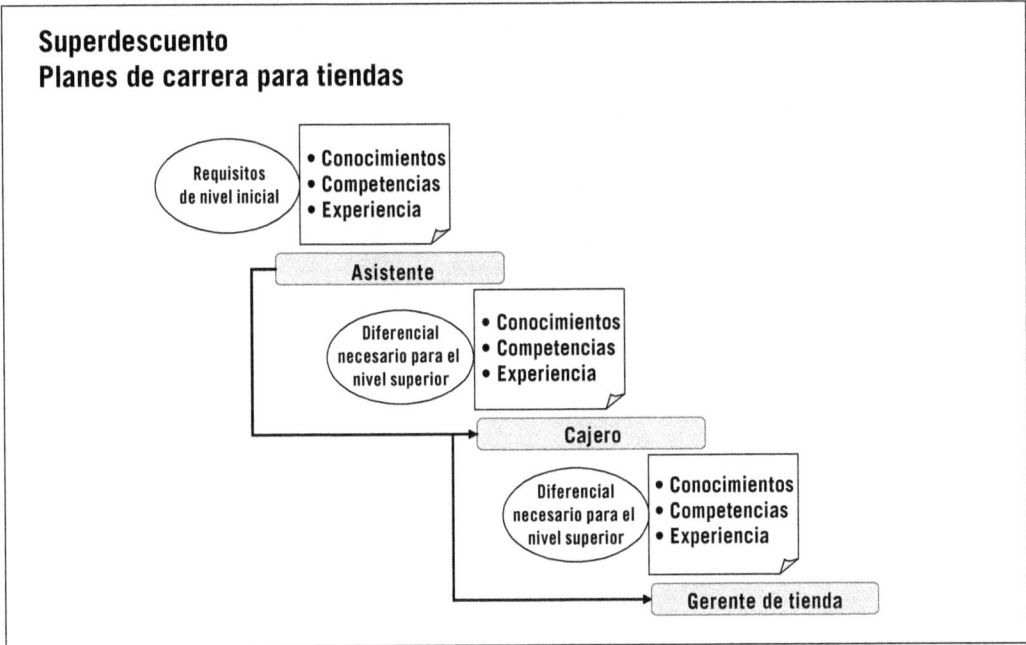

En reuniones con el director de Operaciones y los gerentes zonales se han definido los conocimientos, competencias y experiencia necesarios para cada nivel.

En cuanto a las competencias, se considerarán solo cuatro para el nivel inicial y una para el nivel superior, referida a la supervisión de colaboradores. En el Capítulo 2 se han definido las competencias para el área de Operaciones. Aquí se ha simplificado el esquema a fin de que sirva solo para la presentación del ejercicio. En un caso de la vida real se consideran todas las competencias asignadas a los distintos puestos y niveles.

Un resumen de la información disponible:

Familia de puestos: Tiendas de cercanía	Conocimientos, competencias y experiencias requeridos para cada puesto/nivel
Asistente	**Conocimientos** Estudios secundarios completos **Competencias** Compromiso con la calidad de trabajo. Grado D Orientación al cliente. Grado D Temple y dinamismo. Grado D Trabajo en equipo. Grado D **Experiencia** No se requiere

Familia de puestos: Tiendas de cercanía	Conocimientos, competencias y experiencias requeridos para cada puesto/nivel
Cajero	**Conocimientos** Software para interconexión de sucursales Productos de Superdescuento **Competencias** Compromiso con la calidad de trabajo. Grado C Orientación al cliente. Grado D Temple y dinamismo. Grado C Trabajo en equipo. Grado D. **Experiencia** 2 años como Asistente
Gerente de tienda	**Conocimientos** Manejo de situaciones difíciles Normas y políticas de Superdescuento **Competencias** Compromiso con la calidad de trabajo. Grado C Orientación al cliente. Grado C Conducción de personas. Grado D Temple y dinamismo. Grado C Trabajo en equipo. Grado D **Experiencia** 2 años como Cajero Reemplazo de Gerente de tienda, mínimo 3 semanas

Consignas a resolver

De acuerdo con la información expuesta, diseñar un plan de carrera de manera resumida indicando las acciones sugeridas a realizar y el tiempo estimado o teórico para pasar de un nivel a otro.

Una posible solución al caso planteado

Sobre la base de la información disponible se ha preparado un esquema resumido del *Plan de carrera para tiendas de cercanía* de Superdescuento.

Familia de puestos: Tiendas de cercanía	Conocimientos y competencias iniciales	Conocimientos, competencias y experiencia diferenciales	Acciones a realizar	Tiempo estimado
Asistente	**Conocimientos** Estudios secundarios completos **Competencias** Compromiso con la calidad de trabajo. Grado D Orientación al cliente. Grado D Temple y dinamismo. Grado D Trabajo en equipo. Grado D			
Cajero		**Conocimientos** Software para interconexión de sucursales Productos de Superdescuento **Competencias** Compromiso con la calidad de trabajo. Grado C Orientación al cliente. Grado D Temple y dinamismo. Grado C Trabajo en equipo. Grado D. **Experiencia** 2 años como Asistente	**Conocimientos** Formación interna sobre los productos de Superdescuento **Competencias** Guías para el autodesarrollo disponibles en la intranet Taller de Codesarrollo sobre la competencia *Conducción de personas* **Experiencia** Nivel bueno o superior en la evaluación de desempeño (en los últimos 2 años)	2 años
Gerente de tienda		**Conocimientos** Manejo de situaciones difíciles Normas y políticas de Superdescuento **Competencias** Compromiso con la calidad de trabajo. Grado C Orientación al cliente. Grado C Conducción de personas. Grado D Temple y dinamismo. Grado C Trabajo en equipo. Grado D. **Experiencia** 2 años como Cajero	**Conocimientos** Formación interna en *Manejo de crisis* Taller *Rol del jefe* **Competencias** Guías para el autodesarrollo disponibles en la intranet Entrenamiento en *Conducción de personas* por parte del jefe directo **Experiencia** Nivel bueno o superior en la evaluación de desempeño (en los últimos 2 años) Reemplazo de Gerente de tienda, mínimo 3 semanas	2 años

Algunos comentarios sobre la solución expuesta en la tabla precedente: en la columna "Acciones a realizar", las actividades no se han desglosado indicando plazos; por ejemplo, en el segundo nivel, unas acciones podrán ser de tipo permanente, como el autodesarrollo, y otras, como el taller de Codesarrollo para la competencia *Conducción de personas* que será requerida para pasar al nivel superior, podrán ser asignadas en el segundo año del programa.

Una vez aprobado el *Plan de carrera*, la información será llevada a un mayor nivel de detalle, a través de planes concretos para cada uno de los participantes. En la obra mencionada (*Construyendo talento*) dichos planes se denominan *Planes individuales para crear talento*.

Superdescuento. El reemplazo del director de Operaciones

En aproximadamente dos años el director de Operaciones llegará a la edad prevista para acceder a la jubilación.

La alta dirección está ciertamente preocupada por esta realidad y le ha encomendado al director de Recursos Humanos y su equipo el análisis de la situación.

Sobre la base de la estructura de Superdescuento y las personas que la integran –sus capacidades y desempeño– podría considerarse que los reemplazos naturales del director de Operaciones son los gerentes responsables de las dos principales zonas de Superdescuento: Germán Castro Linares, gerente de Zona Norte, y Celeste Valladares Costa, gerente de Zona Sur.

No obstante, y a pedido del Director Comercial, Juan Antonio Jiménez Ruiz, también se considerará como posible reemplazo a Natalia Guzmán Hugarte, que si bien no ha evidenciado una actuación destacada en su posición actual, cuenta con experiencia previa en operaciones y se ha manifestado muy interesada en desempeñarse en dicha área.

Si bien en la elección de un reemplazo se podrían evaluar otras opciones, para la resolución del presente caso práctico se tomarán en consideración únicamente las aquí mencionadas.

Diagramas de reemplazo. Breve definición conceptual

Diagramas de reemplazo es un programa organizacional por el cual se reconocen puestos clave, luego se identifican posibles participantes del programa y se los evalúa para, a continuación, designar posibles reemplazos (sucesores), pero solo para aquellas personas que, ocupando puestos clave, tienen una fecha cierta de retiro, usualmente por su edad avanzada. La necesidad de reemplazo puede deberse a otras razones; por ejemplo, el traslado del actual ocupante a otro país o su designación en otro cargo. Para asegurar la eficacia del programa se realiza un seguimiento de los participantes y se les provee asistencia y ayuda para la reducción de brechas entre el puesto actual y el que se prevé que ocupen.

Previo a la designación de las personas como potenciales reemplazos, se deben medir sus capacidades, y si se diese el caso de que sea factible considerar más de una opción para un mismo cargo, se deben utilizar, para elegir entre una y otra, técnicas cuantitativas. El resultado será la designación de un reemplazo para cada puesto definido como clave para la organización.

A continuación se detallará la información disponible en Superdescuento para elegir al reemplazo del director de Operaciones.

Requisitos para acceder al puesto de Director de Operaciones y las capacidades de cada uno de los posibles reemplazos

Requisitos para el puesto Director de Operaciones	Germán Castro Linares	Celeste Valladares Costa	Natalia Guzmán Hugarte
Experiencia en Operaciones a cargo de un número significativo de tiendas	Sí	Sí	Posee experiencia en tiendas: – Varios años como Gerente de tienda. – A cargo de una zona por suplencias prolongadas cuando tuvo un problema de salud el gerente de Zona Oeste.
Título universitario	Sí	Sí	Sí
Posgrado en Mercadeo, Administración o relacionados. No excluyente	No	Sí	Sí
Muy buen manejo del software que permite la interconexión de las tiendas	Sí	Sí	Sí

Otros requisitos necesarios para participar del programa *Diagrama de reemplazo*

Requisitos para participar en el programa *Diagrama de reemplazo*	Germán Castro Linares	Celeste Valladares Costa	Natalia Guzmán Hugarte
Autorización del superior jerárquico	Sí	Sí	Sí
No poseer ningún tipo de sanción disciplinaria por incumplimiento de normas y políticas de la organización	Cumple con este requisito	Cumple con este requisito	Cumple con este requisito
Evaluaciones de desempeño de los últimos 3 años con calificación *Bueno* o *Superior*	Sí, destacado en los últimos 3 años	Sí, destacado en los últimos 3 años	El último año el resultado fue inferior *(Debe mejorar)* y los 2 años anteriores *Bueno* y *Destacado* respectivamente.
Dos años como mínimo en la posición actual	Sí	Sí	Sí

Competencias requeridas para el puesto de Director de Operaciones

Nombre de la competencia	A	B	C	D
Competencias cardinales				
Compromiso con la calidad de trabajo		X		
Iniciativa	X			
Integridad		X		
Orientación al cliente interno y externo	X			
Competencias específicas gerenciales				
Conducción de personas	X			
Liderar con el ejemplo	X			
Competencias específicas del área				
Calidad y mejora continua	X			
Capacidad de planificación y organización	X			
Conocimiento de la industria y el mercado		X		
Influencia y negociación		X		
Temple y dinamismo	X			
Trabajo en equipo		X		

Las definiciones de las competencias junto con sus grados podrá encontrarlos en la obra *Diccionario de competencias. La trilogía. Tomo I,* Ediciones Granica, 2009.

Evaluación por competencias en relación con el puesto de Director de Operaciones

A continuación se expondrán los resultados de las evaluaciones por competencias que surgen de la aplicación de la última evaluación de desempeño *(evaluación vertical)* de cada uno de los tres posibles reemplazos en comparación con el puesto futuro –Director de Operaciones–.

Evaluación por competencias de *Germán Castro Linares* – Gerente de Zona Norte y su comparación con el puesto Director de Operaciones

Nombre de la competencia	Grado requerido por el puesto futuro	Evaluación. Grado observado				
		A 100%	B 75%	C 50%	D 25%	ND 0%
Competencias cardinales						
Compromiso con la calidad de trabajo	B		X			
Iniciativa	A	X				
Integridad	B		X			
Orientación al cliente interno y externo	A		X			
Competencias específicas gerenciales						
Conducción de personas	A		X			
Liderar con el ejemplo	A		X			
Competencias específicas del área						
Calidad y mejora continua	A	X				
Capacidad de planificación y organización	A		X			
Conocimiento de la industria y el mercado	B		X			
Influencia y negociación	B		X			
Temple y dinamismo	A	X				
Trabajo en equipo	B		X			

Evaluación por competencias de *Natalia Guzmán Hugarte* – Jefa de Productos y su comparación con el puesto Director de Operaciones

Nombre de la competencia	Grado requerido por el puesto futuro	Evaluación. Grado observado				
		A 100%	B 75%	C 50%	D 25%	ND 0%
Competencias cardinales						
Compromiso con la calidad de trabajo	B			X		
Iniciativa	A				X	
Integridad	B			X		
Orientación al cliente interno y externo	A		X			
Competencias específicas gerenciales						
Conducción de personas	A			X		
Liderar con el ejemplo	A			X		
Competencias específicas del área						
Calidad y mejora continua	A			X		
Capacidad de planificación y organización	A				X	
Conocimiento de la industria y el mercado	B				X	
Influencia y negociación	B				X	
Temple y dinamismo	A		X			
Trabajo en equipo	B			X		

Evaluación por competencias de *Celeste Valladares Costa* – Gerente de Zona Sur y su comparación con el puesto Director de Operaciones

Nombre de la competencia	Grado requerido por el puesto futuro	Evaluación. Grado observado				
		A 100%	B 75%	C 50%	D 25%	ND 0%
Competencias cardinales						
Compromiso con la calidad de trabajo	B			X		
Iniciativa	A		X			
Integridad	B			X		
Orientación al cliente interno y externo	A			X		

Nombre de la competencia	Grado requerido por el puesto futuro	Evaluación. Grado observado				
		A 100%	B 75%	C 50%	D 25%	ND 0%
Competencias específicas gerenciales						
Conducción de personas	A			X		
Liderar con el ejemplo	A			X		
Competencias específicas del área						
Calidad y mejora continua	A			X		
Capacidad de planificación y organización	A			X		
Conocimiento de la industria y el mercado	B			X		
Influencia y negociación	B				X	
Temple y dinamismo	A		X			
Trabajo en equipo	B			X		

Consignas a resolver

Completando la definición conceptual brindada en páginas previas se sugiere que para resolver este caso práctico se tenga en cuenta que al diseñar y aplicar los *diagramas de reemplazo* es recomendable cumplir las siguientes etapas:

- *Elección y formación.* En una primera instancia se realiza el proceso de elección y designación del potencial reemplazo y, a continuación, se diseña un plan de acción.
  Ejemplo: ante la edad de retiro de 65 años, la designación de reemplazo se realiza cuando el ocupante del puesto tiene 63, pues se considera que es posible desarrollar a la persona elegida para ocupar esa posición en un período de aproximadamente dos años, mediante la realización, según se requiera, de actividades formativas en conocimientos, experiencia y competencias.

- *Formalización.* En este período el colaborador designado como reemplazo de otro comienza a trabajar en conjunto con la persona que dejará el puesto. El grado de involucramiento en la etapa de *formalización* dependerá de la complejidad de las nuevas funciones a asumir.

Resolver:

- De acuerdo con la información expuesta, ¿cuál de los posibles reemplazos está más cerca de cumplir con lo requerido para la posición de Director de Operaciones?

- Una vez que se ha decidido por uno de ellos, describir las acciones a realizar.

Una posible solución al caso planteado

De acuerdo con la información ofrecida, la persona elegida como reemplazo es Germán Castro Linares, Gerente de Zona Norte, quien cumple satisfactoriamente todos los requisitos para el puesto de Director de Operaciones y los requisitos para participar en el programa *diagrama de reemplazo*. Sin embargo, no fue esta la razón considerada para su elección, dado que Celeste Valladares Costa también cumple con esos requisitos.

La elección final fue sustentada en la evaluación por competencias: Germán es la persona con menor número de brechas respecto a lo requerido por el puesto, y estas no son significativas. Ver más abajo el gráfico que ilustra esto.

En la comparación de la evaluación de Celeste con el puesto futuro, ella evidencia un mayor número de brechas.

Por último, en un tercer lugar fue considerado el caso de Natalia, quien presenta mayor cantidad de brechas en cuanto a las competencias y, además, no cumple con algunos de los requisitos mencionados: carece de la experiencia necesaria y el resultado de su evaluación del último año no alcanza lo requerido (calificación "Debe mejorar").

En la evaluación por competencias de Germán en relación con el puesto futuro, Director de Operaciones, se pueden observar brechas de un grado, en las siguientes competencias:

Competencia	El puesto futuro requiere	Germán Castro Linares posee	Brecha
Orientación al cliente interno y externo	Grado A	Grado B	1 grado
Conducción de personas	Grado A	Grado B	1 grado
Liderar con el ejemplo	Grado A	Grado B	1 grado
Capacidad de planificación y organización	Grado A	Grado B	1 grado

En cuanto a las acciones a realizar, se dividen en dos etapas, como se sugiere más arriba y de acuerdo con lo expuesto en el Capítulo 7 de la obra *Dirección estratégica de Recursos Humanos. Volumen 1* (2015):

"Si las dos etapas se graficaran en un eje de tiempo, y si, a modo de ejemplo, el período de preparación fuese en total de dos años –es decir, se designa un reemplazo dos años antes del retiro del ocupante actual del puesto–, el plazo podría asignarse del siguiente modo: para la *formación*, una extensión de 20 meses, y 4 meses para la etapa de *formalización*."

La idea se expresa en el gráfico ubicado al pie.

Para alcanzar el desarrollo de la persona elegida como reemplazo se confecciona un documento denominado *Planes individuales de desarrollo para alcanzar un nivel superior*[2].

"Los distintos programas para el desarrollo de personas deben materializarse en acciones concretas y planeadas para el desarrollo de las capacidades, habitualmente para un cierto grupo de personas, según los programas internos que la organización haya implementado.

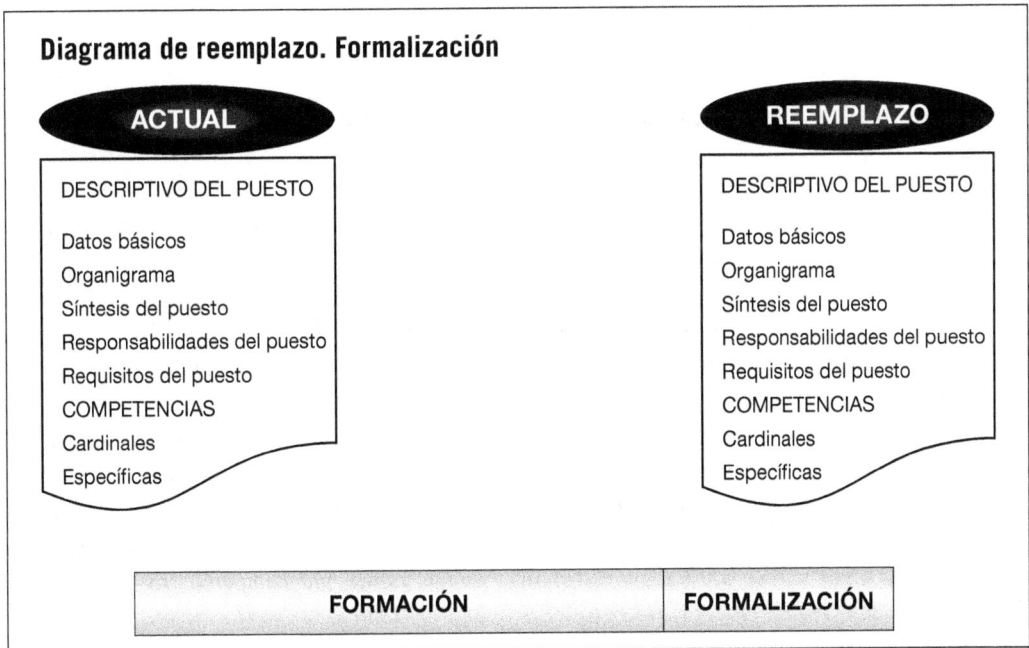

Diagrama de reemplazo. Formalización

ACTUAL

DESCRIPTIVO DEL PUESTO

Datos básicos
Organigrama
Síntesis del puesto
Responsabilidades del puesto
Requisitos del puesto
COMPETENCIAS
Cardinales
Específicas

REEMPLAZO

DESCRIPTIVO DEL PUESTO

Datos básicos
Organigrama
Síntesis del puesto
Responsabilidades del puesto
Requisitos del puesto
COMPETENCIAS
Cardinales
Específicas

FORMACIÓN | **FORMALIZACIÓN**

---

2 Este tema se ha explicado en detalle en la obra *Construyendo talento*, Ediciones Granica, Buenos Aires, 2009.

Los distintos programas para el desarrollo de personas se combinan con planes individuales de desarrollo que, en todos los casos, contemplan conocimientos, competencias
y experiencia.
Los *planes individuales para alcanzar un nivel superior* tienen relación con los programas *Diagramas de reemplazo*, *Planes de sucesión* y *Carrera gerencial y especialista*. En
la mayoría de los casos el foco está puesto en preparar a una persona para asumir una
posición de nivel superior."

Según la idea del gráfico precedente, para la etapa de *formación* se sugiere que la
persona realice acciones orientadas a desarrollar las cuatro competencias mencionadas, junto con asignaciones especiales para adquirir más experiencia en relación con el
área de Operaciones; por ejemplo, otorgarle suplencias por vacaciones de los gerentes
de zonas diferentes y, de considerárselo oportuno, del actual director de Operaciones.

Se le indica participar, siempre que sea posible, de actividades formativas específicas para directores de área.

En cuanto a la etapa de *formalización*, se debe diseñar un plan, junto con el
actual ocupante del puesto de Director de Operaciones, para que el futuro reem-
plazante acompañe a reuniones y vaya asumiendo paulatinamente algunas responsabilidades y/o proyectos del cargo antes de asumir.

Obras de Martha Alles relacionadas con este capítulo

Las temáticas de desarrollo y formación de personas se han tratado en varias de mis
obras: *Desarrollo del talento Humano. Basado en competencias; Codesarrollo. Una nueva
forma de aprendizaje; Construyendo talento*.

En *Social media y Recursos Humanos* se trata la temática de las nuevas generaciones, y entre otros aspectos, su desarrollo en el ámbito profesional. También, la obra
expone la temática de formación y desarrollo utilizando las nuevas tecnologías y las
redes sociales.

La cuestión de desarrollo también es mencionada en *Comportamiento organizacional, 5 pasos para transformar una oficina de personal en un área de Recursos Humanos*.

Los interesados en conocer más sobre las competencias *Entrenador, Conducción
de personas (Delegación), Empowerment, Liderazgo para el cambio, Liderazgo ejecutivo*, entre
otras, pueden remitirse a los siguientes libros: *Diccionario de competencias. La trilogía.
Tomo 1; Diccionario de comportamientos. La trilogía. Tomo 2*, y *Diccionario de preguntas.
La trilogía. Tomo 3*.

Para temas relativos a liderazgo, referidos a la formación de jefes de todos los
niveles, existe una colección específica integrada por los siguientes títulos: *Rol del jefe;
12 pasos para ser un buen jefe; 12 pasos para transformarse en un jefe entrenador; 12 pasos*

para delegar efectivamente; Conciliar vida profesional y personal. Dos miradas, organizacional e individual; 12 pasos para conciliar vida profesional y personal. Desde la mirada individual.

En relación con estos temas, también puede consultarse la obra *Cómo llevarme bien con mi jefe,* de la colección Bolsillo.

Por último, y como una síntesis de toda la obra, son de vital importancia los siguientes títulos: *Diccionario de términos de Recursos Humanos* y *Las 50 herramientas de Recursos Humanos que todo profesional debe conocer.*

Los casos prácticos y ejercicios de esta obra han sido preparados, orientados a lograr una mejor comprensión de los temas tratados en *Dirección estratégica de Recursos Humanos. Volumen 1* (2015).

PARA TODOS LOS LECTORES

Se encuentra disponible en formato digital un Anexo donde se ha realizado un análisis detallado de libros y subsistemas que complementa las temáticas abordadas en esta obra.

PARA PROFESORES

Para cada uno de los capítulos de esta obra hemos preparado:

☞ Material de apoyo para el dictado de clases.

Los profesores que hayan adoptado esta obra para sus cursos tanto de grado como de posgrado podrán solicitar de manera gratuita:

Dirección estratégica de Recursos Humanos. CLASES

Únicamente disponibles en formato digital:
www.marthaalles.com

o bien escribiendo a:
profesores@marthaalles.com

Anexos
Herramientas recomendadas y programas internos para el desarrollo de personas

Diagramas de reemplazo **Herramientas N° 13 A y B**	Programa organizacional por el cual se reconocen puestos clave, luego se identifican posibles participantes del programa y se los evalúa para, a continuación, designar posibles reemplazos (sucesores), pero solo para aquellas personas que ocupando puestos claves tienen una fecha cierta de retiro, usualmente por su edad avanzada. La necesidad de reemplazo puede deberse a otras razones; por ejemplo, traslado del actual ocupante a otro país o su designación en otro cargo. Para asegurar la eficacia del programa se realiza un seguimiento de los participantes y se les provee asistencia y ayuda para la reducción de brechas entre el puesto actual y el que se prevé que ocupen.
Mapa y ruta del talento **Herramienta N° 35**	Proceso interno organizacional dividido en dos partes y que implica dos conceptos diferentes entre sí: *mapa* por un lado y *ruta* por el otro. A continuación, sus diferencias e interrelación. • Mapa: registro del inventario de las capacidades de todos los colaboradores de la organización: conocimientos, experiencia y competencias. • Ruta: elección de los programas organizacionales más adecuados según la visión y estrategia, sobre la base de tres ejes: – Para el resguardo del capital intelectual, programas como *Planes de sucesión, Diagramas de reemplazo, Carrera gerencial y especialista.* – Para generar talento organizacional: *Planes de carrera, Plan de jóvenes profesionales, Personas clave.* – Para aprovechar la experiencia de los jefes: *Mentoring, Entrenamiento experto, Jefe entrenador.*
Mentoring (Programas) **Herramientas N° 36 A y B**	Programas organizacionales estructurados, de varios años de duración, mediante los cuales ejecutivos de mayor nivel y experiencia ayudan a otros en su crecimiento. El término "ejecutivo", por extensión, puede aplicarse a diferentes relaciones laborales y profesionales. Los programas de *Mentoring* pueden aplicarse en todo tipo de organización.

Personas clave (Programa) **Herramientas Nº 40 A y B**	Programa organizacional donde primero se elige, sobre la base de ciertos parámetros definidos por cada organización, a un grupo de personas a las cuales se considerará especialmente relevantes. Luego, a estas se les ofrecerán oportunidades de formación diferenciales.
Plan de jóvenes profesionales (JP) **Herramientas Nº 41 A y B**	Programa organizacional para el desarrollo de personas recientemente egresadas de la universidad. Implica el diseño de un esquema teórico sobre cuál sería el crecimiento esperado de un JP en un lapso definido, usualmente uno o dos años. Para ello se establecen los diferenciales deseados tanto en conocimientos como en competencias y las acciones concretas a realizar para alcanzarlos, conformando de este modo los pasos a seguir por todos los participantes del programa.
Planes de carrera **Herramientas Nº 42 A y B**	Programa organizacional para el desarrollo de personas. Implica el diseño de un esquema teórico sobre cuál sería la carrera dentro de un área determinada para una persona que ingresa a ella, usualmente desde la posición inicial. Para ello se definen los requisitos para ir pasando de un nivel a otro, instancias que conformarán los pasos a seguir por todos los participantes del programa.
Planes de sucesión **Herramientas Nº 43 A y B**	Programa organizacional por el cual se reconocen puestos clave, luego se identifican posibles participantes del programa y se los evalúa para, a continuación, designar posibles sucesores de otras personas que ocupan los mencionados puestos clave, sin una fecha cierta de asunción de las nuevas funciones. Para asegurar la eficacia del programa se realiza un seguimiento de los participantes y se les provee asistencia y ayuda para la reducción de brechas entre el puesto actual y el que eventualmente ocuparán.
Promociones internas **Herramientas Nº 50 A y B**	Acciones mediante las cuales los colaboradores de la organización son elevados a un nivel superior al que poseían. Por extensión, la herramienta se utiliza en el caso de desplazamientos laterales o de otro tipo, dentro de la organización.

Podrá encontrar mayor detalle sobre las herramientas aquí mencionadas en la obra *Las 50 herramientas de Recursos Humanos que todo profesional debe conocer.*

Términos a tener en cuenta en Desarrollo
y programas internos para el desarrollo de personas

Cantera de talentos	Acción permanente y planificada para crear talento organizacional a través de programas de desarrollo y formación. El concepto "cantera de talentos" fue introducido por la autora en la obra *Construyendo talento* para representar, a través de una imagen, aquellos programas que se llevan a cabo para formar personas con el propósito de tener personas listas para ser designadas en nuevos puestos, en un futuro. Estos programas son: • Planes de carrera. • Personas clave. • Plan de jóvenes profesionales (JP).
Desarrollo	Acción de hacer crecer algo, por ejemplo, una competencia o un conocimiento.
Desarrollo de competencias	Acciones tendientes a alcanzar el grado de madurez o perfección deseado en función del puesto de trabajo que la persona ocupa en el presente o se prevé que ocupará más adelante.
Desarrollo de conocimientos	Acciones tendientes a acrecentar un conocimiento, usualmente a través de su utilización (puesta en práctica).
Espiral creciente	Es un proceso mediante el cual una persona adquiere y/o perfecciona de manera progresiva sus competencias y conocimientos para tener éxito en sus puestos de trabajo.
Mentor	Consejero o guía. Persona de mayor experiencia que ayuda y aconseja a otros, con menos experiencia, por un período. En inglés y español, el término "mentor" se escribe de la misma manera.

Mentoring	Acción por la cual una persona de mayor experiencia ayuda y aconseja a otros, con menos experiencia, por un período. El *mentoring* puede ser: • Estructurado dentro de los métodos de trabajo de una organización, en cuyo caso se denomina *programa de mentoring*. Ver la herramienta N° 36 explicada en el cuadro anterior. • Informal. Se utiliza la denominación en inglés dado que es de uso frecuente y se la menciona en muchas obras sobre, por ejemplo, Recursos Humanos y desarrollo, en diferentes lenguas.
Persona bajo tutoría	Individuo que adhiere a un programa de *mentoring*, para desarrollarse.
Promoción	Conjunto de acciones, planeadas o no, mediante las cuales una persona es elevada a un nivel superior al que poseía.
Reemplazo	Nombre con el cual se designa a la persona que ha sido elegida como reemplazo de otra dentro de un programa de *diagramas de reemplazo*.
Restricción	Elemento a tomar en cuenta como una limitación, por el cual se deja fuera de un proceso de selección a ciertos candidatos o postulantes que presenten ese factor limitante. Ejemplos: salario, lugar de residencia (si esto fuese un elemento a tomar en cuenta), y aun otros que, si bien pueden ser considerados como discriminatorios, en algunas organizaciones o circunstancias específicas pueden ser tenidos en cuenta, como el sexo.
Sucesor	Nombre con el cual se designa a la persona que ha sido elegida como posible sucesor de otra dentro de un programa de *planes de sucesión*.

Podrá encontrar mayor detalle sobre estos y otros términos en la obra *Diccionario de términos de Recursos Humanos*.

Capítulo 8

Remuneraciones y beneficios

Atracción,
selección
e incorporación

Análisis
y descripción
de puestos

**DIRECCIÓN
ESTRATÉGICA
DE RECURSOS
HUMANOS**

Desarrollo
y planes
de sucesión

Remuneraciones
y
beneficios

Formación

Evaluación
de
desempeño

**Temas tratados en el Capítulo 8 de *Dirección estratégica
de Recursos Humanos. Gestión por competencias. Volumen 1***

- Administración de las remuneraciones y funciones del área
- Remuneraciones dentro de un modelo de Gestión por competencias
- Las distintas fuentes para conocer el mercado de remuneraciones
- Cómo compensar los puestos profesionales y gerenciales
- Remuneraciones variables
- ¿Qué es la puntuación de puestos?
- Algunos conceptos básicos sobre remuneraciones
- ¿Cuándo se incrementan los salarios?
- Tendencias en remuneraciones y beneficios
- Remuneraciones y la evaluación de desempeño

Salario bruto. Salario neto. Costo para el empleador

A continuación se sugiere la realización de dos ejercicios sencillos que permiten, de algún modo, vincular la temática del Capítulo 8 con las de capítulos previos, en especial el Capítulo 3, *Análisis y descripción de puestos,* y el Capítulo 4, *Atracción, selección e incorporación.*

Con frecuencia, tanto empleadores como reclutadores y postulantes confunden los conceptos que se verán en este capítulo, produciendo un sinnúmero de malos entendidos.

Todo especialista en Recursos Humanos debería tener muy en claro los distintos conceptos y sus diferencias. Algunas definiciones[1]:

Remuneración. Es un valor compuesto por la sumatoria del salario mensual o quincenal, según corresponda, y otros beneficios que recibe el trabajador como retribución por su trabajo.

Salario. Paga o remuneración regular que recibe el trabajador. Generalmente es una cifra fija por un período de un mes o quincena. El término se utiliza, usualmente, para designar el pago a trabajadores en relación de dependencia.
En otras palabras, también podría decirse que el salario es el monto de dinero que la organización abona a un colaborador como retribución por su trabajo.

Salario anual. Sumatoria de los salarios correspondientes a un año de trabajo.

Salario bruto. Valor nominal de la paga que recibe el colaborador y que se toma de base tanto para el cálculo de las contribuciones fiscales a cargo del empleado como de las que debe abonar el empleador.
Otra denominación frecuente para este concepto es *salario nominal.*

Salario neto. Importe realmente percibido por el trabajador. El monto surge de restarle al salario bruto o nominal los descuentos e impuestos a cargo del empleado.
Otras denominaciones para este concepto son *salario de bolsillo* y *salario en mano.*

Salario para el empleador o costo para el empleador. El costo total para el empleador es un valor compuesto por el salario bruto, al cual deben adicionarse los impuestos y otras cargas sociales sobre el salario que abona el empleador por cada uno de sus colaboradores.

---

1 *Diccionario de términos de Recursos Humanos.* Ediciones Granica, Buenos Aires, 2011.

Salario neto. Salario bruto. Costo para el empleador

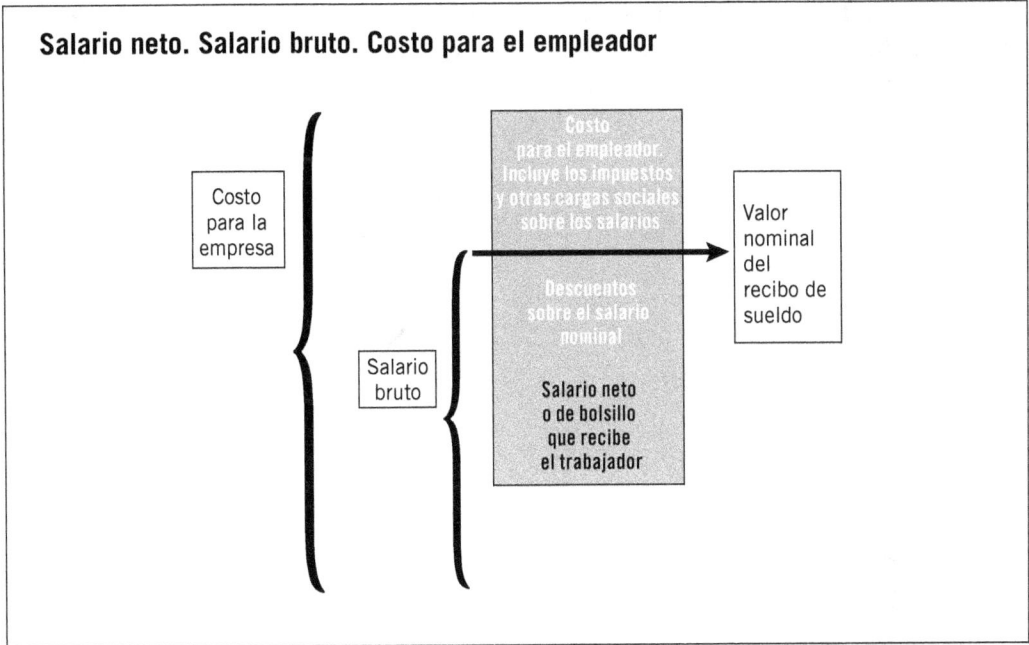

Ejercicio I

En función de las definiciones precedentes y la lectura del Capítulo 8 de *Dirección estratégica de Recursos Humanos. Volumen 1* (2015), se debe calcular el salario neto y el costo para el empleador derivados de un salario bruto dado.

Esta ejercitación se puede realizar considerando los descuentos e impuestos correspondientes al país/región/estado donde se esté realizando el ejercicio o, de no disponer de esta información, considerar porcentajes ficticios al solo efecto de recrear un caso real.

Para una mayor riqueza del ejercicio, y si fuese pertinente, se podrían considerar situaciones que difieran entre sí, por ejemplo, salarios de gremios o sindicatos de trabajadores con descuentos diferentes u otras situaciones similares.

Ejercicio II

Como una continuación del Ejercicio I y siempre que el contexto de la clase y de los participantes lo permita, se podría solicitar que el que así lo desee comparta con sus compañeros el comprobante correspondiente a su salario, para analizar diferentes formas de cálculo y, en especial, las posibles diferencias en descuentos y deducciones.

Si esto no fuese posible, el profesor/instructor podría aportar casos reales, eliminando datos que permitan identificar a quién pertenece cada recibo de haberes, para su análisis.

Para el cálculo del costo del empleador, se deberán considerar los que correspondan en cada caso.

Los ejercicios I y II son de interés no solo para especialistas en Recursos Humanos, pues se refieren a una temática que atañe a todos.

Superdescuento: implementación de *bonus*

Antes de plantear el caso, algunas definiciones[2]:

Bonus. Suma de dinero que se abona a los colaboradores en adición a su salario mensual (o quincenal, según corresponda). Usualmente se trata de un valor sujeto a variables determinadas –por ejemplo, resultados de la organización–, y su cálculo se hace a través de una fórmula.

El término *bonus* o *bono* es equivalente a la expresión *incentivos a corto plazo*.

Su aplicación, generalmente, es para los niveles gerenciales, y el método empleado para calcular los montos a otorgar es normalmente una fórmula que combina nivel de desempeño con resultados propios, del área o sector, y de la compañía en su conjunto.

Luego de aplicada esta fórmula, las cantidades definidas suelen expresarse en meses de salario. Por ejemplo, entre uno y tres salarios anuales si se cumplen determinadas variables.

La tendencia de los últimos años es hacia las compensaciones con un fuerte componente variable. El bonus es una de las opciones más utilizadas.

Remuneraciones variables. La remuneración de una persona puede estar compuesta de un salario fijo y un ingreso variable. Dentro de esta última modalidad se pueden identificar las siguientes variantes: salarios a destajo, comisiones, *bonus* o incentivos a corto plazo, salarios con una parte a riesgo, participación en las utilidades, incentivos a largo plazo.

Remuneraciones variables sobre la base de resultados. La mayoría de las remuneraciones variables se definen con base en resultados de algún tipo, desde resultados económicos organizacionales hasta resultados en relación directa con la gestión de un puesto en particular.

---

2 *Diccionario de términos de Recursos Humanos.* Ediciones Granica, Buenos Aires, 2011.

Los jefes de Productos tienen un salario fijo de 2.500 pesos, y como el área tiene muy buenos resultados se está pensando en un *bonus*.

La corporación a la cual pertenece Superdescuento ha definido implementar acciones para mejorar la retención de personal.

En la filial de Brasil los Jefes de Productos tienen un *bonus* que oscila según resultados entre cero y tres salarios, sobre la base de retención de personal. Otra información adicional:

- Buen desempeño: 33%.

- Utilidades del sector: 33%.

- Logro de objetivos: 33%.

Es decir, un sueldo por cada objetivo si alcanzaron el máximo puntaje; en caso contrario se prorratea: por ejemplo, si "alcanzó los objetivos" y por ende obtuvo una calificación letra B, el 50%; en ese caso, recibiría el 50% de ese concepto.

A: Alto. Recibe el 100% del *bonus*.

B: Bueno. Recibe el 50% del *bonus*.

C: Mínimo necesario. Recibe el 25% del *bonus*.

D: No cubrió los objetivos y no recibe *bonus*.

En nota de pie de página, un ejemplo de escala[3].

---

3 Cada evaluación debe tener una nota final, es decir una única puntuación; según el esquema propuesto, sugerimos de 1 a 5:
   1. *Excepcional*: para aquellos que demuestren logros extraordinarios en *todas* las manifestaciones de su trabajo. Desempeño raramente igualado por otras personas que ocupan puestos de comparable ámbito de actuación y responsabilidad.
   2. *Destacado*: cuando los resultados superan lo esperado. Refleja un nivel de consecución y desempeño que supera lo razonable. La persona demuestra de forma regular logros significativos. Como evaluación global, este nivel de desempeño se aplica a aquellos que están entre los mejores.
   3. *Bueno*: se entiende como el esperado para la posición. Este nivel debe ser aplicado a aquellos cuyo desempeño cumple claramente las exigencias principales del puesto. Refleja un desempeño riguroso, el habitual de aquellas personas que tienen conocimientos, formación y experiencia apropiados para su puesto. Las personas en este nivel llevan a cabo su tarea regularmente de forma profesional y eficaz.
   4. *Necesita mejorar*: este nivel refleja un desempeño que no cumple completamente las necesidades del puesto en las principales áreas de trabajo. La persona demuestra capacidad para lograr la mayoría de las tareas, pero necesita mayor desarrollo.

En la empresa de Chile el esquema es similar: hasta seis salarios con las mismas proporciones; pero hay que considerar que en ese país el salario fijo mensual es mucho más bajo, casi la mitad.

Aplicando las técnicas del *benchmarking*, podemos asegurar que en otras empresas del mismo rubro se calcula de la siguiente forma: el 30% de la utilidad del sector dividida entre todos los empleados que lo integran en forma proporcional a su salario anual.

Para la aplicación del *bonus*, se presenta un problema: Recursos Humanos informa que la política corporativa es que no se abonen incentivos si no hay utilidades. Por otro lado, Alejandra Castro, de reciente incorporación, ha recibido una oferta de otro supermercado que le ofrece un atractivo esquema de remuneración variable *(bonus)*.

Consignas a resolver

- Proponer una fórmula de cálculo de *bonus*.

- Considerar la política de no pagar *bonus* si no hay utilidades.

- ¿Qué hacer con Alejandra Castro? ¿Cómo retenerla?

Una posible solución al caso planteado

Considerando que los próximos años estarán focalizados en el desarrollo del mercado y la apertura de nuevas sucursales, el objetivo central no será la obtención de utilidades, por lo tanto la fórmula de cálculo de *bonus* para estos dos años sería:

- Buen desempeño: 33%.

- Penetración en el mercado alcanzando los objetivos fijados por la compañía (o superior): 33%.

- Logro de objetivos: 33%.

A partir del tercer año, la compañía prevé la obtención de resultados, por lo que a partir de entonces se podría implementar un esquema similar al de Brasil:

---

5. *Resultados inferiores a los esperados:* este nivel se aplica para aquellos cuyo trabajo, en términos de calidad, cantidad y cumplimiento de objetivos, está claramente por debajo de las exigencias básicas del puesto. Si el individuo va a permanecer en la posición, el desempeño debe mejorar significativamente dentro de un período determinado.

- Buen desempeño: 33%.

- Utilidades del sector: 33%.

- Logro de objetivos: 33%.

Si se aprueba esta moción, mediante este esquema sería posible explicarle a Alejandra Castro el *bonus* a implementar, con sus diferentes alcances.

Superdescuento: guerra entre sucursales

La empresa tiene sucursales en todo el país.

Para la ciudad de Buenos Aires hay una política de incentivos uniforme. Esta política difiere de la implementada en algunas provincias, por razones estudiadas por RRHH, que los empleados no conocen.

En ocasión de la fiesta de fin de año de la compañía, se invitó al mejor empleado de cada sucursal del país a un evento. En dicho evento hicieron una muy estrecha amistad una joven de Salta y un joven de la sucursal Quilmes (provincia de Buenos Aires). La relación trajo problemas entre las sucursales, ya que salió a la luz la diferencia en los incentivos entre una y otra localidad.

El planteo de tres sucursales del interior, incluida Salta, es equiparar sus incentivos con los de Buenos Aires.

Otra información disponible: cada punto de venta –se trata de pequeñas tiendas– tiene entre 5 y 7 empleados que reciben un incentivo general por *performance* del sector.

Sucursales de Buenos Aires
(hasta un radio de 500 kilómetros)

Un 1% de las ventas de cada sucursal se divide entre los empleados que trabajan allí. El encargado de la sucursal es considerado como *un empleado y medio*, es decir que recibe un 50% más que sus subordinados.

Sucursales alejadas más de 500 kilómetros
de la ciudad de Buenos Aires

Los incentivos para estas sucursales tienen el mismo mecanismo de cálculo: 0,50% de las ventas se dividen entre los empleados de la sucursal y el jefe recibe un 50% adicional.

Un dato a considerar es que los envíos de mercaderías a sucursales alejadas de la ciudad de Buenos Aires incrementan los costos, pero los precios son iguales en todo el territorio. El incentivo que se abona a los empleados es sobre las ventas, sin tener en cuenta la mayor o menor rentabilidad de la sucursal. Las tiendas del interior son menos rentables, por ello los incentivos son más bajos. Esta es la verdadera causa de las desigualdades en los incentivos, pero no se la explica a los empleados de las sucursales.

Consignas a resolver

- ¿Se debe acceder al requerimiento?

- ¿Usted explicaría las razones de la empresa para esta diferencia en los incentivos?

- ¿Propondría una solución alternativa?

Una posible solución al caso planteado

Superdescuento, en opinión de *La Consultora,* debe analizar la política de incentivos a nivel país. Se le aconseja *unificar* los incentivos a la fuerza de ventas en la red de sucursales. Dice el consultor: "Las oficinas menos rentables necesitan más que las otras tener incentivos sobre las ventas, ya que necesitan más volumen de ventas para llegar al mismo nivel neto de utilidad por oficina; por lo tanto, es pernicioso que la sucursal con mayores costos tenga menos incentivos".

La propuesta es igualar[4] los incentivos de todas las oficinas con la de Buenos Aires.

---

4 Es fundamental tener en cuenta que el criterio de aplicación debe ser uniforme: a todos los vendedores o a todos los cobradores, o, si desea hacer un corte vertical, a una unidad de negocios en particular. Es muy perjudicial para una empresa la aplicación discrecional de remuneraciones variables. Debe quedar claramente establecido para todos, los que las reciben y los que no, cuál es el criterio de aplicación. Cuando se aplica remuneración variable sobre la base de resultados hay que ser muy cuidadosos en la ejecución. Primero, si la compañía no remuneraba de esa forma y ahora desea hacerlo, deberá preguntarse: ¿deseamos incrementar las remuneraciones al personal? La mayoría de las legislaciones no permiten reducir salarios, y aunque esto legalmente se resuelva, será altamente desmotivante para el personal pasar de un esquema "fijo" a uno "variable" si con esto disminuye el fijo. Muchas veces, los empresarios esperan encontrar soluciones mágicas en estos esquemas, pero este tipo de solución no existe.
La compensación variable sobre la base de resultados puede implementarse por área o a toda la nómina. Dentro de un área deberán tenerse en cuenta los resultados de la organización, del equipo y del individuo en particular.
(Párrafos de la obra *Dirección estratégica de Recursos Humanos. Gestión por competencias.* Ediciones Granica, Buenos Aires, 2015. Capítulo 8.)

El curso de acción a seguir debe ser:

1. Decidir la implementación del *bonus* único a nivel país y, a partir de la aprobación de la política,

2. comunicar a la red de sucursales la novedad.

Con respecto a las preguntas del ejercicio: la respuesta a la primera pregunta es NO, no se debe acceder a un requerimiento "bajo presión"; en este caso el hecho dejó al descubierto una política equivocada, por lo tanto, la empresa estudia y revé la política. En relación con la pregunta 2 del ejercicio, no creemos que la empresa deba explicar las razones por las cuales había implementado un *bonus* y luego cambió el criterio de aplicación. Simplemente debe explicar la nueva política.

Obra de Martha Alles relacionadas con este capítulo

Algunos aspectos en relación con la temática de remuneraciones están tratados en profundidad en *5 pasos para transformar una oficina de personal en un área de Recursos Humanos.*

Los casos prácticos y ejercicios de esta obra han sido preparados, orientados a lograr una mejor comprensión de los temas tratados en *Dirección estratégica de Recursos Humanos. Volumen 1* (2015).

PARA TODOS LOS LECTORES

Se encuentra disponible en formato digital un Anexo donde se ha realizado un análisis detallado de libros y subsistemas que complementa las temáticas abordadas en esta obra.

PARA PROFESORES

Para cada uno de los capítulos de esta obra hemos preparado:

☞   Material de apoyo para el dictado de clases.

Los profesores que hayan adoptado esta obra para sus cursos tanto de grado como de posgrado podrán solicitar de manera gratuita:

Dirección estratégica de Recursos Humanos. CLASES

Únicamente disponibles en formato digital:
www.marthaalles.com

o bien escribiendo a:
profesores@marthaalles.com

LISTA DE VERIFICACIÓN DE PLANEAMIENTO DE REMUNERACIONES

	Sí	No	Acción posible
1. ¿La dirección apoya activamente el programa de remuneraciones y beneficios?			
2. ¿Todos los jefes y ejecutivos comprenden los procedimientos a seguir y sus propósitos?			
3. ¿La dirección comprende los objetivos del programa dentro del contexto de los objetivos de negocio de la compañía y las condiciones financieras?			
4. ¿Los supervisores comprenden la función que tendrán en la reunión de verificación de información?			
5. ¿La dirección y los jefes comprenden claramente que son responsables de las decisiones salariales en sus departamentos dentro de la estructura del programa de remuneraciones?			
6. ¿Se ha informado a los miembros del sindicato sobre los objetivos y los procedimientos a seguir a medida que el programa se desarrolla?			
7. ¿El sindicato accedió, o al menos no se negó, a cooperar en el desarrollo del programa?			
8. ¿El establecimiento de un programa de remuneraciones se considera como un sistema laboral, o, si ya se tiene uno, se pueden considerar cambios?			
9. ¿Los jefes comprenden que después de la instalación del programa de remuneraciones el administrador revisará su desempeño para llevar a cabo las políticas establecidas?			
10. ¿Se dispone de información adecuada sobre los programas de remuneraciones de las firmas cercanas y competidores?			
11. ¿Es posible que los niveles salariales actuales contribuyan a la excesiva rotación de personal, moral baja o poca productividad?			
12. ¿Todos los empleados comprenden las implicancias y requisitos de los siguientes procedimientos?: • Análisis del puesto. • Preparación de las descripciones de puestos. • Establecer los niveles de compensación. • Utilización de incentivos monetarios. • Análisis y evaluación de desempeño.			
13. ¿Se sabe qué sistema se utilizará para compensar al personal de ventas?			
14. ¿Se planea una revisión de los salarios de los ejecutivos?			
15. ¿Se ha presentado el programa a los empleados?			
16. ¿Se pueden resumir los datos en forma de gráficos y tablas para realizar una compensación?			
17. ¿Se dispone de evaluaciones de desempeño objetivas para todos los niveles?			

Anexos
Herramientas recomendadas sobre la temática de remuneraciones y beneficios

Adecuación persona-puesto (Diagnóstico) **Herramienta N° 1**	Conjunto de evaluaciones necesarias para determinar la relación que se establece entre los conocimientos, la experiencia y las competencias que un puesto requiere, y los del ocupante de esa posición. Para la determinación de la *adecuación persona-puesto* deberán primero establecerse los requisitos del puesto y luego habrá que evaluar a su ocupante, considerando como mínimo tres elementos: conocimientos, experiencia, competencias.
Asignación de competencias a puestos (documento) **Herramienta N° 2**	Procedimiento interno por el cual se asignan competencias junto con sus grados a los distintos puestos de trabajo. La asignación se refleja en un documento interno donde se indica, para los distintos puestos de trabajo, las competencias requeridas junto con los grados en que se necesitan. Para que la asignación de competencias sea posible, primero se debe diseñar un modelo de competencias.
Descriptivo de puesto **Herramienta N° 10**	Documento interno donde se consignan las principales responsabilidades y tareas de un puesto de trabajo. Adicionalmente se registran los requisitos necesarios para desempeñarlo con éxito: conocimientos, experiencia y competencias.
Diccionario de comportamientos **Herramienta N° 15**	Documento interno en el cual se consignan ejemplos de los comportamientos observables asociados o relacionados con las competencias del modelo organizacional. El diccionario de comportamientos organizacional se diseña en función del diccionario de competencias que, en todos los casos, se confecciona a medida de cada organización.
Evaluación vertical (del desempeño) **Herramienta N° 26**	Medición del desempeño realizada por el jefe o superior, que se complementa con la autoevaluación del propio colaborador y la revisión del nivel superior al jefe directo ("jefe del jefe").
Promociones internas **Herramienta N° 50 A y 50 B.**	Acciones mediante las cuales los colaboradores de la organización son elevados a un nivel superior al que poseían. Por extensión, la herramienta se utiliza en el caso de desplazamientos laterales o de otro tipo, dentro de la organización.

Podrá encontrar mayor detalle sobre las herramientas aquí mencionadas en la obra *Las 50 herramientas de Recursos Humanos que todo profesional debe conocer.*

Términos a tener en cuenta sobre la temática de remuneraciones y beneficios

Colaborador	Persona que coopera con otra. En el ámbito de las organizaciones el término se utiliza para denominar a las personas que trabajan bajo la conducción de otra/s.
Desempeño	Concepto integrador del conjunto de comportamientos y resultados obtenidos por un colaborador en un determinado período.
Jefe	Persona que tiene a otras a su cargo dentro de una estructura jerárquica. Los jefes pueden tener niveles muy diversos, desde el número 1 de la organización hasta otro con pocos colaboradores a su cargo.
Jefe del jefe	Expresión que se utiliza para denominar a los superiores (jefes) de personas que, a su vez, tienen a su cargo colaboradores, es decir, que ellos mismos son jefes.
Objetivos	Metas asignadas a una persona a cumplir en un determinado período de tiempo, usualmente un año. Deben ser –al mismo tiempo– cumplibles y retadores.
Remuneración	Es un valor compuesto por la sumatoria del salario mensual o quincenal, según corresponda, y otros beneficios que recibe el trabajador como retribución por su trabajo.
Remuneraciones	El término hace referencia al manejo de todas las remuneraciones dentro de una organización. Puede ser utilizado como nombre, dentro del área de Recursos Humanos, para definir al sector específico responsable de este tema.
Salario	Paga o remuneración regular que recibe el trabajador. Generalmente es una cifra fija por un período de un mes o quincena. El término se utiliza, usualmente, para designar el pago a trabajadores en relación de dependencia. En otras palabras, también podría decirse que el salario es el monto de dinero que la organización abona a un colaborador como retribución por su trabajo.
Salario bruto	Valor nominal de la paga que recibe el colaborador y que se toma de base tanto para el cálculo de las contribuciones fiscales a cargo del empleado como las que debe abonar el empleador. Ver la figura correspondiente al término *Salario neto*.
Salario neto / de bolsillo	Importe realmente percibido por el trabajador. El monto surge de restarle al salario bruto o nominal los descuentos e impuestos a cargo del empleado.

Podrá encontrar mayor detalle sobre estos y otros términos en la obra *Diccionario de términos de Recursos Humanos.*

Bibliografía

Libros de Martha Alles sobre Recursos Humanos, management y liderazgo

5 pasos para transformar una oficina de personal en un área de Recursos Humanos. Ediciones Granica, Buenos Aires, 2005.

Codesarrollo: una nueva forma de aprendizaje. Ediciones Granica, Buenos Aires, 2009.

Cómo delegar efectivamente en 12 pasos. Ediciones Granica, Buenos Aires, 2010.

Cómo transformarse en un jefe entrenador en 12 pasos. Ediciones Granica, Buenos Aires, 2010.

Comportamiento organizacional. Ediciones Granica, Buenos Aires, 2007.

Conciliar vida profesional y personal. Dos miradas: organizacional e individual. Ediciones Granica, Buenos Aires, 2010.

Construyendo talento. Ediciones Granica, Buenos Aires, 2009.

Cuestiones sobre gestión de personas. Ediciones Granica, Buenos Aires, 2015.

Desarrollo del talento humano. Basado en competencias. Nueva edición. Ediciones Granica, Buenos Aires, 2008.

Desempeño por competencias. Evaluación de 360°. Nueva edición. Ediciones Granica, Buenos Aires, 2008.

Diccionario de competencias. La trilogía. Tomo 1. Ediciones Granica, Buenos Aires, 2015.

Diccionario de comportamientos. La trilogía. Tomo 2. Ediciones Granica, Buenos Aires, 2015.

Diccionario de preguntas. La trilogía. Tomo 2. Ediciones Granica, Buenos Aires, 2015.

Diccionario de términos de Recursos Humanos. Ediciones Granica, Buenos Aires, 2011.

Dirección estratégica de Recursos Humanos. Volumen 1. Ediciones Granica, Buenos Aires, 2015.

12 pasos para conciliar vida profesional y personal. Desde la mirada individual. Ediciones Granica, Buenos Aires, 2013.

12 pasos para ser un buen jefe. Ediciones Granica, Buenos Aires, 2014. Título anterior de esta obra: *Cómo ser un buen jefe en 12 pasos* (2008).

Elija al mejor. Ediciones Granica, Buenos Aires, 2003.

Incidencia de las competencias en la empleabilidad de profesionales. Empleabilidad y Competencias. EAE –Editorial Académica Española; Saarbrücken, Alemania, 2011.

Las 50 herramientas de Recursos Humanos que todo profesional debe conocer. Ediciones Granica, Buenos Aires, 2011.

Rol del jefe. Ediciones Granica, Buenos Aires, 2008.

Selección por competencias. Ediciones Granica, Buenos Aires, 2005.

Social media y Recursos Humanos. Ediciones Granica, Buenos Aires, 2012.

La Marca Recursos Humanos. Ediciones Granica, Buenos Aires, 2014.

Bibliografía consultada

Bacal, Robert. *Performance Management.* McGraw-Hill, New York, 1999.

Baker, Ann C.; Jensen, Patricia J.; Kolb, David A. *Conversational Learning. An Experiential Approach to Knowledge Creation.* Quorum Books, Westport, 2002.

Becker, Brian E.; Huselid, Mark A.; Ulrich, Dave. *El cuadro de mando de Recursos Humanos.* Gestión 2000, Barcelona, 2002.

Bell, Chip R. *Managers as mentors.* Berrett-Koehler Publishers, San Francisco, 1998.

Blake, Oscar J. *La capacitación.* Ediciones Macchi, Buenos Aires, 1997.

Blanchard, Ken; Carlos, John P.; Randolph, Alan. *El empowerment.* Deusto, Bilbao, 1996.

Boccalari, R.; Caroni, L.; Oggioni, E.; Piccolo, A.; Rullani, E.; Vergeat, M. *Competenze. Leva di eccellenza delle persone e delle organizzazioni.* Franco Angeli, Milano, 2004.

Bonani, Gian Paolo. *La sfida del capitale intellettuale. Principi e strumenti di knowledge Management per organizzazioni intelligenti.* Franco Angeli, Milano, 2002.

Boulding, Kenneth E. *Las tres caras del poder.* Paidós, Barcelona, 1993.

Boyatzis, Richard E.; Cowen, Scott S.; Kolb, David A. *Innovation in Professional Education.* Jossey-Bass Publishers, San Francisco, 1995.

Bracchi, Giampio y Campodall'Orto, Sergio. *Progettare el telelavoro.* Franco Angeli, Milano, 1997.

Brooking, Annie. *El capital intelectual.* Paidós, Buenos Aires, 1997.

Butteriss, Margaret. *Re-Inventing HR.* John Wiley & Sons, Ontario, 1998.

Carbó Ponce, Esteve. *Manual de psicología aplicada a la empresa.* Ediciones Granica, Barcelona, 2000.

Carew, Jack. *The mentor.* Donald I. Fine Books, New York, 1998.

Carretta, Antonio; Dalziel, Murray M.; Mitrani, Alain. *Dalle Risorse Umane alle Competenze.* Franco Angeli Azienda Moderna, Milano, 1992.

Colardyn, Danielle. *La gestion des compétences. Perspectives internationales.* Presses Universitaires de France, Paris, 1996.

Cole, Gerald. *Organisational Behaviour.* DP Publications, London, 1995.

Cole, Gerald. *Personnel Management.* Letts Educational Aldine Place, London, 1997.

Cooper, Dominic y Roberson, Ivan T. *The Psychology of Personnel Selection, a Quality Approach.* Routledge, Series Editor: Clive Fletcher, London, 1995.

Corominas, Joan. *Breve diccionario etimológico de la lengua castellana.* Gredos, Madrid, 1998.

De Ansorena Cao, Alvaro, *15 Pasos para la selección de personal con éxito.* Paidós Empresa, Barcelona, 1996.

Deprose, Donna. *The Team Coach.* Amacon, American Management Association, New York, 1995.

Dessler, Gary. *Administración de Personal.* Prentice Hall Hispanoamericana, México, 1994.

Diccionario de la Lengua Española. Real Academia Española (www.rae.es).

Drucker, Peter F. *Las nuevas realidades.* Editorial Sudamericana, Buenos Aires, 1995.

Edvinsson, Leif; Malone, Michael. *Intellectual Capital.* Harper Business, New York, 1997. En castellano: *El capital intelectual,* Norma, Bogotá, 1998.

Evans, Nancie J. *Executive Leadership Development.* Artículo publicado en la obra compilada por Butteriss, Margaret, *Re- Inventing HR.* John Wiley & Sons, Ontario, 1998.

Evans, Norman. *Experiential learning around the world. Employability and the Global Economy.* Jessica Kingsley Publishers, London, 2000.

Ferrater Mora, José. *Diccionario de Filosofía.* Ariel Filosofía, Barcelona, 1999.

Fitz-enz, Jac, *Cómo medir la gestión de Recursos Humanos.* Deusto, Bilbao, 1999.

Flannery, Thomas; Hofrichter, David y Platten, Paul. *Personas, desempeño y pago.* Paidós, Buenos Aires, 1997.

Gautier, Bénédicte; Vervisch, Marie-Odile. *Coaching directivo para el desarrollo profesional de personas y equipos.* Oberon, Madrid, 2001.

Gil Aluja, Jaime. *La gestión interactiva de los Recursos Humanos en la incertidumbre.* Editorial Centro de Estudios Ramón Aredes, Madrid, 1996.

Goleman, Daniel. *La inteligencia emocional.* Javier Vergara Editor, Buenos Aires, 1996.

Gómez-Mejía, Luis R.; Balkin, David B.; Cardy, Robert L. *Gestión de Recursos Humanos.* Prentice Hall, Madrid, 1998.

Gore, Ernesto. *La educación en la empresa.* Ediciones Granica, Buenos Aires, 1996.

Gratton, Lynda. *Estrategias de capital humano.* Prentice Hall, Pearson Educación, Madrid.

Hargrove, Robert. *Masterful Coaching.* Pfeiffer, San Francisco, 1995.

Harrison, Michael I.; Shiron, Arie. *Organizational diagnosis and assessment.* Sage Publications, Thousand Oaks (California), 1999.

Hax, Arnoldo; Majluf, Nicolás. *Estrategias para el liderazgo competitivo. De la visión a los resultados.* Ediciones Granica, Buenos Aires, 1997.

Heene, Aimé; Sanchez, Ron (editores). *Competence Based. Strategic Management.* John Wiley & Sons, London, 1997.

Jaques, Elliott; Cason, Kathryn. *Human Capability.* Cason Hall & Co. Publishers Ltda., Falls Church, 1994.

Jaques, Elliott. *La organización requerida.* Ediciones Granica, Buenos Aires, 2000.

Jolis, Nadine. *Compétences et Compétitivité.* Les éditions d'organisation, Paris, 1998.

Kaplan, Robert S.; Norton, David P. *Cuadro de Mando Integral (The Balanced Scorecard).* Gestión 2000, Barcelona, 1997.

Kaplan, Robert S.; Norton, David P. *Mapas estratégicos.* Gestión 2000, Barcelona, 2004.

Kelly, Charles M. *The interrelationship of ethics and power in today's organizations.* Organizational Dynamics, 1987, 16, Summer, 5:18.

Kets de Vries, Manfred F.R.; Florent-Treacy, Elizabeth. *Los nuevos líderes globales.* Norma, Bogotá, 1999.

Kolb, David A. *Experience as the source of learning and development.* Prentice Hall, New Jersey, 1984.

Krannich, Ronald L.; Krannich, Caryl Rae, *Dynamite Salary Negotiations.* Impact Publications, Manassas Park, 1998.

Lawson, Karen. *The trainer's Handbook.* Pfeiffer, San Francisco, 2006.

Levy-Leboyer, Claude. *La gestion des compétences.* Les éditions d'organisation, Paris, 1992. En castellano: *Gestión de las competencias.* Gestión 2000, Barcelona, 1997.

Lucia, Anntoinette; Lepsinger, Richard. *The art and science of Competency models.* Jossey-Bass / Pfeiffer, San Francisco, 1999.

Majchrzak, Ann; Wang, Qianwei. "Romper la mentalidad funcional en las organizaciones orientadas a los procesos". En: David Ulrich (Comp.), *Evaluación de resultados,* Ediciones Granica, Barcelona, 2000.

Malone, Thomas W. *The Future of Work.* Harvard Business School Press, Boston, 2004.

Maslow, Abraham H. *El management según Maslow.* Paidós Empresa, Barcelona, 2005.

Mathis, Robert L.; Jackson, John H. *Human Resource Management.* South-Western College Publishing, a division of Thompson Learning, Cincinatti, Ohio, 2000.

McClelland, David C. *Intelligence is not the best predictor of job performance.* Current Directions in Psychological Science, 1993, 2(1), 5:6.

McClelland, David C. *How motives, skills, and values determine what people do?* American Psychologist, 1985, 40(7), 812:25.

McClelland, David C. *Human Motivation.* Cambridge University Press, Cambridge, England, 1999. (Obra original de 1987.)

McClelland, David C. *Identifying competencies with Behavioral-event interviews.* Psychological Science, 1998, 9(5), 331:9.

McClelland, David C. *Motivational factors in health and disease.* American Psychologist, 1989, 44(4), 675:83.

McClelland, David C. *The knowledge – testing – educational complex strikes back.* American Psychologist, 1994, 49(1), 66:9.

McClelland, David C.; Watson, Robert Jr. *Power motivation and risk-taking behavior.* Journal of Personality, 1973.

McClelland, David C.; Boyatzis, Richard E. *Opportunities for counselors from the Competency Assessment Movement.* The Personnel and Guidance Journal, 1980, Jan, 368:72.

McClelland, David C.; Burnham, David H. *Power is the great motivator.* Harvard Business Review, 1976, March-April, 100-110 (Reimp. 1995, Jan-Feb, 126:39).

McClelland, David C.; Franz, Carol E. *Motivational and other sources of work accomplishments in mid-life: a longitudinal study.* Journal of Personality, 1992, 60(4), 679:707.

McClelland, David C.; Koestner, Richard; Weinberger, Joel. *How do self-attributed and implicit motives differ?* Psychological Review, 1989, 96(4), 690:702.

McClelland, David C.; Teague, Gregory. *Predicting risk preferences among power-related tasks.* Journal of Personality, 1975, 43, 266:85.

McClelland, David C.; Watson, Robert Jr. *Power motivation and risk-taking behavior.* Journal of Personality, 1973, 41(1) 121:39.

McLagan, Patricia. *Competencies.* Training & Development, 1997, May, 40:7.

Michaels, Ed; Handfield-Jones, Helen; Axelrod, Beth. *The war for talent.* Harvard Business School Press, Boston, 2001.

Milkovich, George T.; Boudreau, John W. *Dirección y Administración de Recursos Humanos.* Addison-Wesley Iberoamericana, México, 1994.

Mintzberg, Henry; Ahlstrand, Bruce; Joseph, Lampel. *Safari a la estrategia.* Ediciones Granica, Buenos Aires, 2008.

Montironi, Marina. *Capitale Umano e Imprese di Servizi.* Il Sole 24 Ore Media e Impresa, Milano, 1997.

Nicholson, Nigel, "El análisis de la personalidad puede ser un arma poderosa". *Financial Times. El Cronista Management* N° 28, junio de 1996.

Okumbe, Joshua Abong´o. *Human Resources Management an Educational Perspective.* Educational Development and Research Bureau, Nairobi, Kenya, 2001.

Ordóñez Ordóñez, Miguel. *La nueva gestión de los recursos humanos.* Gestión 2000, Barcelona, 1995.

Orpen, Christopher. *Patterned behavior description interviews versus unstructured interviews: A comparative validity study.* Journal of Applied Psychology, 70(4), 774:6.

Orr, John M.; Sackett, Paul R.; Mercer, Michael. *The role of prescribed and nonprescribed behaviors in estimating the dollar value of performance.* Journal of Applied Psychology, 1989, 74(1), 34:40.

Ortiz Chaparro, Francisco. *El teletrabajo, una nueva sociedad laboral en la era de la tecnología.* McGraw-Hill, Madrid, 1996.

Pain, Abraham. *Cómo evaluar las acciones de capacitación.* Ediciones Granica, Barcelona, 1993.

Pain, Abraham. *Cómo realizar un proyecto de capacitación.* Ediciones Granica, Barcelona, 1989.

Pascale, Richard Tanner; Millermann, Mark; Gioja, Linda. "Cambiar la forma en que cambiamos". En: David Ulrich (Comp.), *Evaluación de resultados*, Ediciones Granica, Barcelona, 2000.

Pell, Arthur R. *¡Administre su personal fácil!* Prentice Hall Hispanoamericana, México, 1996.

Peretti, Jean-Marie. *Gestion des ressources humaines*. Librairie Vuibert, Paris, 1998.

Peter, Laurence J. *Por qué las cosas salen mal o retorno al Principio de Peter*. Plaza & Janes Editores, Barcelona, 1985.

Peter, Laurence J.; Hull, Raymond. *El principio de Peter*. Biblioteca de la Empresa, Ediciones Orbis, Madrid, 1985.

Prieto, José M. Prólogo a la edición en español del libro *Gestión de las competencias*, de Claude Levy-Leboyer, Ediciones Gestión 2000, Barcelona, 1997.

Probst, Gilbert; Raub, Steffen; Romhardt, Kai. *Administre el conocimiento*. Pearson Educación, México, 2001.

Realin, Joseph A. *From generic to organic competencies*. Human Resource Planning, 24:33, 1996, Spring, 24:33.

Renckly, Richard G. *Human Resources*. Barron's Educational Series, New York, 1997.

Rifkin, Jeremy. *El fin del trabajo*. Paidós Estado y Sociedad. Buenos Aires, 1996.

Rothwell, William J. *Effective Succession Planning*. Amacom, New York, 2005.

Rothwell, William J.; Jackson, Robert D.; Knight Shaun C.; Lindholm John E. *Career Planning and Succession Management*. Praeger Publishers, Westport, 2005.

Scajola, Silvano. *Il telelavoro, istruzioni per l'uso*. Edizioni Lavoro, Roma, 1998.

Schein, Edgar H. *Organizational culture and Leadership*. Jossey-Bass Publishers, San Francisco, 1992.

Schein, Edgar H. *Psicología de la Organización*. Prentice Hall Hispanoamericana, México, 1982.

Seco Reymundo, Manuel; Andrés Puente, Olimpia; Ramos González, Gabino. *Diccionario del Español Actual*. Aguilar - Grupo Santillana de Ediciones, Madrid, 1999 y nueva edición revisada 2011.

Seco, Manuel. *Diccionario de dudas de la Real Academia Española*. Espasa Plus, Madrid, 1998.

Senge, Peter (*et al.*). *La Danza del Cambio*. Norma, Bogotá, 2000.

Senge, Peter M. *La quinta disciplina*. Ediciones Granica, Buenos Aires, 2012.

Senge, Peter y otros. *La quinta disciplina en la práctica*. Ediciones Granica, Buenos Aires, 2005.

Shaw, Lisa. *Telecommute*. John Wiley & Sons, New York, 1996.

Sherman, Arthur; Bohlander, George; Snell, Scott. *Administración de Recursos Humanos*. Thomson Internacional, México, 1999.

Silberman, Mel. *Active Training. A Handbook of Techniques, Designs, Case Examples, and Tips*. Pfeiffer, John Wiley & Sons, San Francisco, 2006.

Simon, Mary B. *Negotiate Your Job Offer*. John Wiley & Sons, New York, 1998.

Sirkin, Harold; Stalk, George (hijo). "Arregle el proceso, no el problema". En: David Ulrich (Comp.), *Evaluación de resultados*, Ediciones Granica, Barcelona, 2000.

Sorman, Guy. *La singularidad francesa.* Editorial Andrés Bello, Santiago de Chile, 1996.

Spangler, William D. *Validity of questionnaire and TAT Measures of need for achievement: two Meta-Analyses.* Psychological Bulletin, 1992, 112(1), 140:54.

Sparrow, John. *Knowledge in organizations.* Sage Publications, London, 1998.

Spencer, Lyle M.; Spencer, Signe M. *Competence at work, models for superior performance.* John Wiley & Sons, New York, 1993.

Stewart, Thomas A. *Intellectual Capital.* Doubleday, New York, 1997. En castellano: *La nueva riqueza de las organizaciones: el capital intelectual.* Ediciones Granica, Buenos Aires, 1998.

Tissen, René; Andriessen, Daniel; Lekanne Deprez, Frank. *El valor del conocimiento. Para aumentar el rendimiento en las empresas.* Prentice Hall, Madrid, 2000.

Ulrich, Dave. *Recursos Humanos Champions.* Ediciones Granica, Buenos Aires, 1997.

Ulrich, Dave; Becker, Brian E.; Huselid, Mark A. *The HR Scorecard. Linking People, Strategy, and Performance.* Harvard Business School Press, Boston, 2001.

Ulrich, Dave; Brockbank, Wayne. *The HR Value proposition.* Harvard Business School Press, Boston, 2005.

Ulrich, Dave. *Evaluación de resultados.* Ediciones Granica, Barcelona, 2000.

Verna, Michele Angelo. *Fare la differenza con le risorse umane.* Franco Angeli, Milano, 2006.

Vican, Pierre. *Le guide du télétravail.* Manitoba, Paris, 1998.

Weiss, Dimitri y colaboradores. *La función de los Recursos Humanos.* CDN Ciencias de la Dirección, Madrid, 1992, tomo I.

Weiss, Dimitri y colaboradores. Tratado *La función de los Recursos Humanos.* CDN Ciencias de la Dirección, Madrid, 1993, tomo II.

Werner, Jon M.; DeSimone, Randy L. *Human Resource Development.* Thomson Higher Education, Mason, Ohio, 2006.

Wilson, Terry. *Manual del Empowerment.* Gestión 2000, Barcelona, 2000.

Winter, David. *The contributions of David McClelland to personality assessment.* Journal of Personality Assessment, 1998, 71(2), 129:45.

Anexo a la bibliografía

Instituciones que han estudiado la temática de competencias

El tema de competencias es abordado desde diferentes perspectivas; una de ellas, la de mayor difusión, es la impulsada desde la OIT para el desarrollo de habilidades y oficios. Numerosos organismos nacionales e internacionales y organizaciones del tercer sector estudian y trabajan sobre las competencias laborales; solo por citar algunos:

Organización Internacional del Trabajo. Cinterfor - Centro Interamericano de Investigación y Documentación sobre Formación Profesional.

250 DIRECCIÓN ESTRATÉGICA DE RECURSOS HUMANOS - CASOS

Conocer, miembro de Cinterfor (México).

SENA - Servicio Nacional de Aprendizaje (Colombia).

Instituto de Empleo. Servicio Público de Empleo Estatal. Ministerio de Trabajo y Asuntos Sociales (España).

Consejo Federal de Cultura y Educación (Argentina).

National Qualifications Authority of Ireland (Reino Unido).

Australian Qualification Framework (Australia).

Compétences Québec (Canadá).

OECD (Organisation for Economic Co-operation and Development; OCDE por su nombre en español). Países miembros de OECD: Alemania, Australia, Austria, Bélgica, Canadá, Corea, Dinamarca, España, Estados Unidos, Finlandia, Francia, Grecia, Hungría, Islandia, Irlanda, Italia, Japón, Luxemburgo, México, Noruega, Nueva Zelanda, Países Bajos, Polonia, Portugal, República de Eslovaquia, República Checa, Rumania, Suecia, Suiza y Turquía.

General National Vocational Qualifications (Reino Unido).

National Council for Vocational Qualifications (NCVQ). Inglaterra, Gales e Irlanda del Norte.

Consejo Australiano de Sindicatos (ACTU).

Organización de Estados Iberoamericanos para la Educación, la Ciencia y la Cultura.

Unas palabras sobre la autora

Martha Alicia Alles es Doctora por la Universidad de Buenos Aires, área Administración. Su tesis doctoral se presentó bajo el título *La incidencia de las competencias en la empleabilidad de profesionales.* Su primer título de grado es Contadora Pública Nacional (UBA). Posee una amplia experiencia como docente universitaria, en diversos posgrados tanto de la Argentina como del exterior.

Con más de cuarenta títulos publicados hasta el presente, es la autora argentina que ha escrito la mayor cantidad de obras sobre su especialidad. Cuenta con colecciones de libros de texto sobre Recursos Humanos, Liderazgo y Management Personal, que se comercializan en toda Hispanoamérica.

De su colección sobre **Recursos Humanos** ha publicado:

- Temas generales de Recursos Humanos y Comportamiento Organizacional:
  - *Dirección estratégica de Recursos Humanos. Gestión por competencias* (nueva edición revisada, 2015).
  - *Dirección estratégica de Recursos Humanos. Gestión por competencias. Casos* (nueva edición revisada, 2016).
  - *5 pasos para transformar una oficina de personal en un área de Recursos Humanos* (2005).
  - *Comportamiento organizacional* (2007).
- Específicos sobre modelos de competencias:
  - *Gestión por competencias. El diccionario* (2002, y 2ª edición revisada, 2005).
  - *Diccionario de comportamientos. Gestión por competencias* (2004).
  - *Diccionario de preguntas. Gestión por competencias* (2005).
- Nuevas obras preparadas sobre la base de un enfoque diferente de la metodología de Gestión por competencias:
  - *Diccionario de competencias. La trilogía. Tomo 1* (2015).
  - *Diccionario de comportamientos. La trilogía. Tomo 2* (2015).
  - *Diccionario de preguntas. La trilogía. Tomo 3* (2015).
- Sobre selección:
  - *Empleo: el proceso de selección* (1998, y nueva edición revisada, 2001).
  - *Empleo: discriminación, teletrabajo y otras temáticas* (1999).
  - *Elija al mejor. Cómo entrevistar por competencias* (1999, y nueva edición revisada y ampliada, 2005).
  - *Selección por competencias* (2006).
- Sobre desempeño:
  - *Desempeño por competencias. Evaluación de 360°* (2004, y nueva edición revisada y ampliada, 2008).
- Sobre desarrollo de personas:
  - *Desarrollo del talento humano. Basado en competencias* (2005, y nueva edición revisada y ampliada, 2008).
  - *Codesarrollo. Una nueva forma de aprendizaje* (2009).
  - *Construyendo talento* (2009).

- Sobre Recursos Humanos, liderazgo y management:
  - *Diccionario de términos de Recursos Humanos* (2011).
  - *Las 50 herramientas de Recursos Humanos que todo profesional debe conocer* (2012).
  - *Social media y Recursos Humanos* (2012).
  - *La Marca Recursos Humanos* (2014).
  - *Cuestiones sobre Gestión de Personas* (2015).

De los siguientes títulos están disponibles solo en Internet (**www.xcompetencias.com**), para profesores, una edición de *Casos* y otra edición de *Clases: Comportamiento organizacional, Codesarrollo, Construyendo talento, Dirección estratégica de Recursos Humanos* (nueva edición 2015), *Desempeño por competencias, Desarrollo del talento humano. Selección por competencias, La trilogía (Diccionario de competencias. La trilogía. Tomo 1; Diccionario de comportamientos. La trilogía. Tomo 2; y Diccionario de preguntas. La trilogía. Tomo 3), 200 modelos de currículum, y Mitos y verdades en la búsqueda laboral.*

- De la serie **Liderazgo** podemos mencionar:
  - *Rol del jefe* (2008).
  - *12 pasos para ser un buen jefe* (2008).
  - *Conciliar vida profesional y personal* (2010).
  - *Cómo transformarse en jefe entrenador en 12 pasos* (2010).
  - *Cómo delegar efectivamente en 12 pasos* (2010).
  - *12 pasos para conciliar vida profesional y personal* (2013).
- Su colección de libros destinados al **Management Personal** está compuesta por:
  - *Las puertas del trabajo* (1995).
  - *Mitos y verdades en la búsqueda laboral* (1997, y nueva edición revisada y ampliada, 2008).
  - *200 modelos de currículum* (1997, y nueva edición revisada y ampliada, 2008).
  - *Su primer currículum* (1997).
  - *Cómo manejar su carrera* (1998).
  - *La entrevista laboral* (1999).
  - *Mujeres, trabajo y autoempleo* (2000).
- En la colección de **Bolsillo** se publicaron:
  - *La entrevista exitosa* (2005 y 2009).
  - *La mujer y el trabajo* (2005).
  - *Mi carrera* (2005 y 2009).
  - *Autoempleo* (2005).
  - *Mi búsqueda laboral* (2009).
  - *Mi currículum* (2009).
  - *Cómo llevarme bien con mi jefe y con mis compañeros de trabajo* (2009).
  - *Cómo buscar trabajo a través de Internet* (2009).

Martha Alles es habitual colaboradora en revistas y periódicos de negocios, programas radiales y televisivos de la Argentina y de otros países hispanoparlantes, y conferencista invitada por diferentes organizaciones empresariales y educativas, tanto locales como internacionales. En los últimos dos años ha dictado conferencias y seminarios en Bolivia, Colombia, Costa Rica, Chile, Ecuador, El Salvador, Estados Unidos, Guatemala, México, Nicaragua, Panamá, Paraguay, Perú, República Dominicana, Uruguay, Venezuela, entre otros, además de numerosos seminarios en su país, Argentina.

Es consultora internacional en Gestión por competencias y presidenta de Martha Alles International, firma regional que opera en toda Latinoamérica y USA, lo que le permite unir sus amplios conocimientos técnicos con su práctica profesional diaria. Cuenta con una experiencia profesional de más de veinticinco años en su especialidad.

Es casada, tiene tres hijos, dos nietas y un nieto.

Martha Alles SA
Talcahuano 833 (Talcahuano Plaza), piso 2
Buenos Aires, Argentina
Teléfono: (54-11) 4815 4852
Twitter: marthaalles

Libros de Martha Alles de la serie Recursos Humanos, publicados por Ediciones Granica

Guía de lecturas: secuencia sugerida

- Comportamiento organizacional

- 5 pasos para transformar una oficina de personal en un área de Recursos Humanos

- Dirección estratégica de Recursos Humanos. Gestión por competencias.
- Dirección estratégica de Recursos Humanos. Gestión por competencias. CASOS

Trilogía:

- Diccionario de competencias. Tomo 1
- Diccionario de comportamientos. Tomo 2
- Diccionario de preguntas. Tomo 3

Libros complementarios de la **Serie Management Personal**

- Mitos y verdades en la búsqueda laboral
- 200 modelos de currículum

- Selección por competencias
- Elija al mejor. Cómo entrevistar por competencias

- Desempeño por competencias. Evaluación 360°

- Desarrollo del talento humano. Basado en competencias

- Construyendo talento
- Codesarrollo: una nueva forma de aprendizaje

Libros de Martha Alles publicados por Ediciones Granica relacionados con Recursos Humanos y Liderazgo

- Diccionario de términos de Recursos Humanos
- Las 50 herramientas de Recursos Humanos que todo profesional debe conocer
- Social media y Recursos Humanos
- La Marca Recursos Humanos
- Cuestiones sobre gestión de personas. Qué hacer para resolverlas

Libros de la serie Liderazgo de Martha Alles publicado por Ediciones Granica

Guía de lecturas: secuencia sugerida

- Rol del jefe. Cómo ser un buen jefe
- 12 pasos para ser un buen jefe
- Cómo llevarme bien con mi jefe y con mis compañeros de trabajo. Serie Bolsillo
- Conciliar vida profesional y personal
- Cómo transformarse en un jefe entrenador en 12 pasos
- Cómo delegar efectivamente en 12 pasos
- 12 Pasos para conciliar vida profesional y personal

www.ingramcontent.com/pod-product-compliance
Lightning Source LLC
Chambersburg PA
CBHW051208200326
41519CB00025B/7047